Zeichen der Zeit
BUCH

Gewidmet

den Kindern in vielen Gebieten der Welt,
die unter Krankheit, Hunger und Krieg
am meisten zu leiden haben,
die ohne Eltern sind
und denen alles fehlt,
was ein Mensch zum Leben braucht.

Victoria Duarte

Entführt um Mitternacht

100 Tage als Geisel in Angola

Saatkorn-Verlag · Hamburg

Dieses Buch entstand nach Tonbandprotokollen Victoria Duartes – aufgezeichnet von Ursula Weigert
Fotos: Victoria Duarte
Gestaltung: Claus F. Weidmüller

Verlagsarchiv-Nr. 585 783
Druck: Grindeldruck GmbH, Hamburg 13

ISBN 3-8150-0810-7

Inhalt

Vorwort

„Entführt um Mitternacht" ist ein Tatsachenbericht, bei dem nichts erfunden zu werden brauchte. Ort der Handlung: Angola, ein weites Land in Westafrika. Mit einer Ausdehnung von 1246700 km^2 ist es fünfmal so groß wie die Bundesrepublik Deutschland, hat aber nur sieben Millionen Einwohner. Doch seine strategische Lage, seine Vorkommen an Diamanten, Erdöl, Kupfer und Uran machen es zu einem begehrten Objekt der Industrieländer.

Wenn wir die Geschichte dieses Landes etwas näher betrachten, können wir seine heutige Lage besser verstehen. Bereits im 15. Jahrhundert wurde die Küstenregion zu einer Provinz Portugals. Hundert Jahre später nahm das Land den Namen des farbigen Herrschers N'Gola an; zur gleichen Zeit entstanden eine ganze Reihe von Handelsniederlassungen. Im 17. Jahrhundert wurde das Land zu einem wichtigen Mittelpunkt des Sklavenhandels. Im Laufe des vorigen Jahrhunderts verlagerte sich die portugiesische Vorherrschaft auf das Inland. Das Gebiet wurde mehrmals umbenannt; es hieß zuerst Portugiesisch-Westafrika, seit 1951 Portugiesisches Territorium und zuletzt ab 1955 Portugiesische Provinz in Übersee.

1956 organisierte sich die nationale Befreiungsorganisation MPLA. Fünf Jahre später kam es zu einem Aufstand, dem viele Weiße, aber noch mehr Angolaner zum Opfer fielen. 1962 bildete sich die Widerstandsbewegung FLNA, und 1966 schließlich entstand die UNITA (Nationale Union für die Völlige Unabhängigkeit Angolas).

Die demokratische Regierung, die nach dem Aufstand vom 25. April 1974 in Portugal an die Macht kam, erkannte alle drei Gruppierungen zur Befreiung Angolas an. Um jedoch deren Rivalitäten untereinander ein Ende zu setzen, beteiligte sich die portugiesische Regierung im Januar 1975 an den Verträgen von Alvor, in denen die Unabhängigkeit Angolas unter der Voraussetzung beschlossen wurde, daß vorher eine Übergangsregierung gebildet und freie Wahlen im Oktober desselben Jahres abgehalten würden.

Bald nach Abschluß der Verträge verstärkte die MPLA ihre Position durch die Aufnahme kubanischer Berater und Soldaten sowie technischen Personals aus den Ostblockstaaten. Ende 1975 hatte sie allein die Regierungsgewalt inne.

Die UNITA protestierte von Anfang an gegen die Anwesenheit ausländischer Truppen und verfolgt seither unter Führung von General Savimbi das Ziel, die völlige Unabhängigkeit Angolas zu erreichen. Von ihrem Stützpunkt aus im Süden des Landes haben sich die Guerilleros allmählich ins Landesinnere vorgeschoben, so daß sie heute ungefähr ein Drittel von Angola kontrollieren, von der Grenze zu Sambia bis nach Huambo.

Während der ersten Jahre des Bürgerkrieges versuchten die christlichen Missionen mutig ihre Arbeit fortzusetzen. Bald aber mußten sie sehen, wie Teile ihrer Gebäude in Militärkasernen umgewandelt wurden und das Leben durch Überfälle und Minen auf den Straßen bedroht war. Mehr und mehr hörte man von Entführungen ausländischer Krankenschwestern und Geistlicher. So verließen nach und nach fast alle Missionare das Land.

Im adventistischen Krankenhaus von Bongo bemühten sich die einheimischen Pfleger fünf Jahre lang, ohne ärztliche Unterstützung die Patienten zu behandeln, bis 1980 schließlich Dr. Ferrán Sabaté mit seiner Frau Conchita, einer ausgebildeten Krankenschwester, trotz der gefährlichen Lage dort die Leitung übernahm. Politisch streng neutral, war es ihr einziges Ziel, die Not der Menschen im Land zu lindern. Von Februar 1981 an wurden sie dabei durch die argentinische Krankenschwester Victoria Duarte unterstützt.

Bei der vorliegenden Textfassung, nach Tonbandaufzeichnungen Victoria Duartes erstellt, wurde größter Wert darauf gelegt, die

Das Bongo-Missionskrankenhaus

Im Oktober 1926 nahm Dr. A. N. Tonge seine Arbeit als Arzt unter dem Ovimbundu-Stamm auf, wo zwei Jahre zuvor das Missionarsehepaar Baker eine kleine Station mit Poliklinik gegründet hatte. Dr. Tonge behandelte seine ersten Patienten auf der Veranda des Hauses von Familie Baker, und als sein eigenes Haus fertig war, benutzte er sein Badezimmer, das eine Tür nach draußen hatte, als Poliklinik. Zwei Jahre später konnten in einem Neubau das Büro und die Klinik untergebracht werden. Mit der Zeit kamen noch zwei kleinere Gebäude hinzu, in denen Patienten zur stationären Behandlung Aufnahme fanden.

Als Dr. Tonge Anfang 1930 nach Südafrika berufen wurde, leitete zunächst die Krankenschwester Ina Moore das Krankenhaus und danach für kurze Zeit Ruth Johnson. Im Dezember 1931 übernahm dann der amerikanische Arzt Dr. Roy B. Parsons die Leitung.

In den Jahren 1938 bis 1955 wurden die stationären Räumlichkeiten allmählich immer mehr ausgebaut, bis schließlich 101 Betten aufgestellt waren. Eine neue Poliklinik wurde 1945 errichtet. Die Baukosten konnten weitgehend durch die Zahlungen europäischer Patienten (hauptsächlich Portugiesen) und durch kleinere Spenden gedeckt werden. Das Krankenhaus und die Poliklinik waren auf diese Weise finanziell nahezu unabhängig.

1968 setzte sich Dr. Roy Parsons zur Ruhe, und sein Sohn David übernahm die Leitung. In den folgenden Jahren kamen noch zwei Ärzte aus Brasilien nach Bongo, Dr. Marques und Dr. Rocumback. 1975, auf dem Höhepunkt des Bürgerkrieges zwischen den drei miteinander rivalisierenden Befreiungsorganisationen Angolas, war die Lage um Bongo so unsicher geworden, daß sich die ausländischen Missionare gezwungen sahen, das Land zu verlassen.

Erst mit der Ankunft von Dr. Sabaté und seiner Frau im März 1980 konnte der Krankenhausbetrieb wieder in vollem Umfang weitergeführt werden. Ein neues Behandlungsgebäude wurde errichtet und mit Geldern der Evangelischen Zentralstelle für Entwicklungshilfe in Bonn (EZE) und der Adventmission eine landwirtschaftliche Abteilung gegründet, die mit 30 Milchkühen und dem Anbau von Mais dazu beitragen sollte, das Krankenhaus von der Versorgung mit Nahrungsmitteln fast unabhängig zu machen.

Doch dann kam die Nacht der Entführung. Wieder müssen die einheimischen Pfleger versuchen, ohne ärztliches Fachpersonal die Patienten zu betreuen. Wie lange noch?

sprachliche wie inhaltliche Ursprünglichkeit weitmöglichst zu erhalten. Wenn es dem einen oder anderen Leser dennoch manchmal nicht ganz leicht fallen sollte, eine bestimmte Situationsschilderung bis in alle Einzelheiten nachzuvollziehen, mag das auch damit zu tun haben, daß wir uns – mitten im Wohlstand einer hochzivilisierten Kultur – das harte, entbehrungsreiche Leben in einer solchen Grenzsituation kaum mehr vorstellen können.

„Entführt um Mitternacht" möchte uns die Wirklichkeit der Missionsarbeit unter einem Volk zeigen, das an den Folgen der Kolonialherrschaft und einem erbarmungslosen Bürgerkrieg leidet; es erzählt aber auch von der wunderbaren Führung Gottes für Menschen, die sich ihm anvertrauen.

Für ihre hilfreiche Beratung, für viele Hinweise und Informationen sowie für ihre Beiträge zum Vorwort und zur Darstellung der Geschichte des Krankenhauses Bongo danken wir Erich Amelung, Dr. Pierre Lanarès, Edwin Ludescher, Dr. Herbert Stöger, Dr. Jean Zürcher.

1

Soldaten, Schüler, eine Ankunft und ein Abschied

Ein arbeitsreicher Tag in der Klinik lag hinter mir. Ein letzter Rundgang durch alle Krankenzimmer, noch ein paar Anweisungen für die Pfleger – endlich Feierabend!

Jetzt hatte ich es mir in meiner Wohnung gemütlich gemacht und war gerade dabei, ein Programm für die Muttertagsfeier, die wir auf den 13. Juni hatten verschieben müssen, zu entwerfen. In einem Buch hatte ich die Geschichte eines modernen verlorenen Sohnes gelesen, die gut geeignet war, um von den schauspielerisch sehr begabten jungen Leuten unserer Missionsstation aufgeführt zu werden.

Es klopfte leise an meiner Tür. Noch ganz in Gedanken versunken öffnete ich, als mich ein junger Farbiger fast umrannte. Vor Schreck schrie ich laut auf, aber dann sah ich, daß es ein Predigerschüler unseres Seminars war, der mir ängstlich zu verstehen gab, ich solle mich ja ruhig verhalten.

Leise schloß ich die Tür und fragte flüsternd: „Was ist los?"

Aufgeregt brach es aus ihm hervor: „Die Soldaten kommen noch in dieser Nacht. Sie haben die Erlaubnis erhalten, uns alle festzunehmen. Jetzt müssen wir uns verstecken, bis sie wieder weg sind. Einige von uns sind in den Wald geflohen, ein paar andere verstecken sich in dem leerstehenden Haus am Waldrand, und ich werde mit drei Leuten in dem verlassenen Haus nebenan untertauchen."

Das war ein schwerer Schlag für unser Seminar, denn natürlich mußte nun für eine ganze Zeit der Unterricht ausfallen.

Am nächsten Morgen erfuhr ich, daß in einem nahe gelegenen Dorf sechzig junge Männer festgenommen worden waren, darunter auch ein Schüler unseres Seminars. Das bedeutete nichts anderes, als daß diese jungen Menschen nach ganz kurzer Ausbildung an die Front des Bürgerkrieges geschickt werden würden.

Die folgenden Tage kam ich mir vor wie in einem Krimi. Ich mußte ja die versteckten jungen Männer mit Essen versorgen. Oft unterhielt ich mich durch Klopfzeichen mit meinen unfreiwilligen Nachbarn, und wenn es dunkel wurde, kamen sie manchmal sogar heimlich in mein Haus, so daß ich ihnen Mut zusprechen konnte. Außer mir wußte niemand davon.

Die Soldaten blieben die ganze Woche über in der Nähe der Mission. Ich fürchtete sehr um unsere jungen Pfleger, die auch gefaßt werden konnten. Jeden Morgen erkundigte ich mich als erstes danach, ob noch alle unsere Mitarbeiter da waren.

Noch allzu frisch war mir in Erinnerung, wie am Samstag, dem 1. April, also erst zwei Monate zuvor, einer unserer Arbeiter Dr. Sabaté die erschütternde Nachricht brachte, daß vierzehn Pfleger unseres Krankenhauses festgenommen und ohne Erklärung auf einem Lkw abtransportiert worden seien.

Wir gingen damals sofort zur Polizei und erkundigten uns nach der Rechtslage. Lapidar beschied man uns: „Wir sind eben im Krieg, und solche Aktionen haben politische Gründe."

So mußte ich – als einzige voll ausgebildete Krankenschwester, denn Frau Sabaté hatte erst kurz zuvor einen Sohn zur Welt gebracht – mit zwei einheimischen Pflegerinnen die ganze Arbeit allein schaffen.

Unsere Missionsstation wirkte wie ausgestorben, und wir fühlten uns alle sehr niedergeschlagen. Einmal schloß ich mich voller Verzweiflung in der Bibliothek ein, um mich auszuweinen und zu beten.

Am Dienstag gab es dann Gerüchte, die Festgenommenen hätten mit der UNITA zusammengearbeitet. Das war für uns alle wie ein Schlag ins Gesicht. Wenn es stimmte, konnte es sehr gefährlich für uns werden. Vielleicht hatte man einige unserer Leute auch dazu gezwungen. Am Mittwochabend kam endlich die erlösende Nach-

Conchita Sabaté

Am 22. Mai 1953 wurde ich in Saragossa (Spanien) als zweites und letztes Kind der Familie geboren. Mit 11 Jahren entstand in mir aufgrund meines persönlichen Bibelstudiums der Wunsch, mein Leben völlig Gott anzuvertrauen. Ich ließ mich taufen und wurde in die Adventgemeinde aufgenommen. Von Kind auf begeisterte ich mich für die Berichte von Missionaren, die in fernen Ländern Menschen in Not halfen und ihnen die frohe Botschaft von der Liebe Gottes brachten. Nach Abschluß meiner Schulzeit ließ ich mich deshalb zur Krankenschwester ausbilden. Daneben machte ich mein Diplom als Klavierlehrerin. Einige Zeit arbeitete ich danach am Universitätskrankenhaus.

Mein Wunsch, Missionarin zu werden, hatte auch Einfluß auf meine Partnerwahl. Ich bin Gott dankbar, daß er mich einen Menschen finden ließ, der meine Ideale und Ziele teilt. Nach meiner Heirat ließ ich mich noch zur Hebamme ausbilden und arbeitete einige Jahre in diesem Beruf, um so viele Erfahrungen wie möglich zu sammeln. Später in Bongo war dies von großem Nutzen für mich. Wenn unsere Arbeit dort auch ein so jähes Ende fand, wissen wir doch, daß nicht alles vergeblich gewesen ist. Wir konnten in der Zeit, die uns gegeben war, das Krankenhaus modernisieren, die Ausbildung der Pfleger verbessern und vielen kranken Menschen helfen.

Unsere Entführung innerlich zu verkraften war nicht leicht. Doch wir hielten uns an das Wort aus Römer 8, 28: „Wir wissen aber, daß denen, die Gott lieben, alle Dinge zum Besten dienen."

richt: „Alle unsere Mitarbeiter sind freigelassen worden!" Als die Lastwagen mit den Pflegern auf unserem Gelände eintrafen, wurden sie nach afrikanischer Art von ihren Angehörigen tanzend und singend begrüßt.

Trotz des glücklichen Ausgangs saß der Schrecken bei uns noch tief, und wir hatten große Angst, daß sich so etwas jetzt wiederholen könnte.

Inzwischen war es Montag, der 7. Juni, geworden, und wir trafen letzte Vorbereitungen, um den brasilianischen Lehrer und Prediger Ronaldo Oliveira zu begrüßen, der mit seiner Familie in den nächsten Tagen bei uns eintreffen sollte. Der einheimische Seminarleiter Alexander Justino hatte sich mit einigen Mädchen sehr viel Mühe gemacht, um das Haus, in dem sie wohnen sollten, ansprechend herzurichten. Wir fragten uns, was Pastor Oliveira wohl sagen würde, wenn gar kein Unterricht gehalten werden konnte, weil alle Schüler versteckt waren.

An diesem Morgen war ich an der Reihe, die Andacht in der Klinik zu halten, und las dazu Psalm 23 vor.

Auf den Gesichtern der Patienten konnte ich ablesen, wie bedrückt sie alle über die unsichere Lage waren. Viele Frauen wußten nicht, wo sich ihre Männer versteckt hielten und wie es ihnen ging. Andere hatten Söhne, die verschwunden oder entführt worden waren, und manche war Witwe, weil ihr Mann im Krieg gefallen war. Als ich den Psalm gelesen hatte, sagte ich: „Gott hat uns nie versprochen, daß er uns vor allen Nöten bewahren wird. Wir leben in dieser Welt und müssen alle Schwierigkeiten und Probleme, die es auf ihr gibt, miterleben und mittragen. Aber Gott verläßt uns nicht. Wir brauchen keine Angst zu haben, auch wenn es einmal durch ein finsteres Tal geht, weil er bei uns ist."

Nach der Andacht gingen wir wie gewohnt wieder an unsere Arbeit. Zwei schlimme Fälle machten mir gerade besonders große Sorgen. Es waren zwei Neugeborene von unterernährten Müttern, die wir in einem alten Brutkasten zu behandeln versuchten. Immer wieder brachte man uns solche Kinder, die an Eiweißmangel litten. Weil uns ein Eiweißkonzentrat, das wir sonst aus den USA erhielten, ausgegangen war, erfanden wir ein neues Rezept aus Eiern, Milch und Vitamintropfen, mit dem wir einige der Kinder tatsächlich am Leben erhalten konnten, aber andere starben trotzdem.

In dieser Woche waren wir sehr bedrückt, weil fünf Kinder an Unterernährung gestorben waren, und wir fühlten uns ziemlich ratlos, als man uns am Mittwochmorgen wieder fünf solcher Kinder in die Klinik brachte. Doch wir wollten es noch einmal mit unserer Mischung versuchen.

Um 15 Uhr am Nachmittag traf Familie Oliveira auf der Missionsstation ein, und wir begrüßten sie so herzlich, wie es nur ging. Weil sich die Schüler immer noch versteckt hielten, versprachen wir, den „großen Empfang“ am Samstag im Gottesdienst nachzuholen. Gemeinsam saßen Oliveiras, Sabatés und ich dann zum Abendessen beieinander, und anschließend bot ich Familie Oliveira an, bei mir ein Bad zu nehmen, weil es in ihrem Haus kein heißes Wasser gab. Sie hatten ja ein eineinhalbjähriges Kind, und so verabredeten wir, daß Frau Oliveira in meiner Küche morgens das Essen für den kleinen Jungen zubereiten könne. Ich begleitete sie noch zu ihrem Haus, und dort stellten wir fest, daß sie keine Vorhänge an den Fenstern hatten. So holte ich schnell aus dem Krankenhaus ein paar Tücher, um daraus provisorische Vorhänge zu machen. Während ich nähte, erzählte ich so einiges von der Kriegssituation, wie wir sie auf der Missionsstation zu spüren bekamen. Dabei bemühte ich mich, bei der neu angekommenen Missionarsfamilie keine Beklommenheit oder Angst hervorzurufen.

Schließlich verabschiedete ich mich von ihnen, und dann merkten wir, daß an der Tür der Schlüssel fehlte. Das konnte gefährlich sein. Wir suchten und suchten, aber ohne Ergebnis. Schließlich kamen wir auf die Idee, die Türklinke außen abzumontieren, so daß nur von innen geöffnet werden konnte. Als Notlösung ging das, bis wir den Schlüssel gefunden haben würden.

Von Oliveiras lief ich noch einmal ins Krankenhaus zurück, um nach einer Patientin zu sehen, der es am Nachmittag nicht gut gegangen war. Ich kontrollierte ihren Blutdruck, der sehr stark abgesunken war, gab ihr eine Infusion und machte dann noch meinen Rundgang bei den Kindern und den anderen Patienten. Nachdem ich dem Pfleger letzte Anweisungen gegeben hatte, ging ich schlafen.

Ich war voll Dankbarkeit darüber, daß Familie Oliveira angekommen war, und doch war mein sehnlichster Wunsch noch immer unerfüllt – einmal eine Kollegin zu bekommen, die, alleinstehend wie ich, auch meine Gesprächspartnerin sein würde. Vor fünf Monaten hatte

Familienangehörige bringen eine Patientin zur Behandlung. ● Teilansicht des Missionskrankenhauses Bongo.

man mir angekündigt, daß eine portugiesische Krankenschwester, die in Deutschland lebte, zu uns nach Bongo kommen wolle. Seitdem wartete ich nun schon, und bis jetzt hatte sich nichts getan. Jeden Tag betete ich darum zu Gott, und ich beklagte mich auch schon bei ihm, weil er mir nicht zu antworten schien.

Auch an diesem Abend sprach ich mit Gott wieder über dieses Anliegen, und nach meiner Andacht und einem Bad legte ich mich zur Ruhe und schlief gleich tief und fest ein. Irgendwie nahm ich noch den Gedanken mit hinüber, daß jemand mir gesagt hatte, der nächste Tag, der 10. Juni, sei ein Feiertag der Kommunistischen Partei. –

Plötzlich war ich hellwach. Lautes, fortgesetztes Schießen war von der Polizeistation zu hören. Weil wir Vollmond hatten, war es draußen sehr hell, und für kurze Zeit dachte ich, es sei schon sechs Uhr morgens und die Polizisten machten Schießübungen. Doch dann hörte ich, daß mit ganz starken Waffen und Granaten geschossen wurde.

Ich erschrak ein wenig und dachte: Das kann nicht sein! Dann fiel mein Blick auf den Wecker, der 1.36 Uhr anzeigte. Ich sah zur Radio-Uhr hinüber: 1.36 Uhr! Mit einem Schlag war mir klar, daß der Krieg bis auf hundert Meter an uns herangekommen war, und ich fing an, von Kopf bis Fuß zu zittern. Ich zitterte so stark, daß ich mich kaum halten konnte, und dann betete ich: „Lieber Gott, hilf uns doch, wir sind in großer Gefahr. Behüte uns, Sabatés, Oliveiras und alle Menschen hier auf der Station. Du weißt, wie gefährlich diese Lage ist!"

Ich machte mir große Vorwürfe, daß ich Oliveiras nicht mehr über unsere Situation erzählt hatte. Sie hätten unbedingt wissen müssen, so dachte ich nun, daß sie bei Gefahr unter keinen Umständen ihr Haus verlassen dürfen. Sollte ich versuchen, jetzt zu ihnen hinüberzugehen, um ihnen dies zu sagen? Ich überlegte hin und her und kam zu keinem Entschluß. Falls sie schliefen, so würde sie mein Kommen erst recht erschrecken, und außerdem hatte ich auch Angst, nach draußen zu gehen. So schaute ich nur durch die Fenster und betete die ganze Zeit zu Gott, daß er uns beschützen möge.

Jetzt sah ich eine Gruppe von Soldaten vor dem Krankenhaus. Sie klopften heftig an die Tür; kurz danach öffnete jemand, und sie liefen hinein. Mein erster Gedanke war, daß sie vielleicht einen Verletzten gebracht hatten und ich hinübergehen sollte. Auch mußte ich daran denken, daß die Patienten oft sehr erschraken, wenn geschossen wurde, und manche dann aus dem Bett sprangen und zu fliehen versuchten. Am liebsten wäre ich hinübergegangen, um die Kranken zu beruhigen, aber ich wagte nicht, mein Haus zu verlassen.

Ich klopfte an die Wand, um mich mit den versteckten Seminarschülern zu verständigen, und sie antworteten mir. Als ich wieder aus dem Fenster sah, machte mich etwas stutzig. Die Soldaten verhielten sich ganz anders, als ich es von Regierungstruppen gewohnt war. Sie liefen schnell und hastig umher, wie ich es bei den anderen nie beobachtet hatte. Nur ihre Uniformen kamen mir bekannt vor. Dann sah ich, daß sie Bündel mit Tüchern nach draußen schleppten. Immer noch rätselte ich herum, was all dies zu bedeuten hatte und ob ich vielleicht ins Krankenhaus hinübergehen sollte. Eine unbestimmte Angst hielt mich zurück.

Immer noch trugen die Soldaten Bündel aus dem Krankenhaus heraus, und mit ihrer ganzen Art, wie sie umherliefen und überall die Türen offenstehen ließen – da wußte ich plötzlich: Das ist die UNITA! Jetzt kommen sie und holen dich!

Es war mehr Erstaunen als Angst, was ich in diesem Augenblick empfand. Ein ganzes Jahr hindurch hatte ich immer wieder darüber nachgedacht, wie ich mich am besten verhalten sollte, wenn sie einmal kommen würden. Sollte ich fliehen, mich verstecken? Jetzt dachte ich an nichts dergleichen. Ich flehte nur ununterbrochen zu Gott: „Was soll ich machen, was soll ich machen? Zeige mir, was ich tun soll, und zeige auch den anderen, wie sie sich verhalten sollen!"

Plötzlich sah ich eine andere Gruppe Soldaten aus einer Richtung, wo nicht geschossen wurde, auf mein Haus zulaufen. Schnell zog ich meine Jeans vom Vortag über meinen Schlafanzug und blieb dann am Fenster stehen. Immer noch betete ich: „Herr, zeige mir, was ich machen soll; ich weiß es wirklich nicht!"

Die Soldaten mußten ein Stück ums Haus gehen, um zum Eingang zu gelangen, und so verlor ich sie für einen Moment aus den Augen. Dann hörte ich in die Stille hinein Schritte und heftiges Klopfen, aber keiner war zu sehen. Ich lief zum hinteren Eingang, aber auch dort war niemand.

Ich kam gar nicht auf die Idee, daß sie vielleicht an der Tür von Oliveiras geklopft hatten. Nie hatte ich daran gedacht, daß sie außer mir auch noch andere entführen könnten. So konnte ich mir jetzt keinen Reim auf dieses laute Klopfen machen, da doch niemand an meiner Tür gewesen war. Ich kam mir vor wie in einem entsetzlichen Alptraum. Dieses schreckliche Schießen wollte kein Ende nehmen. Aufgeregt lief ich von einem Fenster zum anderen. Würde ich doch nicht geholt werden? Hatten die Guerilleros mich nicht gefunden?

Dann hörte ich plötzlich wieder Stimmen, und schon waren sie vor meinem Haus. Ich wußte: Jetzt ist es soweit, und ich kann gar nichts mehr machen. Da kam eine große innere und äußere Ruhe über mich, die mir selbst unerklärlich war. Mit einemmal wußte ich ganz genau, wie ich mich zu verhalten hatte. Ich würde mich nicht wehren und blieb ganz still stehen. Immer hatte ich Angst gehabt, einen Herzschlag zu bekommen, wenn die UNITA eines Tages wirklich auftauchen sollte. Ich hatte deshalb die Pfleger gebeten, meinen Namen zu nennen, wenn sie mich nachts einmal zu einem Kranken rufen mußten, weil ich sonst nicht antworten würde. Aber dann erwachte ich doch immer schon beim kleinsten Geräusch und lief zur Tür. Die Pfleger neckten mich deshalb manchmal und meinten, wenn das jetzt die UNITA gewesen wäre ... Und ich sagte jedesmal: „Das würde ich bestimmt nicht überstehen. Bei dem bloßen Gedanken daran wird mir schon ganz übel."

Meiner festen Überzeugung nach hat Gott es so geführt, daß ich schon wach war, als die Soldaten der UNITA kamen. Wenn sie mich im Schlaf überrascht hätten, wäre der Schock für mich zu groß gewesen, glaube ich.

Sie klopften an die Tür und riefen: „Krankenschwester, stehen Sie auf!" Ich sagte: „Ich bin schon auf, was wollen Sie?"

Aber sie hörten das nicht, weil sie so viel Lärm machten, und riefen noch einmal: „Krankenschwester, stehen Sie auf!"

Ich sagte wieder: „Ja, da bin ich, was wollen Sie von mir?"

Jetzt kam einer von ihnen an mein Fenster und sagte: „Wir sind von der UNITA. Wir haben eine wichtige Nachricht für Sie und kommen, um Sie zu holen!"

Das Wort UNITA ist in Angola sehr gefürchtet. Jeder hat Angst, wenn er es nur hört.

In der Hand hatte der Soldat ein Blatt mit einem Photo ihres Präsidenten, und darunter stand in großen Buchstaben UNITA. „Kennen Sie diesen Präsidenten?" fragte er mich.

„Was ist das für ein Präsident?" stellte ich mich unwissend, um Zeit zu gewinnen.

„Das ist unser Präsident Savimbi. Er möchte mit Ihnen sprechen, und wir holen Sie deshalb ab."

„Aber ich möchte nicht mit Ihnen gehen. Ich will hier in diesem Krankenhaus bleiben!"

„Nein, Sie müssen mit uns kommen. Sie werden eine viel bessere Arbeit bei uns haben können als hier."

„Ich will aber hier arbeiten und nicht bei Ihnen!"

„Nein, Sie müssen mit uns kommen, unser Präsident möchte mit Ihnen sprechen, und es wartet auf Sie ein Auto und ein Flugzeug, die Sie in Ihre Heimat zurückbringen werden."

Ich fragte noch einmal: „Was werden Sie mit mir machen, wenn ich mit Ihnen komme?"

Sie antworteten: „Wir nehmen Sie nur mit und schicken Sie dann in einem Flugzeug nach Hause."

Ich sagte: „Ich will aber gar nicht nach Hause gehen."

Überraschenderweise blieben die Soldaten die ganze Zeit über freundlich und ruhig, keiner schrie oder wurde wütend. Ich überlegte fieberhaft, ob ich mit diesen Männern allein durch den Wald gehen konnte. Sie sahen recht merkwürdig aus. Einige trugen lange Perükken, andere hatten sich viele Zöpfchen geflochten, aber ich fürchtete mich nicht vor ihnen.

Ich fragte noch einmal: „Warum soll ich mit Ihnen gehen?"

Sie sagten: „Wir haben eine Nachricht für Sie."

Da fiel mir noch eine letzte Ausflucht ein: „Aber ich kann nicht mit Ihnen gehen, ohne daß der Arzt etwas davon weiß. Er muß zuerst davon unterrichtet werden."

Da sagte der Anführer ganz kühl zu mir: „Ja, der ist schon lange weg, und auch die Brasilianer sind bereits unterwegs."

Ich rief: „Und das Kind?"

„Ist auch dabei und wird von unseren Leuten getragen."

Da wußte ich, daß alles verloren war. Jetzt hatte ich keine andere Wahl mehr, als mitzugehen. Leise fragte ich: „Werden Sie mir auch nichts antun?"

Sie lachten: „Nein, wir werden Ihnen nichts antun."

Ich sagte: „Wissen Sie, daß ich ein Gotteskind bin? Wenn Sie mir etwas antun, werden Sie es vor Gott verantworten müssen!"

Da lachten sie wieder und meinten: „Ja, das wissen wir, und wir werden Ihnen bestimmt nichts antun."

Im stillen dachte ich bei mir, daß diese Menschen vielleicht gar nicht so böse waren, wenn sie noch so freundlich lachen konnten.

Inzwischen war es zwei Uhr geworden; wir hatten uns schon eine ganze Zeit am Fenster unterhalten, und jetzt ging ich zur Tür und machte auf. Gleich darauf war das ganze Haus voll von Soldaten, und da bekam ich doch ein wenig Angst, ließ mir aber nichts anmerken. Einer sagte zu mir, noch einmal: „Wir sind von der UNITA – wissen Sie, wer das ist?"

„Ja, ja, das weiß ich schon, Sie brauchen mir das nicht zu erklären."

Da waren sie etwas betroffen von meiner Ruhe, und mir schien, daß sie ein wenig hilflos dastanden und nicht wußten, wie sie sich verhalten sollten. Verständlicherweise reagierten die Entführungsopfer der UNITA in der Regel mit Panik, und so war ich Gott besonders dankbar, daß er mir in dieser Situation so viel innere Ruhe schenkte.

Allmählich schaute ich mir die Leute etwas näher an. Der Anführer der Gruppe sah irgendwie gutmütig und sympathisch aus. Später sollte ich allerdings noch merken, daß die Guerilleros einerseits sehr nett sein konnten, gleichzeitig aber erbarmungslos und mit äußerster Härte für ihre Sache kämpften. Dann sah ich, daß einer der Soldaten eine Laterne in der Hand hielt, und ein anderer trug ein zusammengeknotetes Tuch als Bündel über der Schulter. Diese Dinge gehörten Familie Sabaté, und so stimmte es also tatsächlich, daß sie vor mir überfallen und entführt worden waren.

Plötzlich sagte der Anführer: „Sie müssen jetzt Ihre Koffer pakken, und wir werden Ihnen dabei helfen. Dann kommen Sie mit zu unserem Präsidenten, der eine Botschaft für Sie hat. – Ziehen Sie sich jetzt an." Und schon öffnete er meinen Kleiderschrank.

„Ich bin bereits fertig", entgegnete ich, denn ich hatte ja die Jeans über den Schlafanzug gezogen.

Die Soldaten nahmen meine Koffer vom Schrank, legten sie aufs Bett und fingen an zu packen. Sie nahmen einfach alles wahllos aus dem Schrank und stopften es in die Koffer. Ich merkte aber, daß sie Sachen einpackten, die für eine kürzere Reise gar nicht notwendig waren, und weil ich mir immer noch nicht vorstellen konnte, Bongo für immer verlassen zu müssen, sagte ich: „So viele Sachen brauchen wir doch nicht mitzunehmen."

Doch sie ließen sich nicht beirren: „Sie werden das alles brauchen, und wir werden Ihnen alles zurückgeben. Nichts wird verlorengehen."

Ich sah, wie ein Soldat sich an einem kleinen Kästchen zu schaffen machte, in dem ich meine Schreibutensilien aufbewahrte, und ich sagte ihm, er solle das liegenlassen. Da ließ er es tatsächlich liegen. Immer wieder wehrte ich mich und sagte: „Nein, dies und das brauchen Sie nicht einzupacken, das werde ich nicht benötigen." Ich wollte doch auf alle Fälle wieder zurückkommen!

Bald waren die Schränke leer und alles eingepackt. Der Anführer – er hieß Henda – gab mir meine Windjacke und sagte: „Ziehen Sie das an! Es ist kalt draußen. Und ziehen Sie Ihre Schuhe an."

Aber ich lief jetzt ganz aufgescheucht hin und her und brachte es nicht fertig, mich anzuziehen.

Auf meinem Nachttisch lagen verschiedene Bücher, darunter auch eine Bibel in Spanisch, eine in Portugiesisch und eine in Französisch.

Henda fragte mich, ob ich die auch mitnehmen wolle, und ich sagte ja. Er steckte sie in eine Tasche und zeigte dann auf meine Schwesternuhr und meine Armbanduhr: „Nehmen Sie Ihre Uhren." Aber ich war zu aufgeregt dafür, und so steckten wir sie mit in die Tasche. Ich sollte sie nie wieder zu Gesicht bekommen.

Danach leerten die Soldaten noch sämtliche Schubladen, schlossen Koffer und Taschen und gingen damit weg. Was sie nicht verstauen konnten, warfen sie auf mein Bett und machten mit der Decke und den Laken mehrere Bündel. Später, unterwegs auf dem Marsch, stellte ich dann fest, daß sie dabei sogar meine Wärmflasche einschließlich Wasser eingepackt hatten!

Auch der große Korb, in den ich immer meine schmutzige Wäsche hineintat, mußte als Reisegepäck herhalten. Sie füllten ihn bis obenhin mit allem möglichen und trugen ihn weg. Dann suchten sie in der Küche nach Lebensmitteln. Was ich auf dem Küchentisch für Rosmarie Oliveira bereitgestellt hatte – Brot, Kindernahrung, einen Krug für die Milch und einen Teller –, war bereits verschwunden. Ich gab ihnen, was ich noch fand: ein Paket Spaghetti, einen 5-Kilo-Sack Reis und eine große Plastiktüte mit Bohnen. Schließlich fand ich im Kühlschrank noch ein Brot, und dann hatten sie wirklich alles eingepackt, was es bei mir mitzunehmen gab.

Während meine Entführer noch alle diese Dinge abschleppten, sah ich plötzlich draußen auf dem Flur Alexander Justino stehen. Fassungslos sagte er zu mir: „Schwester Vicki!“ Mehr brachte er nicht heraus. Dieser große, kräftige Mann stand ganz hilflos da, und auch ich konnte kein Wort sagen. Aber ich wußte, daß er den gleichen Gedanken hatte wie ich. In der letzten Zeit waren mehrere Entführungen vorgekommen, und wenn wir davon hörten, hatte ich jedesmal gesagt: „Sollte mir das einmal passieren, daß sie in mein Haus kommen, wenn ich schlafe, dann werde ich das nicht überleben.“

Jetzt sah ich in seinen Augen die Frage, wie es mir ergangen sei und was ich gefühlt habe, als sie kamen. Aber ich brachte kein Wort heraus und schaute ihn nur stumm an.

Daß es ein Abschied für immer werden sollte, war für mich unvorstellbar. Die Menschen hier brauchten mich doch, es gab so viel Not und Elend im ganzen Umkreis. Lange Jahre hatte ich mich für diesen Dienst vorbereitet, und schon als Kind war es mein einziger Wunsch und ganz großer Traum gewesen, einmal als Missionskrankenschwester arbeiten zu können ...

2

Wege nach Angola

Geboren bin ich in Misiones, einem kleinen Dorf im Norden Argentiniens, nahe der Grenze zu Brasilien. Ich war das siebte von neun Kindern, und meine Mutter war zum zweitenmal verheiratet. Sie fand zum Glauben an Jesus Christus, als ich vier Jahre alt war. Mein Vater dagegen wollte nichts von Gott wissen. Er war sehr gewalttätig, und aus Angst um uns verließ ihn meine Mutter kurz nach der Geburt meines jüngsten Bruders. Der Kleine starb mit neun Monaten an einer Herzkrankheit. Meine Mutter mußte hart arbeiten, um uns Kinder alle satt zu bekommen.

Eines Tages brach eine große Grippeepidemie aus, und wir wurden alle sehr krank. Bei dieser Gelegenheit bekamen wir Kontakt zu Angehörigen der Adventgemeinde, die sich sehr um uns kümmerten und uns halfen, bis wir alle wieder gesund waren. Meine Mutter ließ sich taufen, und wir Kinder besuchten die Schule der Adventgemeinde, bis wir in ein anderes Dorf zogen und jeder von uns allmählich versuchen mußte, seinen Lebensunterhalt selbst zu verdienen, um unsere Mutter zu entlasten. Sie wollte nicht zu unserem Vater zurückkehren, weil er ihr nicht erlaubte, den Gottesdienst zu besuchen. Er war zu dieser Zeit wohl schon etwas gemütskrank. Ich vermute, daß er einiges auf dem Kerbholz hatte und deshalb innerlich nicht mehr zur Ruhe kam. Meine Mutter kannte ihn gut genug, um Angst um uns zu haben. Er besuchte uns hin und wieder, und mit der

Zeit merkten auch wir Kinder, daß er nicht ganz gesund war. Meine Mutter hielt uns dazu an, für ihn zu beten, und die Fürbitte für ihn jeden Abend war in unserer Familie fast ein Ritual.

Für unsere Mutter war es eine große seelische Belastung, daß wir schon so früh Geld verdienen mußten. Zuerst zog meine älteste Schwester weg, um bei einer Familie die kleinen Kinder zu betreuen. Dann verließ uns mein älterer Bruder, um in einem landwirtschaftlichen Betrieb zu arbeiten. Mit sieben Jahren zog dann ich zu einer Bekannten meiner Mutter, um gegen ein kleines Entgelt auf die Kinder aufzupassen. Als die Schule anfing, kehrte ich zurück und besuchte zusammen mit meinem jüngeren Bruder den Unterricht.

Meine Mutter durfte in diesen Jahren einige Erfahrungen mit Gott machen, denn obwohl wir Kinder oft krank waren, wurden wir durch ihre Gebete doch immer wieder gesund, so daß sie keines von uns mehr verlor.

Wenn ich in den Ferien irgendwo hingehen mußte, um dort Geld zu verdienen, litt ich immer unter großem Heimweh. Meiner Mutter tat das sehr leid, und als ich später in einer anderen Stadt zur Schule ging, sorgte sie dafür, daß ich am Wochenende immer nach Hause kommen konnte, weil ich sonst die ganze Zeit geweint hätte.

Ich war zwölf Jahre alt, als mein Vater starb. Er wurde ermordet, und wir wissen noch nicht einmal die näheren Tatumstände, weil er ziemlich weit weg von uns lebte. Wahrscheinlich war es ein Raubmord, denn als Händler in Brasilien hatte er immer viel Geld verdient. Als wir die Nachricht von seinem Tod erhielten, waren wir sehr traurig, und ich kämpfte mit dem Zweifel, ob Gott unsere Gebete all die Jahre hindurch überhaupt gehört hatte. Aber weil wir noch jung waren, kamen wir bald darüber hinweg.

Meine Schwester ging zu dieser Zeit schon in ein adventistisches Internat. Sie arbeitete nebenbei, um sich ihr Schulgeld zu verdienen. Später arbeitete sie immer ein Jahr lang, um dann jeweils zwei bis drei Jahre ihre Schulausbildung fortsetzen zu können. Als ich für die höhere Schule angemeldet wurde, wollten sie mich zuerst nicht nehmen, weil ich so klein war. Dünn und schwach sah ich aus, und so wollte man mir die schwere Arbeit in der Schule nicht zumuten. Dann zog meine Mutter in die Nähe der Schule, wo einer meiner Brüder Arbeit als Maurer bekam und ich nachmittags bei einigen

Lehrerfamilien im Haushalt arbeitete, um morgens zur Schule gehen zu können. Wir mußten sehr schwer arbeiten, um das Schulgeld aufzubringen, aber meine Mutter hatte sich das hohe Ziel gesetzt, daß wir alle eine gute Ausbildung erhalten sollten, um es einmal besser zu haben als sie.

Mit Gottes Hilfe konnte ich 1971 meinen Schulabschluß machen, der ungefähr der deutschen mittleren Reife entspricht. Schon als Kind hatte ich immer davon geträumt, einmal Missionarin zu werden. Voller Begeisterung las ich die Berichte von Missionsärzten und Missionskrankenschwestern im Amazonasgebiet, in Afrika und anderen unterentwickelten Gegenden. So meldete ich mich nach Abschluß der Schulzeit für die Krankenschwesternausbildung an. Sie ist recht teuer, und ich hatte überhaupt kein Geld. Aber es gab die Aussicht auf ein Stipendium, wenn man eine gute Prüfung ablegte, und darin sah ich meine Chance.

Zum erstenmal mußte ich nun wirklich weit von zu Hause fort, denn die Schule lag ungefähr 1300 Kilometer von meinem Heimatort entfernt. Ich kam dort an mit meinen paar Habseligkeiten und einem „Barvermögen“ von umgerechnet etwa fünfzig Mark in der Tasche. Sonst besaß ich absolut nichts, aber ich vertraute darauf, daß Gott mir schon weiterhelfen würde.

In der Schwesternschule hatten wir erst einmal zwei Wochen Unterricht, dann mußten wir Prüfungen in Biologie, Chemie, Physik und Mathematik ablegen. Weil ich von allen Teilnehmern die beste Gesamtnote bekam, wurde mir das ganze Schulgeld erlassen. Das war für mich die einzige Möglichkeit, um überhaupt die Ausbildung aufnehmen zu können. Ein Teilstipendium hätte nicht ausgereicht, da ich den Restbetrag nicht selber aufbringen konnte.

Nun fing ich also an zu studieren, aber ich hatte überhaupt kein Geld für Schreibzeug und Bücher. Meine Zimmerkameradinnen liehen mir etwas, aber auf die Dauer war das auch keine Lösung. Ich hatte inzwischen schon keine ordentlichen Schuhe mehr, um zur Schule zu gehen, und war ganz verzweifelt. Gern hätte ich nebenbei gearbeitet, aber wir hatten den ganzen Tag Unterricht, und am Abend benötigte ich nach der Andacht in der Schule die Zeit, um zu studieren. Ich hätte abends im Krankenhaus arbeiten und anschließend noch studieren können, aber ich war zu schüchtern, um mich für eine solche Stelle zu bewerben.

An einem Freitagabend war ich ganz besonders niedergeschlagen. Im Unterricht kam ich sehr gut mit, aber wenn sich nicht in den nächsten Tagen noch etwas zu meinen Gunsten entscheiden würde, konnte ich nicht weiterstudieren, weil mir das Geld fehlte, um auch nur das Allernotwendigste zu kaufen. So betete ich: „Herr, wenn du mir hilfst, einen Arbeitsplatz zu bekommen, werde ich später einmal für dich arbeiten. Laß doch das Wunder geschehen, daß jemand mir von sich aus Arbeit anbietet, denn ich bin zu schüchtern, um mich irgendwo zu bewerben."

Am Sonntag war ich noch im Bett, als es an der Tür klopfte und jemand mir ein Paket überreichte. Später erfuhr ich, daß es Dr. Tabuenca, der Chefarzt des Krankenhauses in Misiones, war. Eine Bekannte meiner Mutter, von Beruf Lehrerin, hatte das Paket mit zwei Paar Schuhen geschickt. Ich war selig, denn damit war mein größtes Problem gelöst. Kurz danach klopfte es noch einmal, und Dr. Tabuenca gab mir noch einen Brief von seiner Schwester, den er vorher vergessen hatte. Ich öffnete den Umschlag und las: „Leider habe ich nicht viel Zeit zum Schreiben, aber anbei schicke ich Dir etwas, das Du vielleicht gut gebrauchen kannst." In dem Brief waren fünfhundert Pesos, das sind heute ungefähr zweihundert Mark. Das würde mir lange Zeit reichen, denn sparen hatte ich gelernt. Und schon am Tag darauf erlebte ich das nächste Wunder.

Freudestrahlend ging ich morgens zur Schule, als ich unserem Physiklehrer begegnete, der mich sprechen wollte. Gleich überlegte ich, ob ich vielleicht etwas angestellt hatte, denn ich war immer gern lustig und zu einem Streich aufgelegt. Es fiel mir oft schwer, brav zu sein, nur damit mir mein Stipendium nicht verlorenging.

Etwas ängstlich wartete ich also nach Schulschluß auf den Lehrer. Er wollte wissen, ob ich Lust hätte, eine seiner Mitarbeiterinnen im Labor für zwei Wochen zu vertreten, in der Abendschicht. Ich konnte es kaum fassen, daß mir Arbeit angeboten wurde, und gab überglücklich meine Zusage. Als die Angestellte aus ihrem Urlaub zurückkam, konnte ich gleich eine andere Vertretung übernehmen, und so ging das dann drei Jahre lang. Es war eine anstrengende Zeit, in der ich nur wenig Schlaf bekam, denn nach der Arbeit mußte ich ja noch lernen. Auch in den Ferien arbeitete ich im Krankenhaus, so daß ich nicht heimfahren konnte. In der Physiotherapie, im Labor und in der Waschküche verdiente ich mir Geld.

Immer wieder durfte ich Gottes Führung erleben. Gleich zu Beginn meiner Ausbildung war ich in großen Schwierigkeiten, weil ich dringend eine Schwesterntracht benötigte, aber kein Geld dafür hatte. Da traf ich eines Tages zufällig auf dem Flur den Krankenhausgeistlichen, den ich von früher kannte. Er begrüßte mich und sagte: „Weißt du, ich bekomme hin und wieder Geldspenden von Patienten. Davon werde ich dir etwas geben, denn ich weiß, daß du es brauchen kannst." Dann überreichte er mir einen Betrag, der so hoch war, daß ich mir die Kleidung kaufen und noch eine stattliche Summe auf mein Sparkonto einzahlen konnte. So wuchs in mir die Überzeugung, daß ich zur Missionarin berufen war.

Nach Abschluß meiner Ausbildung wurde ich gebeten, in einem adventistischen Krankenhaus in Argentinien zu arbeiten. Zwar wäre ich lieber in die Mission gegangen, aber ich hatte Gott versprochen, dort zu arbeiten, wo er mich gebrauchen konnte. Vier Jahre war ich in diesem Krankenhaus tätig und konnte in dieser Zeit viele Erfahrungen sammeln, die mir für meinen späteren Missionsdienst von großem Nutzen sein sollten.

Inzwischen hatte meine Schwester einen Schweizer geheiratet und war mit ihm in seine Heimat gezogen. Bald litt sie unter Heimweh und fühlte sich einsam und unglücklich. So schrieb sie mir eines Tages, ob ich nicht Lust hätte, eine Weile bei ihr in der Schweiz zu leben und die Welt ein wenig kennenzulernen. Zuerst betrachtete ich das nur als Scherz, aber dann merkte ich doch, daß meiner Schwester viel daran lag, mich in ihrer Nähe zu haben, und obwohl mir der Abschied von meinen Angehörigen und Freunden in Argentinien sehr schwerfiel, ging ich im Februar 1979 in die Schweiz.

Nach einem dreimonatigen Sprachkurs nahm ich die Arbeit in einem städtischen Krankenhaus auf. Ich war todunglücklich, weil ich Gott dort nicht so dienen konnte, wie es mein Wunsch war. Da traf ich eines Tages im Gottesdienst Heinz Vogel, den damaligen Leiter der Predigtamtsabteilung der Euro-Afrika-Division der Gemeinschaft der Siebenten-Tags-Adventisten. Ich stellte mich vor und fragte ihn: „Kann ich eine Stelle in der Afrikamission bekommen? Ich würde so gerne in einem Missionskrankenhaus arbeiten."

Heinz Vogel riet mir, eine Bewerbung an die Division zu schicken, und drei Tage später hatte ich schon die Antwort in Händen. Man lud mich zu einem persönlichen Gespräch nach Bern ein, wo ich von Dr.

Stöger, dem Leiter der Ärztlichen Abteilung, zuständig auch für die Missionskrankenhäuser, in seiner temperamentvollen Art mit den Worten begrüßt wurde: „Oh, Sie sind von Gott gesandt!"

Erstaunt wollte ich wissen: „Warum?"

„Wir suchen dringend Krankenschwestern für unser Missionskrankenhaus in Angola. Wären Sie denn bereit, dorthin zu gehen?"

Ich hatte keine Ahnung, wo Angola überhaupt lag, aber ich war bereit, dorthin zu gehen, wo man mich haben wollte. Dr. Stöger wies mich noch darauf hin, daß die Regierung dort kommunistisch sei und es politische Unruhen gebe. Aber ich war begeistert und machte mir darüber keine Sorgen.

Nun wartete ich erst einmal viele Monate auf mein Visum. Dann hieß es plötzlich, es sei gar nicht mehr möglich, eine Einreisegenehmigung für Angola zu erhalten. Ich war damals gerade in Argentinien und erfuhr telefonisch, daß man mich statt dessen in den Tschad senden wolle.

Ich hatte so viel Schlimmes über den Tschad gehört, und bei dieser Nachricht liefen mir Tränen die Wangen herunter. Zwei Stunden hatte ich Zeit, um meine Entscheidung zu treffen. Ich sagte mir selbst: „Ich habe versprochen, dahin zu gehen, wohin ich gerufen werde", und als man aus Bern wieder anrief, war meine Antwort: „Ja, ich bin bereit, in den Tschad zu gehen." Das war eine große seelische Belastung für mich. Kurz danach kehrte ich in die Schweiz zurück, und in Bern begrüßte mich Dr. Stöger mit den Worten: „Sie brauchen nicht in den Tschad zu gehen; wir werden Sie nach Kamerun senden."

In Brüssel sollte ich erst einmal Französisch lernen. Ich war gerade zehn Tage dort, als man mir aus Bern mitteilte, daß mein Visum für Angola eingetroffen sei. Dr. Stöger wollte wissen, ob ich noch bereit sei, dorthin zu gehen. Ich konnte es fast nicht glauben; ich zitterte am ganzen Leib und sagte sofort zu. Natürlich wollte ich nach Angola gehen, schließlich hatte ich mich ein ganzes Jahr darauf vorbereitet, und sogar mein Gepäck war schon mit Adreßaufklebern nach Angola versehen.

Ich blieb dann noch zwei Wochen in Brüssel, damit ich wenigstens den ersten Kurs abschließen konnte, und ging danach zurück in die Schweiz, um von dort nach Angola zu fliegen. Jetzt ging es also endlich los! Bei einer Zwischenlandung in Lissabon kaufte ich mir eine

Zeitschrift, die einen Artikel über Angola enthielt. Eine Landkarte war abgebildet mit einer gestrichelten Linie, die andeutete, wo ungefähr die Grenze zwischen der UNITA und der MPLA – also der Regierungspartei – lag. Deutlich konnte ich erkennen, daß diese Linie genau über Huambo lief, wo sich das Krankenhaus der Adventmission befindet, und ich bekam ein wenig Angst. Aber meine Begeisterung konnte das nur wenig dämpfen.

In Angola sollte ich am Flughafen von Prediger Cubenda aus Luanda sowie Dr. Sabaté und seiner Frau, die seit rund einem Jahr an unserem Missionskrankenhaus tätig waren, abgeholt werden. Es war recht abenteuerlich, bis wir uns endlich trafen, und um vier Uhr am anderen Morgen konnte ich mich dann endlich in einem sehr schön gelegenen Hotel am Meer schlafen legen. Die beiden Männer hatten es nicht so gut getroffen, denn in Angola muß man ein Hotelzimmer einen Monat vorher reservieren lassen, und das hatten sie versäumt. So mußten sie mit einer recht primitiven Unterkunft vorliebnehmen, in der es noch nicht einmal Wasser gab, um sich das Gesicht zu waschen.

Wir warteten noch auf Dr. Stöger, der erst einen Tag nach mir fliegen konnte, und gemeinsam ging es dann weiter nach Huambo. In der Provinzhauptstadt hatten wir uns noch den Behörden vorzustellen, und nachmittags kamen wir endlich nach Bongo.

Die Provinz Huambo liegt im Zentrum von Angola, in einer sehr schönen Gegend mit Mittelgebirgscharakter und angenehmem Klima. Die ganze Fahrt war ein Genuß fürs Auge. Berge und Hügel wechselten einander mit großen Felsblöcken ab, die hier und da plötzlich auftauchten und wie riesige Wächter in die herrlich grüne, sonnige Landschaft ragten. Die Straße war gut ausgebaut und führte uns immer wieder an kleinen Dörfern vorbei. Nach ungefähr 60 Kilometern bogen wir in eine Abzweigung ein, und Dr. Sabaté zeigte ins Tal: „Dort unten liegt die Missionsstation."

Ein herrlicher Anblick bot sich uns, und irgendwie wurde ich an die Schweiz erinnert mit ihren Wäldern und Bergen, nur war hier alles kleiner. Ein Berg sah tatsächlich von weitem wie das Matterhorn aus, in verkleinertem Format und ganz grün.

Inzwischen waren wir auch auf die politische Lage zu sprechen gekommen, und allmählich begann ich zu begreifen, daß ich an einen ganz gefährlichen Ort gekommen war. Auf dem letzten Hügel vor

Dr. Ferrán Sabaté

Geboren wurde ich am 6. Oktober 1951 in Barcelona als ältestes von vier Kindern, in einer traditionell adventistischen Familie.

Ich war ein recht gesundes Kind, bis ich mit drei Jahren schwer magenkrank wurde und fast gestorben wäre. Als ich nur noch Haut und Knochen war, entschieden sich die Ärzte endlich dafür, mich zu operieren. Dadurch konnte ich mit Gottes Hilfe geheilt werden und entwickelte mich nun ganz normal.

Schon in der Schulzeit beeindruckten mich die Geschichten aus der Mission. Ich bewunderte den Mut dieser Frauen und Männer, die ihr eigenes Leben aufs Spiel setzten, um dem Nächsten zu helfen. Mit zehn Jahren fing ich an, in meiner Freizeit und in den Sommerferien zu arbeiten, um meine Eltern ein wenig bei der Bezahlung des Schulgeldes zu entlasten. Ich verkaufte christliche Bücher. Oft war es schrecklich für mich, wenn andere Urlaub machen konnten und ich nicht. Aber ich wollte Arzt werden und mußte deshalb jeden Augenblick nutzen, um für mein Studium Geld zu verdienen.

Außer Medizin studierte ich noch Philosophie und Geschichte, um ein tieferes Verständnis für unsere Zeit zu gewinnen. Weil ich Kinder sehr gern habe und sie immer am hilflosesten sind, wurde ich schließlich Kinderarzt.

Mein Wunsch, einmal in der Mission zu arbeiten, wurde – obwohl ich nicht viel darüber sprach – von vielen Seiten beeinflußt und verstärkt: von meinen Eltern und Geschwistern, den Missionsberichten im Gottesdienst, von den Biographien David Livingstones und Albert Schweitzers. Entscheidend für mich war aber doch, daß ich eine Lebensgefährtin fand, die meine Vorstellungen teilte und die entsprechende Ausbildung dafür mitbrachte.

Am liebsten wollten wir in der Adventmission einen Platz finden, weil sie mit unserer inneren Einstellung am besten übereinstimmt. Nach längerer Wartezeit, die durch die schwierige politische Lage und bürokratische Hürden in Angola bedingt war, konnten wir im März 1980 endlich nach Bongo abreisen.

unserer Station sah ich eine Militäreskorte und viele gepanzerte Militärfahrzeuge. Dr. Sabaté erklärte mir, daß sie sich hier aufhielten, weil auf der anderen Seite des Tales schon der Feind sei. Unsere Missionsstation lag also genau zwischen den verfeindeten Parteien. Der Arzt versicherte mir aber, daß es noch nie Probleme für die Missionare gegeben habe und beide Seiten die Station unbehelligt ließen. Das beruhigte mich ein wenig, aber dann berichtete er, wie vor drei Jahren eine Krankenschwester der evangelischen Mission von der UNITA entführt worden war und bis nach Südafrika zu Fuß laufen mußte. Nach vier Monaten war sie dort angekommen und freigelassen worden. Ich spürte, wie die Angst in mir hochkroch und ich dachte: Wenn sie eine evangelische Krankenschwester entführt haben, warum sollten sie dann uns verschonen?

Doch alle Ängste waren vergessen, als ich den warmen Empfang erlebte, der mir auf der Missionsstation zuteil wurde. Nachdem ich mich mit dem Leiter des Predigerseminars, Alexander Justino, bekannt gemacht hatte, wollten alle Leute der Missionsstation mich willkommen heißen. Ich mußte mich rasch umziehen, weil ich ziemlich schmutzig aussah, und dann standen sie auch schon vor meinem Fenster und sangen zu meiner Begrüßung. Tief gerührt bedankte ich mich herzlich bei ihnen. Sie versicherten mir, wie sehr sie sich freuten, daß ich mutig genug gewesen war, zu ihnen zu kommen, und daß sie mir nach Kräften zur Seite stehen wollten.

Am nächsten Tag war Samstag, und im Gottesdienst wurde ich noch einmal willkommen geheißen und mußte jedem einzelnen die Hand geben, der ganzen Gemeinde. Ich war sehr glücklich, weil ich spürte, daß ich diesen Menschen wirklich eine Hilfe sein konnte.

Seiner Predigt legte Dr. Sabaté an diesem Morgen den Bibeltext Jesaja 52,7 zugrunde: „Wie lieblich sind auf den Bergen die Füße der Freudenboten, die da Frieden verkündigen, Gutes predigen, Heil verkündigen“, und er sagte: „Selig sind auch die Hände, die gute Botschaft bringen.“ Ich las dann noch den letzten Vers aus Psalm 90 vor: „Herr, unser Gott, . . . fördere das Werk unsrer Hände bei uns.“

Jeden Tag betete ich darum, daß Gott das Werk unserer Hände segnen möge, denn es gab viel zu tun, und wir waren nur wenige, die helfen konnten.

Am Sonntag machte ich dann meinen ersten Rundgang im Krankenhaus. Die Pfleger standen am Eingang und sangen für mich das

Lied: „Gott paßt auf dich auf, über dir wacht seine zärtliche Liebe." Ich dachte an all die Verheißungen, daß Gott uns schützen wird und wir keine Angst zu haben brauchen, weil er bei uns ist. Dieses Lied sollte für mich noch sehr wichtig werden, denn schon zogen auch über unserer Missionsstation die ersten Wolken drohenden Unheils auf.

3

Alltag in Bongo

Unser Leben und Arbeiten auf der Missionsstation war durch die Anwesenheit des Militärs sehr stark beeinträchtigt. Regierungssoldaten hatten einige leerstehende Häuser auf unserem Gelände besetzt, und wir konnten nichts dagegen machen. Ich spürte eine unbestimmte Angst, die ich nicht loswerden konnte, und mußte immer wieder an das Lied denken, das mir die Pfleger am ersten Samstagmorgen zur Ermutigung gesungen hatten. An diese Verheißung wollte ich mich klammern, daß Gott schon auf mich aufpassen würde. Viele Menschen in meiner Umgebung hielten sich an diese Zuversicht, denn der Ernst der Lage war unübersehbar.

Jeden Tag hatten wir alle Hände voll zu tun. Es gab so viel Elend und Not, Leiden und tropische Krankheiten aller Art, und außerdem mußten wir noch die Kriegsverletzten behandeln. Die Guerilleros vergruben auf den Fußwegen kleine Minen, die schon bei vierzehn Kilogramm Belastung explodieren können. Auf diese Weise verloren immer wieder auch Zivilisten, die auf dem Weg zur Arbeit waren oder am Rand ihres Dorfes spazierengehen wollten, ihr Leben oder wurden grausam verstümmelt. Oft brachte man uns derartig Verletzte ins Krankenhaus, und das war für mich jedesmal schrecklich. Die meisten starben, weil wir keine Blutkonserven hatten und wir ihnen nicht genug Blut geben konnten. Manchmal kamen auch Soldaten mit Schußverletzungen zu uns. Einmal brachten sie einen jungen

Mann mit einem Kopfschuß, der in Europa ganz gewiß hätte gerettet werden können. Bis zum letzten Augenblick war er bei vollem Bewußtsein und hatte lediglich starke Kopfschmerzen. Wahrscheinlich starb er an einem Gehirnödem, das durch den Fremdkörper verursacht wurde. Aber wir waren machtlos, weil wir keine Geräte und Medikamente für einen entsprechenden Eingriff hatten. Dieser Todesfall machte mir sehr zu schaffen, denn der junge Mann hatte eigentlich das ganze Leben noch vor sich gehabt.

Ein anderes Problem waren die Kinder, die man oft schwer krank zu uns brachte. Meist litten sie an Hepatitis (Leberentzündung), Typhus, Malaria, Unterernährung.

Nicht selten sah ich am Abend noch ein schwerkrankes Kind vor mir, und wenn ich dann am anderen Morgen nach ihm fragte, hieß es: „Das ist gestorben." Das klang so gleichgültig, und das war für mich einfach unerträglich. Einmal sprach ich mit Dr. Sabaté darüber, und er meinte: „Wir können nichts machen. In Angola sind viele Medikamente einfach nicht zu bekommen." Es dauerte immer sehr lange, bis die Medikamentenspenden in Angola eintrafen, und man mußte sehr sparsam damit umgehen, damit man für besondere Fälle noch etwas hatte.

Ein anderes Problem waren unsere einheimischen Pfleger. Von ihrer Mentalität her hatten sie die Einstellung: Wenn einer gesund wird, ist es gut, und wenn einer stirbt, ist es normal. Sie kamen von allein gar nicht auf die Idee, alles zu unternehmen, um einen Menschen am Leben zu erhalten. Es war sehr schwer, sie allmählich zu mehr Engagement zu bewegen.

Ich war etwa einen Monat auf der Station und hatte schon viele Menschen dort sterben sehen, als wir mehrere Patienten mit Darmbruch und Typhus erhielten. Wir operierten sie, aber sie waren schon so stark vergiftet, daß sie nicht mehr gerettet werden konnten. Manchmal saß ich stundenlang am Bett eines Patienten, und dann starb er trotzdem. Da weinte ich oft lange, bis ich mich allmählich daran gewöhnte und alles ein wenig distanzierter betrachtete. Ich mußte durchhalten, weil die Menschen mich brauchten, aber ich mußte auch einsehen lernen, daß ich nicht Gott war. Ich konnte nur bemüht sein, die Leute so gut wie möglich zu behandeln.

Weil uns klar war, daß jeder Tag unser letzter in Bongo sein konnte, legten wir besonders großen Wert auf die Ausbildung der einheimischen Pfleger. Die kommunistische Regierung hatte bereits die beiden anderen – kleineren – adventistischen Krankenhäuser verstaatlicht und das ausländische Personal nach Hause geschickt. Wir konnten nur hoffen, daß die Regierung unser Krankenhaus nicht anzutasten wagen würde, weil wir so nahe an der Feindlinie lagen. Außerdem hatte sie nur ausländische Ärzte zur Verfügung: Russen, Kubaner, Deutsche aus der DDR, und von ihnen wollte niemand gern an einen so verlassenen Ort gehen, wo man seines Lebens nicht sicher ist. Trotzdem konnten wir jeden Tag entweder von der UNITA oder von den Regierungstruppen verjagt werden.

Immer wieder gab es auch Gerüchte, daß der eine entführt worden und ein anderer einfach verschwunden war. Irgendwie rechnete ich eigentlich immer damit, daß auch bei uns einmal alle Männer abgeholt werden würden.

Als ich drei Monate in Bongo war, wollte Dr. Sabaté mit seiner Frau Heimaturlaub nehmen, und so versuchten wir, in Europa einen Vertreter für ihn zu finden. Das war zuerst nicht so einfach, doch dann hörten wir, daß Dr. Vergeres, ein Chirurg aus der Schweiz, bereit sei, für ein bis zwei Monate in unserem Krankenhaus zu arbeiten. Er traf an einem Freitag bei uns ein, drei Tage vor der Abreise von Sabatés.

Am nächsten Tag fand in einem kleinen Dörfchen in unserer Nähe eine Konferenz der Adventgemeinden der Umgebung statt. Die Einheimischen organisieren solche Treffen auf ihre Weise selber. Aus Stroh errichten sie Sitzplätze und ein Podium, und jede Gruppe oder Gemeinde hat ihren eigenen Chor. Sie singen so schön und haben so viel Sinn für Musik, wie wir uns das kaum vorstellen können. Singen ist für sie einfach selbstverständlich.

Gemeinsam mit Dr. Vergeres besuchten wir die Konferenz und saßen auf Ehrenplätzen, die sie für uns neben dem Podium immer bereithielten. Der Gottesdienst war ganz im Stil der Einheimischen und wunderschön. Er wurde in der Stammessprache abgehalten, die wir nicht so gut verstehen konnten, doch die Stimmung riß uns einfach mit. Mindestens zweihundert Leute waren anwesend. Das wird immer festgestellt, indem jeder am Ausgang ein Stück Stroh in einen Hut werfen muß. Sie zählen die Strohstücke und wissen dann die Zahl der Anwesenden.

Der Nachmittag dieser Konferenz wurde von der Jugend gestaltet.

Unsere Arbeit im Missionskrankenhaus

Es sprach sich schnell herum, daß ein europäischer Arzt und eine Hebamme gekommen waren. Nach zwei Monaten hatten wir bereits zwanzig bis hundert Patienten zur ambulanten Behandlung pro Tag. Allmählich kamen auch Leute aus der Stadt – Beamte und einige weiße Portugiesen, die noch dort lebten. Auch das einheimische Personal gewann neue Zuversicht. Sie sagten sich: Wenn Leute aus Europa freiwillig zu uns kommen, um bei uns zu arbeiten, dann kann die Lage hier nicht so hoffnungslos sein. Das war ein großer Ansporn für sie.

Bei unserer Ankunft in Bongo gab es drei Krankenpfleger mit Diplom von der früheren Hilfspflegerschule. Der Rest des Personals hatte außer praktischer Erfahrung keinerlei Ausbildung genossen. Deshalb eröffneten wir im Juli 1980 den ersten Pflegerkurs mit mehr als 50 Schülern. Ohne geeignete Literatur und bei einem sehr niedrigen Bildungsstand der meisten Schüler war es überaus schwer, ihnen den wissenschaftlichen Teil der Ausbildung auf einfache Weise zu vermitteln. Knapp zwei Jahre später waren es gerade noch 12 Schüler, die einigermaßen reif waren, die Abschlußprüfungen zu bestehen und ihr Diplom zu erhalten. Leider sollte es durch unsere Entführung nicht mehr dazu kommen.

Wir legten großen Wert auf die Gesundheitserziehung der Bevölkerung, führten regelmäßig Schutzimpfungen und ständige Mutter-Kind-Schutzprogramme durch, von denen reger Gebrauch gemacht wurde. Meine Frau war als Hebamme für dieses Programm verantwortlich, zusammen mit einem einheimischen Pfleger, der die Kinderbehandlung durchführte. Viele Frauen hatten Fehlgeburten oder mußten sterben, weil sie nicht früh genug zum Arzt gekommen waren. In den zwei Jahren sahen wir ermutigende Ergebnisse, weil immer mehr Frauen in die Praxis kamen.

Jeden Morgen verteilten wir an die Kinder der Umgebung, an alle Patienten und Schüler Milch, um die Unterernährung zu bekämpfen. Schweizer Adventisten sandten uns tonnenweise Milchpulver, und aus Spanien erhielten wir des öfteren gebrauchte Kleidung, die an Witwen, Blinde und Aussätzige verteilt wurde. Adventisten in der DDR spendeten einen Ambulanzwagen. Aus der Bundesrepublik schickte man uns eine Menge Labormaterial sowie viele Instrumente für den Kreißsaal und die Chirurgie. Ein großer Teil davon war noch im Hafen Lobito, als wir entführt wurden. Die Euro-Afrika-Division ergänzte, was noch fehlte. Nur was wir am dringendsten benötigten, konnte sie uns nicht schicken: einen weiteren Arzt und zusätzliche Krankenschwestern.

Um ein wenig Freude und das Gefühl der Zusammengehörigkeit in das Leben unserer Angestellten und Schüler zu bringen, stellten wir eine Fußballmannschaft sowie zwei Volleyballmannschaften auf. Conchita gründete mehrere Musikgruppen. Wir bauten eine Bibliothek aus dort gefundenen Büchern auf, einige andere bekamen wir von portugiesischen Adventgemeinden geschenkt.

Das Krankenhaus war wirtschaftlich selbständig. Die Behandlungskosten der einheimischen und weißen Bevölkerung deckten im allgemeinen die Ausgaben. Die Armen wurden möglichst kostenlos behandelt. Wir hatten einen einheimischen Verwalter und zwei Hilfen in der Verwaltung. Für die Zukunft hatten wir große Pläne. Wir wollten den Soja-Anbau fördern, um eine bessere Eiweißversorgung zu haben. Eine Mütterschule und ein Haus für die Aussätzigen waren weitere Projekte, die wir ins Auge gefaßt hatten. Durch den Krieg und die allgemeine Unterernährung gibt es viele Waisenkinder in Angola. Für sie wollten wir gern ein Waisenhaus gründen, wo sie Geborgenheit in einer christlichen Familie finden konnten.

Dr. Ferrán Sabaté

Afrikaner können sehr gut Theater spielen. Sie nehmen eine Geschichte aus der Bibel oder eine selbsterfundene, spielen sie und singen dazu. Dabei ist nichts auswendig gelernt, sie improvisieren ganz spontan. So spielten sie die sehr schöne Geschichte von einem alten Mann, der nirgends eine Bleibe hatte und jemanden suchte, der bereit war, ihn aufzunehmen. In Afrika ist Gastfreundschaft oberstes Gebot. Man ißt lieber selbst nichts, nur damit für den Gast genug da ist. Der obdachlose Mann war ganz ärmlich gekleidet und trug einen Sack auf dem Rücken; in der Hand hatte er einen Stock, und als er zur Tür hereinkam, sang er: „Ich habe niemanden, zu dem ich gehen kann." Sie antworteten singend: „Komm zu uns, du kannst bei uns übernachten." Der Mann hatte eine wunderbare Baritonstimme, die herrlich zu den Jugend- und Kinderstimmen paßte. Hinter uns saß ein junger Mann und übersetzte alles ins Portugiesische. Er war Leiter der Druckerei unserer Mission. Seine Ausbildung hatte er in Portugal erhalten, und er war sehr intelligent und tüchtig.

Am Sonntag gingen wir noch einmal zu dieser Konferenz, aber lange konnten wir nicht bleiben, weil es im Krankenhaus so viel zu tun gab. Dr. Vergeres hatte sich vorgenommen, die Zeit zu nützen und soviel wie möglich zu operieren. Viele Patienten warteten dringend darauf, und wir mußten alles besonders gründlich vorbereiten, denn unsere Instrumente waren schon alt und verbraucht. Am Dienstag sollten acht Patienten operiert werden. Dr. Sabaté traf gerade seine letzten Reisevorbereitungen, als er uns plötzlich rief und uns im Hof einen jungen Mann zeigte, der durch eine Mine sehr schwer verletzt worden war. Jemand hatte ihn zu uns gebracht und war dann wieder verschwunden. Das war das erste Kriegsopfer für Dr. Vergeres, und er sagte: „Ich werde ihn operieren, vielleicht können wir ihn noch retten." Das Pflegepersonal sollte den Verletzten, der völlig mit Erde verschmutzt war, gut waschen und dann in den Operationssaal bringen.

Inzwischen machten wir weiter Visite, als Dr. Sabaté zurückkam, schneeweiß im Gesicht. Stockend erzählte er, daß ein Auto der Mission mit sechs Männern auf eine Mine gefahren war. Fünf davon waren auf der Stelle tot gewesen, und der einzige noch Lebende war der junge Mann, den man uns gerade gebracht hatte. Schreiend und weinend vor Schmerz rannten wir hinaus auf die Straße. Regierungssoldaten, die das Unglück zufällig beobachtet hatten, waren gerade dabei, die Toten in das Leichenhaus neben der Klinik zu tragen. Ein Soldat hielt in der Hand nur noch den Kopf und einen Teil der Schultern von dem jungen Daniel, der für uns drei Tage zuvor bei der Konferenz noch übersetzt hatte. Die Mine hatte sonst von seinem Körper nichts mehr übriggelassen. Wahrscheinlich saß er über einem Rad, als die Mine mit gewaltiger Kraft explodierte. Das Ganze war unwahrscheinlich schrecklich, ein entsetzlicher Alptraum.

Dann sah ich die junge Frau von Daniel rennen. Sie hatte von dem Unglück gehört und wollte in das Haus, wohin man die Überreste ihres Mannes gebracht hatte. Zum Glück konnte ich sie davon abhalten, denn sie war im achten Monat schwanger. Wir liefen zurück in die Klinik und versuchten den Schwerverletzten zu operieren. Zwei Stunden später starb er trotz aller unserer Bemühungen. Seine Frau erwartete ebenfalls ein Kind. Von den sechs getöteten Männern hinterließen drei Ehefrauen, die schwanger waren.

Die Minen werden von den Rebellen gelegt, und zwar für ganz bestimmte Leute, doch können sie natürlich nie wissen, wen es treffen wird. In der Nähe der Missionsstation war ein Stück der Straße, die nach Benguela führte, noch nicht ausgebaut und unbetoniert. Dort legten die Guerilla-Soldaten ihre Minen, um die Militärautos in die Luft zu jagen, doch zu achtzig Prozent traf es immer Zivilisten, die auf dem Weg zu uns waren.

Nach diesem Unglück blieb es eine Zeitlang ruhig, und ich war froh, daß wir viel Arbeit hatten. So blieb uns kaum Zeit zum Nachdenken. Dr. Vergeres und ich operierten dreimal in der Woche, von morgens neun Uhr – nach der Visite – ununterbrochen bis um sieben Uhr am Abend. Ein einheimischer Pfleger machte die Anästhesie mit Äther. Wir operierten an 18 Chirurgietagen 90 Patienten, oft zehn Stunden lang pausenlos tätig, ohne zwischendurch etwas zu essen. Dabei hätten wir immer weiterarbeiten können, weil so viele Patienten kamen.

Abends waren wir dann oft so hungrig, daß wir am liebsten das ganze Haus leergegessen hätten. So nahm ich trotz der vielen Arbeit in einem Monat vier Kilogramm zu! Wir kochten so, wie wir es gewohnt waren. Ich hatte einige Nahrungsmittel von Europa mitgebracht, und manches konnte man in Huambo in einem besonderen Laden für Ausländer kaufen, zum Beispiel Bohnen, Spaghetti, Zukker, Salz, etwas Seife und Reis. Wir fuhren aber höchstens einmal im

Ein Prediger wird entführt

In einem kleinen Kral inmitten des angolanischen Urwaldes traf eine junge Frau die letzten Vorbereitungen für ihre Hochzeit. Singend nähte sie sich ein einfaches Kleid aus Baumwolle. Dabei dachte sie zurück an die Zeit ihrer Kindheit. Wenn es damals eine Hochzeit gab, durften die Kinder die einfache Kapelle mit Blütenblättern schmücken. Und dann kam das Paar herein. Wie hübsch sah die Braut in ihrem weißen Kleid aus! Nachdem alle fröhlich ein Lied gesungen hatten, traute sie der schwarzgekleidete Prediger. – Jetzt war ihre Hochzeit gekommen. Aber wie anders war alles geworden! Sie war noch ein Kind, als der Krieg ausbrach. In einer schrecklichen Nacht hatte ihre Familie zusammen mit anderen Einwohnern des Dorfes fliehen und sich im Wald verstecken müssen. Jetzt wohnten sie hier mitten im Wald, im Gebiet der UNITA. Trotzdem versuchten sie, jede Woche ihren Gottesdienst zu halten, wenn sie auch keine Bibeln und Gesangbücher mehr hatten. Bald wußten sie nicht mehr, was sie machen sollten. Kein Prediger war unter ihnen geblieben. Wenn jemand starb, konnte keiner die Familie trösten. Und wer sollte sie jetzt trauen? Ähnlich wie ihr erging es anderen jungen Paaren. Nach einem kurzen Fest mit kargen Mitteln kamen sie einfach zusammen, weil niemand sie trauen konnte.

Während die junge Frau ihren Gedanken nachhing, berieten sich die Ältesten des Dorfes. Nach kurzer Besprechung gingen sie entschlossen zu dem für sie zuständigen Kommandanten der UNITA. „So geht das nicht weiter. Wir sind hier viele Christen zusammen und haben keinen Prediger bei uns!"

„Was erwartet ihr von mir?"

„Sorge dafür, daß wir einen Prediger bekommen!"

„Gut, wartet ein paar Tage; vielleicht gibt es eine Lösung."

Eine Dreitagereise von dort wohnte in einem kleineren Dorf am Waldrand Pastor Josias mit seiner Frau. Wie so oft, seitdem der Krieg ausgebrochen war, sprachen sie an diesem Abend lange miteinander. Ihre Gedanken gingen zu den verschwundenen Gliedern ihrer Gemeinde, die auf der UNITA-Seite geblieben waren. Ob sie wohl noch lebten? Standen sie fest im Glauben? Wo waren sie? Mit Trauer im Herzen gingen sie zu Bett.

„Josias, Josias, wach auf!!!" Rauhe Stimmen rissen den Prediger aus dem Schlaf. Leise stand er auf und ging zur Tür. Als er durch ein Loch in der Lehmwand hinausschaute, erschrak er fast zu Tode. Das Haus war von Guerilleros umzingelt. „Öffne die Tür", forderten sie barsch von ihm. Josias wußte, daß er keine andere Wahl hatte, als zu gehorchen. „Wir sind von der UNITA", sagte der Anführer. „Packe schnell deine Sachen und komm mit."

Zitternd machte Josias aus seinen Habseligkeiten ein kleines Bündel. Die Soldaten drängten. Sicher, daß seine letzte Stunde gekommen war, umarmte er seine weinende Frau und verschwand stolpernd mit den Soldaten in der Dunkelheit. Nach drei Tagen beschwerlichen Marsches durch den Wald kam er erschöpft und niedergeschlagen mit den Guerilleros im Lager an. Dort wurde er in einem Yango vor den Kommandanten gebracht. Nach einer langen politischen Rede führte man ihn zu einer Gruppe von Leuten. Einige davon kannte er von früher. „Dies hier sind Mitglieder deiner Kirche. Du bist jetzt für sie verantwortlich", sagte der Anführer.

Monat dorthin, denn Huambo war sechzig Kilometer von uns entfernt; außerdem war die Reise auch nicht ungefährlich. Nebenbei bauten wir noch etwas Gemüse selbst an, und so lebten wir bescheiden, waren aber doch versorgt.

Eines Abends war ich auch gerade wieder dabei, etwas für uns zu kochen, als man uns einen jungen Mann brachte, dem eine Minenexplosion beide Beine schwer verletzt und schon halb amputiert hatte. Er war bewußtlos, und wir taten, was wir konnten. Weil keine Bluttransfusion möglich war, machte ich ihm eine Infusion. Wir begannen so schnell wie möglich mit der Beinamputation, um den Blutverlust in Grenzen zu halten, und waren schon ziemlich weit gekommen, als mir auffiel, daß der Bauch des Mannes stark aufgebläht war. Weil ich einen Darmbruch vermutete, wies ich Dr. Vergeres darauf hin, und wir öffneten rasch die Bauchdecke. Da kam uns auch schon der luftgeblähte Darm entgegen, der wahrscheinlich durch den furchtbaren Schock eingeklemmt worden war. Wir brachten das in Ordnung, nähten die Bauchdecke wieder zu und führten die Operation zu Ende.

Der Patient hatte einen ganz niedrigen Blutdruck, und wir dachten, er würde wohl sterben. Er war so verstümmelt und dabei erst zwanzig Jahre alt; aber er überlebte doch. Wir pflegten ihn noch lange und konnten ihn schließlich wieder nach Hause schicken. Für solche Unfallopfer bestand sogar die Möglichkeit, durch das Rote Kreuz eine Prothese zu bekommen, so daß sie wenigstens an zwei Stöcken wieder laufen und sich den Lebensunterhalt verdienen konnten.

Nach eineinhalb Monaten mußte Dr. Vergeres wieder zurück nach Europa, und Dr. Sabaté war noch in Urlaub. Das war für mich eine Glaubensprüfung, drei Wochen allein im Krankenhaus die Verantwortung tragen zu müssen. Das Haus war voll mit frisch operierten Patienten, denn Dr. Vergeres hatte bis zum letzten Augenblick operiert.

Da war zum Beispiel der alte Mann, der gerade eine Prostataoperation hinter sich hatte. Eigentlich hatten wir die Operation damals gar nicht machen wollen, weil uns die richtige Ausrüstung dafür fehlte. Aber der alte Mann war wirklich in einem schlechten Zustand gewesen, und so versuchten wir es eben. Einen Tag später mußten wir feststellen, daß die Operation nicht geglückt war, und so operierten wir ein zweites Mal. Aus Erfahrung wußte ich, daß bei so einer Sache der Heilungsprozeß recht langwierig sein kann.

Dann reiste Dr. Vergeres ab, und ich begleitete ihn bis Huambo. Bei meiner Rückkehr sagte man mir, daß es dem alten Mann nicht gutgehe. Sein Bauch war aufgebläht, und er hatte ständig erbrochen. Ich wußte, daß man in so einem Fall schnellstens operieren muß. Natürlich war mir das nicht möglich, und so legte ich ihm einen Schlauch in den Magen, damit die Flüssigkeit ablaufen konnte, und machte ihm eine Infusion. Es gab wenig Hoffnung für ihn, denn es ging ihm sehr schlecht. Am nächsten Tag war ich überrascht, daß er überhaupt noch lebte. Wieder gab ich ihm Infusionen und legte erneut den Schlauch in den Magen; zu essen bekam er nichts, und plötzlich besserte sich auf ganz wunderbare Weise sein Befinden. Wir behielten ihn noch einen ganzen Monat, bis alles gut verheilt war, und dann ging er so glücklich und zufrieden nach Hause, daß wir uns alle mit ihm freuten. Zum Abschied sagte er mir: „Ich bin ja so glücklich, daß Sie mich nicht sterben ließen.“

Am 17. Juli kam Dr. Sabaté mit seiner Frau aus Europa zurück, und eine Woche später passierte wieder etwas Trauriges. Westlich von unserer Missionsstattion lag ein kleines Dorf mit vielen Adventisten, die aber nie zu uns auf die Station kamen, weil es auf der Straße zu gefährlich war und es immer wieder zu Zwischenfällen kam. Eines Tages fragten sie an, ob es nicht möglich sei, daß der Prediger unserer Gegend sie wieder einmal besuche. Lange überlegte der Mann hin und her, und alle rieten ihm ab, doch schließlich sagte er: „Ich gehe trotzdem!“ Er nahm noch einen anderen Prediger und seinen Schwiegersohn mit, den ich gut kannte.

Die drei Männer fuhren mit dem Auto los, und als sie in diese gefährliche Gegend kamen, gerieten sie in einen Hinterhalt und wurden alle niedergeschossen. Der Schwiegersohn des Predigers war auf der Stelle tot, und der andere Prediger erhielt einen Schuß in den Arm, so daß sein Ellbogengelenk gelähmt blieb. Der Schwiegervater des Getöteten blieb unverletzt und wurde von den Rebellen verschleppt, während sie den Verletzten in ein Dorf brachten – was auch ein Wunder war, denn normalerweise erschießen sie die Verletzten einfach.

Wir erfuhren von diesem Überfall durch das Militär, doch konnte uns zunächst niemand sagen, wer von den dreien entführt und wer getötet worden war. Wir waren sehr traurig und konnten nur hoffen,

Eine Mutter überlebt

Der Gottesdienst hatte gerade angefangen, als jemand hereinkam und Conchita, die neben mir saß, etwas zuflüsterte. Sie stand auf und ging nach draußen. Das konnte nur bedeuten, daß jemand sie im Krankenhaus benötigte. Meine Gedanken waren nicht mehr da. Vielleicht braucht sie Hilfe, überlegte ich. Und bald war ich auch unterwegs zum Krankenhaus.

Als ich den Kreißsaal betrat, sah ich eine völlig erschöpfte schwangere Frau liegen. Kalter Schweiß bedeckte ihre Haut. Puls und Atmung waren sehr schwach – klare Zeichen für einen tiefen Schock. „Sie kommt von Longongo", sagte Conchita. „Die Wehen haben gestern angefangen, und seit heute morgen hat sie Blutungen. Es ist ihr siebtes Kind. Die Herztöne des Kindes kann man nicht mehr hören. Ich fürchte, sie hat schon zu viel Blut verloren."

Aus Erfahrung wußten wir, daß wir uns auf die Angaben der Verwandten nie verlassen konnten. Oft brachten sie uns völlig erschöpfte Frauen, die schon drei oder vier Tage starke Wehen hatten. Um von uns keine Vorwürfe hören zu müssen, sagten sie: „Sie haben gestern angefangen."

Geschickt und schnell untersuchte Conchita die Frau, während ich den Blutdruck zu messen versuchte. Nichts war zu hören. Inzwischen war Dr. Sabaté dazugekommen, und während Conchita als erfahrene Hebamme die Geburt einzuleiten begann, untersuchten wir in aller Eile die Patientin, um eine brauchbare Vene zu finden. Ich betete leise. Endlich kam eine dünne, schwache Vene zum Vorschein. Bald lief die Infusion so schnell, wie es nur möglich war. Zunge und Lippen der Frau waren wegen des Blutverlustes weiß geworden. „Wenn wir nur eine Blutübertragung machen könnten", dachten wir, doch wir hatten nichts da. So assistierten wir Conchita bei ihrer Arbeit. Das Kind mußte sofort durch eine normale Geburt geboren werden, oder wir würden Mutter und Kind verlieren. An einen chirurgischen Eingriff war nicht zu denken.

Welche Erleichterung, als Conchita etwa eine Stunde später von der fast bewußtlosen Frau ein großes, aber leider totes Kind entgegennehmen konnte! Würde aber die Mutter überleben? Wir hofften auf ein Wunder – und das Wunder geschah! Langsam stieg wieder der Blutdruck. Am nächsten Tag war die Patientin zwar noch ganz schwach, aber außer Gefahr. Zwei Wochen später konnte sie nach Hause gehen. Innig dankten wir Gott. Er hatte wieder das Gebet von Psalm 90, 17 beantwortet: „Herr, ... fördere das Werk unsrer Hände."

daß wir wenigstens den Toten noch abholen konnten. Das Auto hatten die Rebellen in Brand gesteckt.

Am nächsten Tag war Samstag, und da gab es neue beträchtliche Aufregungen.

Das Militär macht von Zeit zu Zeit eine Razzia. Dann kommen sie mit Lastwagen und nehmen jeden Mann mit, den sie auf der Straße sehen. Oft kommt es dabei zu tragischen Szenen, wenn beispielsweise ein Mann mit seiner Frau ein krankes Kind zu uns bringen will und dabei unterwegs von Soldaten aufgegriffen wird.

Nun gab es Gerüchte, daß eine solche Razzia bevorstand, um junge Männer zum Wehrdienst zu pressen. Sie kamen eigentlich immer am Wochenende, und so hatten wir schon Angst, daß sie nach dem Gottesdienst auftauchen würden, um die jungen Männer einfach mitzunehmen.

Natürlich haben die jungen Leute in den Jahren des Krieges viel gelernt. Von weitem schon erkennen sie am Motorengeräusch, was auf sie zukommt. Ohne einen Augenblick zu verlieren, fliehen sie; oft bleiben sie tagelang verschwunden. In den meisten Fällen wissen nicht einmal die nächsten Angehörigen, wo sie sich versteckt halten.

Auch an diesem Samstag standen plötzlich viele junge Männer auf und flohen, um sich im Wald zu verstecken. Durch das Fenster sah man weit hinten schon das Militär, doch unsere jungen Leute konnten noch zur rechten Zeit entkommen. Andere blieben in der Kapelle und warteten erst einmal ab.

Meine Nerven waren jetzt so angespannt, daß ich es fast nicht mehr aushalten konnte. Ich hatte schon am Tag zuvor fast einen Nervenzusammenbruch erlitten, als die drei Männer im Auto überfallen worden waren. Und jetzt konnten wir nicht einmal richtig Gottesdienst halten.

Inzwischen hatten sich die Regierungssoldaten vor unserer Kapelle aufgepflanzt und warteten. Ich stand auf und ging ins Krankenhaus hinüber, um nach den Patienten zu sehen. Unterwegs traf ich zwei Pfleger aus einem kleinen Ort in der Nähe, die den verletzten Prediger mit dem Motorrad gebracht hatten. Wir waren so dankbar, daß sie mutig genug gewesen waren, durch das gefährliche Gebiet zu fahren. Jetzt blieb er erst einmal bei uns zur Behandlung.

So war unser Alltag geprägt von Schwierigkeiten und Problemen, die sich aus der politischen Situation ergaben. Ich war damals oft traurig und niedergeschlagen, weil so viel Schlimmes passierte, und fühlte mich auch sehr einsam, weil mir ein direkter Gesprächspartner fehlte, mit dem ich über alles reden konnte. Die Entführung des Predigers hatte mich sehr mitgenommen, und seitdem fühlte ich mich auch in meinem Haus nicht mehr sicher, weil es so einsam am Waldrand stand. Ich schlief schlecht und wachte oft erschreckt auf, wenn wieder einmal geschossen wurde und man nicht wußte, was los war. Manchmal machten die Soldaten großen Lärm wegen einer Kleinigkeit, so daß man denken konnte, ein Krieg sei ausgebrochen. Um mich etwas sicherer zu fühlen, richtete ich mir neben Sabatés Wohnsitz in einem großen leerstehenden Haus ein Zimmer ein, wo ich dann nachts schlief.

Trotzdem kam die Zeit, wo ich das starke Bedürfnis verspürte, einfach wegzulaufen. Doch dann sah ich all die kranken Leute und brachte es nicht mehr über mich, sie zu verlassen. Tagsüber hatte ich auch vor lauter Arbeit gar keine Zeit zum Nachdenken, doch abends wurde mir immer wieder ängstlich zumute. Ich betete damals ständig, daß Gott mir helfen möge, aus dieser Krise herauszukommen und auf der Missionsstation auszuhalten.

Eines Tages kam Erich Amelung, Schatzmeister der Euro-Afrika-Division, zur Missionsstation und brachte mir Briefe und ein Paket von meiner Schwester mit. Er freute sich sehr, daß ich Deutsch konnte, und ich erzählte ihm auch von unseren Problemen und Schwierigkeiten. „Ich muß unbedingt eine Kollegin bekommen, eine andere Krankenschwester aus Europa. Mit der Arbeit werde ich schon fertig, aber ich brauche jemanden, mit dem ich meine Probleme besprechen kann“, sagte ich. Erich Amelung versicherte mir, daß sie immer wieder versuchten, jemanden zu finden, der bereit sei, in unserem Krankenhaus mitzuarbeiten.

Nach diesem Gespräch ging es mir gleich viel besser. Eine große Last war von mir genommen worden. Und nun kam auch mein Heimaturlaub in Sicht, den ich wegen der bevorstehenden Niederkunft von Conchita Sabaté früher als üblich nahm.

Der Aufenthalt in der Schweiz tat mir wirklich gut, und nach eineinhalb Monaten kehrte ich, mit vielen Medikamenten für unser Krankenhaus beladen, gerne wieder nach Bongo zurück. Mit neuer Kraft und neuem Mut nahm ich meine Arbeit erneut auf, aber wir spürten doch, daß die politische Lage sehr ernst geworden war. Die

UNITA war uns nähergerückt, und man hörte von Entführungen, Krieg und Mord.

Auf unserer Missionsstation selber war es allerdings viel ruhiger geworden, nachdem das Militär im September 1981 von dort abgezogen war. Jetzt gab es auf unserem Gelände keine Schießereien mehr, und es wurden auch nicht mehr so viele Minen gelegt.

Anfang 1982 trafen die Eltern von Dr. Sabaté ein, die bei der Geburt ihres Enkelkindes dabei sein wollten. Die Mutter war Hebamme und half im Krankenhaus mit. Ich war sehr froh über ihre Hilfe. Am 19. März 1982 wurde der kleine Sohn von Sabatés geboren. Es war eine schwere Zangengeburt, doch Mutter und Kind überstanden es gut.

Im Mai fuhren die Großeltern wieder nach Spanien zurück, und kurze Zeit danach wurde uns ein zweijähriges, ganz blondes Mischlingskind gebracht, dessen Mutter zusammen mit einigen anderen Leuten aus dem Hinterhalt erschossen worden war und das man zwei Tage später im Gras mit durchschossenen Beinen gefunden hatte. Wir stellten eine schwere Blutvergiftung fest, und nachdem wir das Kind behandelt hatten, schilderte uns die Großmutter, wie alles passiert war. Sie berichtete auch, daß am Tag zuvor im gleichen Ort eine junge Schweizer Krankenschwester vom Internationalen Roten Kreuz aus dem Hinterhalt überfallen und entführt worden war.

Ich dachte mir: Wenn sie das Rote Kreuz nicht mehr respektieren, werden sie uns auch nicht mehr lange verschonen. Uns war immer bewußt, daß wir nur noch in Bongo waren, weil das Gottes Willen entsprach und er die Hand über uns hielt. Aber als ich das nun hörte, sagte ich ganz spontan zu dem Krankenpfleger neben mir: „Die Nächste bin wohl ich, die sie holen werden."

Die Großmutter des verletzten Kindes war von der UNITA gefangengenommen worden und wieder geflohen. Am liebsten hätte sie mir alle ihre Erlebnisse im einzelnen erzählt, aber ich wollte nichts davon hören. Das Leben war schon schwer genug ...

Am Abend hatte ich noch ein Gespräch mit Alexander Justino, und dabei erzählte ich ihm von dieser Entführung. Er wollte es zuerst gar nicht glauben, und ich sagte nochmals im Scherz: „Die Nächste bin ich." Obwohl ich dabei lachte, war mir durchaus klar, daß dies einmal Wirklichkeit werden konnte. –

Wir behandelten das Kind mit Antibiotika, und nach zwei Wochen konnte es wieder nach Hause gehen, wenn auch die Beine durch die Entzündung und die Einschüsse ein wenig schwach bleiben.

All dies war erst vor wenigen Wochen passiert. Und jetzt waren wir also selbst an der Reihe ...

Der gute Hirte

Ein Psalm Davids
Der Herr *ist mein Hirte,*
mir wird nichts mangeln.
Er weidet mich auf einer grünen Aue
und führet mich zum frischen Wasser.
Er erquicket meine Seele.
Er führet mich auf rechter Straße um seines Namens willen.
Und ob ich schon wanderte im finstern Tal,
fürchte ich kein Unglück;
denn du bist bei mir,
dein Stecken und Stab trösten mich.
Du bereitest vor mir einen Tisch
im Angesicht meiner Feinde.
Du salbest mein Haupt mit Öl
und schenkest mir voll ein.
Gutes und Barmherzigkeit werden mir folgen mein Leben lang,
und ich werde bleiben im Hause des Herrn *immerdar.*

Psalm 23

4

„Ziehen Sie gute Schuhe an!“

Die Stimme des Anführers riß mich aus meinen Gedanken: „Ziehen Sie gute Schuhe an – wo sind überhaupt Ihre Schuhe?“

Ich hatte am Vorabend alle meine Schuhe ins Badezimmer gestellt, um sie zu putzen, und jetzt gab ich sie Henda, der sie in eine Tasche steckte. Ich zog meine Hausschuhe aus und Holzpantinen an. Die ganze Zeit hatte ich große Angst, daß plötzlich Regierungssoldaten auftauchen könnten und es dann zu einer Schießerei in meinem Haus kommen würde. Auch die Soldaten der UNITA, die noch um mich herumstanden, drängten jetzt: „Vamos, vamos, gehen wir, gehen wir!“

Da sagte der Anführer ganz freundlich zu mir: „Also, Minina (Mädchen), möchten Sie noch etwas mitnehmen?“

Ich nahm rasch mein Andachts- und mein Gesangbuch und wollte schon hinausgehen, als mir mein Photoalbum einfiel und ich rief: „Halt, meine Photos, mein Album!“ Schnell lief ich zurück, holte das Album und drückte es einem der Männer in die Hand, der recht verdutzt schaute.

Dann kam mir noch in den Sinn, daß ich vielleicht meine große Vorratsdose Handcreme gut würde gebrauchen können. So sagte ich: „Jetzt schickt mir mal einen großen Mann, der mir die Handcreme von dem hohen Schrank da herunterholt.“ Sie schauten etwas erstaunt, weil ich in diesem Ton mit ihnen redete, aber dann trat einer vor, um mir die Creme zu holen, und ich sagte: „Sie sind doch nicht groß genug.“ Aber er stellte sich auf die Zehenspitzen und holte die Creme herunter. Ich hätte ja auch selbst auf einen Stuhl steigen können, aber ich zitterte so sehr, daß ich das nicht fertigbrachte.

Die Soldaten sagten jetzt wieder: Vamos, vamos, gehen wir!“ Immer noch hörte man es schießen.

Draußen vor dem Haus stand Paulo Felisberto, der Schatzmeister der Mission. Ich dachte, er sei vielleicht auch entführt, und fragte ihn: „Kommen Sie auch mit?“

Aber er sagte nur: „Nein, ich bleibe hier.“

Ich wollte mich von ihm verabschieden und umarmte ihn ganz schnell. Die UNITA-Leute drängten. Im Weiterlaufen merkte ich, daß ich noch den Schlüsselbund von der Klinik bei mir hatte. Ich warf ihn Paulo zu und rief: „Bitte geben Sie ihn im Krankenhaus weiter.“ Die ganze Zeit hatte ich nicht das Gefühl, daß ich nicht zurückkommen würde.

Jetzt waren wir schon bei Oliveiras Haus angelangt; es stand offen. Die anderen Häuser der Einheimischen waren ganz dunkel. Nur der junge Lehrer, der bereits seine Eltern verloren und auch sonst schon viel Schlimmes erlebt hatte, stand vor seinem Haus, und ich sagte irgend etwas zu ihm, damit er wenigstens meine Stimme hören konnte. Ich wußte, daß er sehr darunter leiden würde, wenn wir weg waren.

Dann kamen wir zum Krankenhaus, und ich fragte Henda: „Darf ich mich von den Patienten und Pflegern verabschieden?“

Barsch sagte er: „Nein, das dürfen Sie nicht. Die würden sonst denken, daß Sie freiwillig mit uns gegangen sind; sie müssen aber wissen, daß wir Sie entführt haben.“

So gingen wir weiter, und ich sah, daß auch die Apotheke weit offen stand und alles geplündert war. Ich fragte die Soldaten, was das zu bedeuten habe, aber sie sagten nur ganz stolz: „Ja, das haben wir auch gemacht.“

Jetzt kamen wir zu der Wiese, wo tagsüber immer unsere Kühe grasten, und da sah ich den Nachtwächter unseres Krankenhauses. Ich ging auf ihn zu und sagte, daß ich mich durch ihn von allen verabschiede und daß ich sie alle sehr gern hätte. Er schaute mich so erstaunt an, als ob er mich das erstemal sähe, und wir gingen weiter.

Bald waren wir an der Grenze des Geländes unserer Missionsstation, wo der Wald anfing. Einer der Soldaten sagte zu mir: „Jetzt warten Sie einen Augenblick, Minina."

Dann löste er ein kleines Stück Metalldraht von einem Baum, das die vorangegangene Gruppe dort als Wegmarkierung aufgehängt hatte. Dabei erzählte er mir, daß der Nachtwächter unseres Krankenhauses, den wir auf der Wiese getroffen hatten, von ihnen gezwungen worden war, mit der ersten Gruppe ein Stück mitzugehen und dann auf uns zu warten, um uns den Weg zu zeigen.

Ich fühlte mich jetzt innerlich ganz ruhig, denn mir war klar, daß ohnehin alles verloren war, und da wollte ich wenigstens so viel wie möglich an Informationen sammeln. So fragte ich die Männer: „Warum habt ihr das mit uns getan?"

„Ja, wir wollen nicht, daß Sie mit dieser Minderheitsregierung zusammenarbeiten."

„Wir haben doch nicht mit der Regierung zusammengearbeitet, sondern für die Bevölkerung."

So diskutierten wir eine ganze Weile hin und her.

Einmal schaute ich zurück, und da sah ich Flammen zum Himmel aufsteigen. Die UNITA-Soldaten hatten das von der Regierung eingerichtete Volksgeschäft niedergebrannt, in dem die Bevölkerung gegen Berechtigungsscheine Waren kaufen und tauschen konnte. Ich mußte plötzlich an Lot und seine Frau denken – wie sie auch fliehen mußten und die Stadt hinter ihnen brannte.

Mir fielen die Schüsse ein, die man von der Polizeistation gehört hatte, und als ich danach fragte, nickten die Soldaten zufrieden: „Ja, diese Polizeiposten haben wir alle niedergemacht!"

Ganz unvermittelt tauchte plötzlich eine Gruppe Soldaten vor mir auf. Später wußte ich, daß die Guerilleros das immer so machen, wenn man durch eine gefährliche Gegend kommt. Eine Gruppe geht voraus, damit sie im Falle eines Angriffs gleich schießen kann und die anderen Zeit haben zu fliehen.

Diese Soldaten warteten also jetzt auf uns und fragten: „Wie ist es gegangen?"

Die Männer von unserer Gruppe lachten zufrieden: „Bestens! Guerra cientifica (wissenschaftliche Kriegführung) nennt man so etwas!"

Wütend warf ich ein: „Darüber können Sie auch noch lachen!?"

„Doktor, wir haben einen Schwerkranken!"

Nach dem Abendessen mit Familie Oliveira begleitete ich sie bis in ihre neue Wohnung. Ein unerwarteter Kurzschluß diente dazu, um einige Bemerkungen über die afrikanische Technologie zu machen. Wir waren glücklich, neue Nachbarn zu haben, und legten uns ins Bett. Gegen ein Uhr wurden wir plötzlich aus tiefem Schlaf geweckt. Jemand schlug kräftig an unsere Haustür und rief: „Doktor, Doktor, wir haben einen Schwerkranken. Machen Sie auf!"

Normalerweise wurde kein Kranker während der Nacht gebracht und schon gar nicht zu uns nach Hause. Ich ging ans Fenster, ohne Licht zu machen, und sah bewaffnete Männer, die rennend das Haus umzingelten. Ich hielt sie zunächst für Regierungssoldaten, die das Haus durchsuchen wollten. Vielleicht dachten sie, wir hätten jemand versteckt. Einen Augenblick zögerte ich; dann sagte ich durch die geschlossene Tür hindurch: „Bringen Sie den Patienten ins Krankenhaus. Die Pfleger werden mir schon Bescheid sagen, wenn es nötig ist."

„Nein, Sie müssen sofort aufmachen!"

Als sie merkten, daß sie mir diese Geschichte nicht einreden konnten, sagten sie, sie wollten mit mir sprechen. Ich antwortete: „Das kann kaum mit rechten Dingen zugehen, wenn Sie während der Nacht und noch dazu bewaffnet hier auftauchen. Kommen Sie morgen früh, dann öffne ich."

„Wir können jetzt keine Zeit mehr verlieren. Machen Sie sofort auf, wir werden Ihnen nichts antun. Wir sind Botschafter der UNITA und haben eine persönliche Botschaft des Präsidenten Savimbi für Sie!"

Mir wurde klar, daß ich keine andere Wahl hatte. Ich machte Licht und öffnete. Gleich darauf trat ein halbes Dutzend Männer ein. Einer stellte sich als der Anführer vor und sagte: „General Savimbi möchte Sie sprechen. Sie werden eine lange Reise machen müssen. Packen Sie Ihre Sachen; ein paar Leute von uns werden Ihnen dabei helfen."

Im nächsten Augenblick kam eine Gruppe von Leuten herein,

die sich im ganzen Haus wie Ameisen verstreuten. Sie packten alles ein, was sie fanden. Wir zogen uns währenddessen an. „Wissen Sie, daß wir einen Säugling haben? Wie stellen Sie sich das überhaupt vor?“ wandte ich mich an den Anführer. „Machen Sie sich keine Sorgen, das ist kein Problem für uns. Ihre Frau und das Kind müssen auf alle Fälle mitkommen.“

Er fragte, ob die Brasilianer schon angekommen seien und wo sie wohnten. Ich mußte sie persönlich begleiten, um ihnen das Haus zu zeigen, und Oliveiras Mut einflößen. Als ich zurückkam, sah ich, wie viele von den Männern bereits schwer beladen fortgingen. Conchita und das Baby waren schon vor der Tür. Ich warf einen letzten Blick in das Haus, das mich fremd und leer anstarrte. Papiere lagen auf dem Boden, sämtliche Türen und Schränke waren geöffnet. Ich fragte, ob ich mich von dem Nachtwachepfleger verabschieden dürfe, aber sie erlaubten es nicht.

„Gehen wir“, rief der Anführer, „es ist Krieg.“

In diesem Augenblick begann eine Schießerei außerhalb der Mission, dort wo der Militärposten war. Der Seminarleiter Justino erschien an der Tür und schaute uns traurig an; er wagte nicht, etwas zu sagen. Ich ermutigte ihn mit wenigen Worten, auch unter diesen schwierigen Umständen seine Arbeit weiterzumachen. Vor dem Krankenhaus sahen wir die Guerilleros große Bündel wegschaffen. Wir hörten, wie Türen und Fenster eingeschlagen wurden. Offensichtlich plünderten sie gerade die Apotheke und die Krankenhausküche. Wir waren tief bestürzt. Was wir mit viel Mühe aufgebaut hatten, wurde jetzt einfach kaputtgemacht. Und all die Kranken, die unsere Behandlung benötigten! Unerwartet und für immer mußten wir sie nun verlassen. Menschen, mit denen zu sprechen wir nie wieder Gelegenheit haben würden. Tausende von Erinnerungen stürmten auf uns ein.

Außerhalb der Mission, wo die Berge beginnen, trafen wir mit Familie Oliveira zusammen. Hinter uns wurde immer noch stark geschossen. Nach einer Weile drehte ich mich um und sah, wie Feuerflammen aus der Mission emporstiegen. Es war ein schrecklicher Anblick. Der Capitán wollte wissen, ob ich etwas vergessen hätte.

„Ich mache mir Sorgen um Schwester Victoria“, sagte ich. Gegen 5.30 Uhr hielten wir an, weil unser Kind gestillt werden mußte. Es war Winter in Afrika, und wir froren. Als es Tag wurde, trafen wir mit Victoria zusammen.

Dr. Ferrán Sabaté

Einer sagte nochmals: „Ja, das haben wir wirklich gut gemacht!"
„Nur sie allein?" wollte einer wissen und zeigte auf mich.
„Nein, die anderen sind schon vorausgegangen, und der Capitán (Hauptmann) ist bei ihnen."
„Und das Kind? Wer trägt das Kind?" warf ich ein.
„Das Kind wird von unseren Leuten getragen; wir tragen alle eure Sachen."
Wieder fing ich an: „Warum habt ihr das gemacht? Wir haben immer versucht, so neutral wie nur möglich zu leben. Wir haben uns keiner politischen Seite angeschlossen und hätten eure Kranken und Verletzten genausogut behandelt wie die anderen."
Aber er meinte nur: „Sie werden schon noch einmal verstehen und einsehen, daß es besser war, von hier weggegangen zu sein."
Weil wir so schnell laufen mußten, fragte ich einen der Soldaten, ob er mir einen Stock machen würde, und er brach einen Ast ab, doch der war zu klein. Er suchte so lange, bis er einen geeigneten gefunden hatte, und ich fand es interessant festzustellen, wie fast zuvorkommend sie sich mir gegenüber alle verhielten.
Wir kamen an einem kleinen Jungen vorbei, der am Wegrand wartete, und ich fragte: „Was machen denn diese Kinder hier?"
Einer antwortete: „Ja, diese Kinder müssen mitkommen, die wissen, wofür wir kämpfen."
Inzwischen ging es im Laufschritt bergauf und bergab. Wir kamen jetzt in ein Gebiet, in dem fast nur Adventisten wohnten. Ich kannte die Gegend gut, denn ich war oft dort gewesen.
Da sah ich am Wegrand wieder einen Jungen stehen, der noch um etliches kleiner und jünger war als der andere. Ich lachte ihn freundlich an und schlug ihm mit meinem Stock leicht auf den Kopf.
Die Soldaten lachten und meinten: „Sie haben aber noch gute Laune. Sind Sie denn nicht aufgeregt?"
Ich sagte nur: „Ja, was erwartet ihr denn – soll ich weinen, weil ihr uns das alles angetan habt? Das nützt jetzt auch nichts mehr. Ihr habt in einer Stunde die Arbeit von eineinhalb Jahren zunichte gemacht."
„Sie sind mutig", meinte einer ganz erstaunt, und ich dachte: „Das muß ich ausnutzen, wenn sie das beeindruckt."
Jetzt kamen wir an einen kleinen Fluß, und ich hielt nach einigen Steinen darin Ausschau, um trockenen Fußes hinüberzukommen.

Aber da kam schon ein großer Soldat gelaufen, und hob mich einfach hoch. Ich schrie und zappelte vor Schreck, doch er trug mich sicher auf die andere Seite.

Dann ging es an einem steilen Hang zum Wald hoch. Es war ein unheimliches und irgendwie fast unwirkliches Bild – der Mond schien durch die Bäume, und sein Licht fiel auf die Soldaten, die sich wie gesichtslose Schatten fast geräuschlos vorwärtsbewegten. Ich kam mir vor wie in einem Film, in dem ich Darsteller und Zuschauer zugleich war.

Wir kamen an ein altes verlassenes Gebäude, aus dem schon die Bäume wuchsen. Ein Fahrrad lag im Gebüsch, und man hörte Geräusche, als ob sich dort jemand versteckt hätte. Die Soldaten vermuteten, daß es sich um einen einheimischen Zivilisten handelte, und nahmen das Fahrrad einfach mit. Später ließen sie es allerdings wieder liegen, denn sie hatten schon genügend andere Dinge zu tragen.

Allmählich wurde das Laufen sehr beschwerlich für mich; die Schuhe drückten, und meine Füße schmerzten schon sehr. Henda merkte das und sagte zu mir: „Habe ich Ihnen das nicht gleich gesagt, daß Sie gute Schuhe anziehen sollen? Aber Sie haben sehr gute Schuhe in einer Tasche dabei." Er schickte einen Soldaten los, der unter all den Gepäckträgern meine Schuhe suchen sollte, und so konnte ich schließlich meine Turnschuhe anziehen, mit denen mir das Laufen etwas leichter fiel.

Henda ließ mich die ganze Zeit nicht aus den Augen, und als wir weitergingen, unterhielten wir uns eine Weile darüber, was er machte und wie er lebte.

Plötzlich tauchte vor uns wieder eine Gruppe von Soldaten auf, die alle große weiße Bündel auf dem Kopf trugen. Zuerst dachte ich, daß es sich dabei um Leintuchstoff aus unserem Krankenhaus handle, aber beim Näherkommen erkannte ich die großen Papierbogen aus unserer Druckerei.

„Also dort seid ihr auch gewesen und habt uns alles weggenommen?" wollte ich wissen.

Die Soldaten waren ganz stolz: „Ja, das haben wir gemacht."

Ich mußte daran denken, wie schwierig es für uns immer gewesen war, Papier zu bekommen – und jetzt hatten die Guerilleros einfach alles gestohlen!

„Wir müssen das machen, weil es unserer Revolution hilft", versuchten sie mir zu erklären.

Dann fragte ich, ob sie es waren, die im Jahr zuvor die Mine gelegt hatten, so daß sechs Leute von unserer Druckerei sterben mußten. Die Männer waren damals unterwegs gewesen, um dieses Papier zu holen. Es war so schmerzlich zu sehen, wie jetzt alles geraubt worden war.

„Ja, das waren wir", sagte Henda. „Wir legen die Minen nicht für Zivilisten, aber die Leute müssen auch wissen, daß sie auf dieser Straße nicht fahren dürfen. Schließlich sind wir im Krieg mit der Regierung. Die Minen sind für das Militär bestimmt, aber wir können natürlich nicht wissen, wer darüberfahren wird. Die Leute müssen eben vorsichtiger sein."

Ich erzählte ihm von den vielen unschuldigen Opfern, die wir im Krankenhaus behandelt hatten, von denen nicht wenige ihren Verletzungen erlegen waren oder ihr Leben lang schwer behindert sein würden. Auch erwähnte ich, daß vier der Männer, die die Mine getötet hatte, Frau und Kinder zurückließen, aber er meinte nur: „Ich sagte ja schon, wir können nichts dafür. Da sehen Sie, was der Krieg alles anrichtet." Dann erzählte er mir ausführlich von den Siegen, die sie bereits errungen hatten.

Schließlich fragte ich ihn, wie weit es noch zum Lager sei.

„Oh, das ist gar nicht mehr weit", versicherte er mir.

„Wie lange werden wir laufen müssen?" bohrte ich weiter.

„Nicht lange, wirklich, überhaupt nicht lange", beteuerte er. „Bald werden wir auf Wagen treffen, die uns weiterbringen."

Immer wieder versuchte ich ihn auszufragen, um zu erfahren, was sie mit uns vorhatten. Ich war viel zu aufgeregt, um Müdigkeit zu verspüren. Von dem, was ich in Erfahrung bringen konnte, hatte ich den Eindruck, daß sie uns nichts Böses antun würden. Ich nahm mir vor, so nett wie möglich zu ihnen zu sein, um von ihnen auch freundlich behandelt zu werden.

Nach einer Weile kamen wir an eine Stelle, wo uns schon viele UNITA-Leute erwarteten. Mich überraschte es, daß auch Frauen dabei waren. Später erfuhr ich, daß sie in erster Linie zivile Hilfsdienste wie Gepäcktragen, Kochen und ähnliches leisteten, aber nicht unmittelbar am Guerillakrieg teilnahmen. Diese Frauen trugen jetzt riesige Stoffballen auf dem Kopf, die ganz offensichtlich aus dem geplünderten Volksgeschäft, der sogenannten EMPA, stammten. Sie hatten wirklich alles mitgenommen, was zu haben gewesen war.

Ein großer Soldat kam plötzlich auf mich zu und sagte: „Da vorn ist der Arzt. Er möchte gern wissen, wie es der Minina geht."

„Mir geht es gut. Bitte, richten Sie das Dr. Sabaté aus, und sagen Sie ihm, er solle den Mut nicht verlieren."

Es war eine große Erleichterung für mich zu hören, daß wir bald mit Sabatés zusammentreffen würden; auch konnte ich mir vorstellen, daß sie sich große Sorgen um mich machten, weil ich allein mit den Soldaten gehen mußte.

Schließlich marschierten wir weiter, und nach ungefähr einer halben Stunde kamen wir zu dem Platz, wo Sabatés und Oliveiras mit einer Gruppe Soldaten auf uns warteten. Wir umarmten uns vor Freude über das Wiedersehen, und dann sagte ich zu Dr. Sabaté noch einmal: „Verliere nicht den Mut." Das war ein Satz, den ich ihm während unserer gemeinsamen Tätigkeit in Bongo oft vorgesagt und mit dem ich ihn manchmal auch geärgert hatte.

Jetzt meinte er nur ganz müde: „Ich habe nichts mehr zu verlieren; es ist sowieso alles verloren."

„Weißt du eigentlich, daß sie auch die Apotheke bei uns geplündert haben?" fragte ich ihn, denn ich erkannte unter all dem Gepäck, das sie auf dem Kopf trugen, auch Medikamentenpackungen aus unseren Beständen.

„Ja, ja, ich weiß, aber es ist sowieso alles verloren."

Jetzt sah ich zu Rosmarie Oliveira hinüber, auf deren Gesicht sich Verzweiflung und völlige Niedergeschlagenheit widerspiegelten. Sie trug noch das Nachthemd unter ihrem Rock und hatte sich eine leichte Decke um die Schultern gelegt. Ich fragte ihren Mann, ob ich das Kind tragen solle, aber er meinte: „Nein danke, aber hilf doch bitte meiner Frau. Sie hat große Schwierigkeiten mit dem Laufen." Jetzt sah ich erst, daß sie Gummistiefel anhatte. Später erzählte sie mir, daß sie erst aufgewacht waren, als schon die Soldaten im Zimmer standen, und daß sie in Hausschuhen weggehen mußte. Erst unterwegs hatte ihr ein Soldat diese Gummistiefel gegeben. Ich bot ihr meinen Arm an, und so gingen wir ein Stück zusammen weiter.

Inzwischen war es ungefähr fünf Uhr morgens geworden, und man konnte jetzt recht gut sehen, was die Soldaten da so alles mit

„Nicht einen Tag haben wir arbeiten dürfen“

Vor fast einem Jahr war die Einladung an sie ergangen, im Bongo-Seminar als Missionslehrer zu arbeiten. Das Paar hatte schon lange den Wunsch gehabt, einmal ins Missionsfeld zu gehen, und nahm den Ruf gerne an. Nun war es endlich soweit, und die Reisevorbereitungen begannen. Nur drei Monate blieben ihnen dafür Zeit. Das Einkaufen, Einpacken und Verschicken wollte kein Ende nehmen. In ihrer Begeisterung vergaßen sie fast, daß in Angola Bürgerkrieg herrschte. Als sie mehr darüber nachdachten, legten sie ihr Leben und das ihres Kindes in Gottes Hand. Hatte der Herr nicht versprochen, mit seinen Kindern zu sein bis ans Ende?

Ronaldo war der älteste Sohn einer Familie mit drei Kindern. Kurz nach dem Tod seines Vaters begann er mit seiner theologischen Ausbildung in São Paulo. Um seiner verwitweten Mutter nicht zur Last zu fallen, verdiente er sich nebenbei mit harter Arbeit das Schulgeld. Kurz nach seiner Diplomfeier heiratete er die 19jährige Rosmarie Tavares, eine Kindergärtnerin und Klavierlehrerin. Gemeinsam nahmen sie die Arbeit im Predigtamt auf, wobei sie fünf Gemeinden zu betreuen hatten, die bis zu 150 Kilometer voneinander entfernt lagen. Daneben fanden sie noch Zeit, sich für die Aufgaben in Bongo vorzubereiten. Rosmarie besuchte einen Ernährungskurs und Ronaldo Predigertagungen; sie kauften Bücher und Illustrationsmaterial.

Der Mai 1982 war gekommen. Rosmarie, Ronaldo und der anderthalbjährige André nahmen kurze Ferien, um sich von der ganzen Familie verabschieden zu können. Es fehlte nicht an wohlmeinenden Freunden, die kopfschüttelnd sagten: „Ihr seid total verrückt, jetzt nach Angola zu gehen!“ Andere gaben gute Ratschläge. Ronaldos Vorgesetzter legte ihm die Hand auf die Schulter und sagte: „Wenn du einmal davonlaufen mußt, dann wisse, daß ich dich jederzeit wieder gern bei mir haben werde.“ Ronaldos Mutter, die sehr an ihrem ersten Enkelkind hing, meinte: „Sollte es dort zu gefährlich sein, dann schicke mir sofort André zurück.“

Erschöpft, aber glücklich stieg Familie Oliveira am 8. Juni aus dem Flugzeug in Luanda. Sie hielten den Atem an. Vor ihnen lag Angola, ihre neue Heimat, ihr neues Arbeitsfeld. Wie viele Male hatten sie davon geträumt! Wie oft hatten sie während der langen Wartezeit darüber gesprochen, so daß sie das Land bereits liebten, ohne es zu kennen!

Als sie den Flughafen betraten, wurde ihre Begeisterung ein wenig gedämpft. Vor den Abfertigungsschaltern gab es lange Warteschlangen. An jeder Ecke standen Soldaten und beobachteten alles mit ernsten Gesichtern. Die feuchte Hitze war unerträglich; die Beamten wirkten gereizt. Als Ronaldo an der Reihe war, blätterte der Beamte nervös in den Pässen und brummelte etwas vor sich hin, als ob die Papiere nicht ganz in Ordnung seien. Ronaldo versuchte behilflich zu sein, aber der Mann hörte ihn nicht an und verschwand mit den Pässen. Oliveiras waren wie vor den Kopf geschlagen. Plötzlich kam ein junger Mann hinzu, der mit dem Beamten verhandelte. Er nahm die Pässe und bat Oliveiras, ihm zu folgen. Später erfuhren sie, daß dieser Mann ein Beamter und gläubiger Christ war, der schon einige Male Missionare aus bedenklichen Situationen befreit hatte. Spät in der Nacht konnten sich Oliveiras endlich in einem Hotel in der Stadt zur Ruhe begeben. Am nächsten Morgen wollten sie nach Huambo fliegen, und am Nachmittag sollten sie schon in der Mission sein.

Weit weg von Luanda wurden unterdessen andere Vorbereitungen getroffen. Eine Stimme ließ sich durch das Funkgerät vernehmen: „RM 71 (Region Militär 71) – Bereitet euch für eine wichtige Operation vor. Befolgt die genauen Anweisungen. Die Mission von Bongo soll am 9. Juni gegen Mitternacht überfallen werden. Nehmt die drei Spanier und die Argentinierin mit. Paßt gut auf. Es darf ihnen nichts zustoßen. Spätestens am 20. Juli müssen sie im letzten Lager eintreffen.“

Alles wurde vorbereitet. Unbekannte Augen beobachteten uns ständig. Wieder eine Botschaft: „Ein brasilianischer Prediger mit Frau und Kind wird am 9. Juni eintreffen.“

„Was machen wir mit ihnen?“

„Sie mitnehmen“, war die kurze Antwort vom UNITA-Hauptquartier. –

Am Morgen nach der Entführung begrub Ronaldo sein Gesicht in den Händen und flüsterte voller Verzweiflung: „Und ich hätte nie gedacht, daß es für uns so anfangen würde. Nichts haben wir machen können, einfach nichts.
Nicht *einen* Tag haben wir arbeiten dürfen.“

sich schleppten. Einer trug eine Schreibmaschine auf dem Kopf, ein anderer eine Kinderwaage aus unserem Krankenhaus, Medikamentenpackungen und so fort. Mir gab es einen Stich durchs Herz. Alle diese Dinge hatten so viel Geld gekostet und waren so schwer zu beschaffen gewesen, und jetzt wurde einfach alles weggetragen...

Ich hörte, wie Ronaldo Oliveira versuchte, mit den Soldaten neben ihm ins Gespräch zu kommen. Leise sagte ich ihm, daß er nur ganz ruhig sein solle, weil die UNITA-Leute sicher nichts Böses mit uns im Sinn hätten. Tatsächlich sprachen sie auch ganz freundlich mit ihm. Plötzlich ging Henda, der die ganze Zeit auf mich aufgepaßt hatte, zu ihm hinüber und sagte: „Jetzt komme ich zu meinem Freund, dem Brasilianer." Er fragte ihn nach seinem Heimatland und wie die Menschen dort leben. Immer wieder versuchte er, den kleinen André zu tragen, aber der Junge fürchtete sich vor ihm und wollte nicht mit ihm gehen.

Wir kamen über eine weite Savanne, und Henda erzählte, daß Leute von der UNITA dort Mais anpflanzten und kultivierten. So ging das Gespräch über alle möglichen Dinge, und Ronaldo versuchte immer wieder herauszukriegen, was sie mit uns vorhatten. Er wußte ja so gut wie nichts über die UNITA und hatte natürlich große Angst, daß sie uns umbringen könnten.

Schließlich merkte ich, daß Ronaldo seinen Sohn kaum noch tragen konnte, und so ging ich einfach hin und setzte den Kleinen auf meine Schultern. Der Junge schrie vor Schreck und wollte sich nicht mehr beruhigen, aber ich lief einfach, so schnell ich konnte, und war schon bald an der Spitze der ersten Gruppe angelangt. Die Guerilleros wunderten sich sehr, daß ich so gut zu Fuß war, aber das verdanke ich wohl meiner Kinderzeit, in der ich oft sehr weite Strecken gehen mußte. Ich merkte auch bald, daß es für mich besser war, eine Zeitlang sehr schnell zu gehen und dann beim Warten auf die anderen etwas ausruhen zu können.

Nach einer Weile gab ich André an seinen Vater zurück, und so lösten wir uns immer ab. Jetzt kamen wir an eine Weggabelung, und wir wußten nicht, welche Richtung wir einschlagen sollten. Die Soldaten meinten: „Hier geht es weiter!", aber nach einer Weile merkten sie doch, daß das der falsche Weg war, und so mußten wir wieder umkehren. Es ging einen Berg hinauf, und oben angelangt, sahen wir einige Hütten, die recht improvisiert wirkten. Der Gedanke, darin schlafen zu sollen, war mir nicht ganz geheuer, und so war ich erleichtert, als wir daran vorbeigingen.

Es war sehr kalt, und ein heftiger Wind blies. In Angola ist im Juni ja Winter, und wenn es tagsüber dann auch recht warm sein kann, sind die Nächte doch oft empfindlich kalt.

Wir kamen in ein Dörfchen, und da standen etwa hundert Frauen und halbnackte Kinder in einem Halbkreis, um die Soldaten zu begrüßen. Die Kinder zitterten vor Kälte und Aufregung. Jetzt merkte ich auch, wie kalt mir war, und daß ich großen Hunger hatte. Die Soldaten schlossen den Kreis, und die Träger brachten das Gepäck herbei. Wir Geiseln blieben auf der Seite stehen, an einen Baum gelehnt, und warteten ab, wie es weitergehen würde.

Eine der Frauen fing an zu singen, und die anderen fielen nach einer Weile mit ein. Sie sangen und tanzten, und die Soldaten ebenso. Dann ging einer von ihnen in die Mitte, und da merkten wir, daß er der Kommandant des Lagers war.

Conchita hatte ebenso wie ich das Gefühl, diesen Mann schon einige Male gesehen zu haben. Die ganze Gestalt, seine Gesichtszüge mit dem Vollbart und die Art, wie er sprach, kamen uns bekannt vor. Es geschieht gar nicht so selten, daß sich Angehörige der UNITA in Zivilkleidung unter die Leute mischen, um wichtige Informationen zu sammeln. Sicher war dieser Mann schon einige Male bei uns auf der Missionsstation gewesen. Jetzt hob er die geballte Faust und schrie: „Ye, ye, ye!!!“

Die Menge antwortete im Chor, und er rief erneut: „Camaradas, ye, ye, ye!!“ So ging das ein paarmal hin und her, und dann rief er: „Viva Africa, viva Angola, viva UNITA!!“

Wieder antwortete die Menge, und zum Schluß rief er: „Presidente Savimbiii!!“ – „Estratega politico e militar!“ Die Menge tanzte und sang.

Ich ließ meine Augen umherwandern, um vielleicht unter all dem Gepäck am Boden die Tasche zu entdecken, in die der Soldat das Brot aus meinem Kühlschrank gesteckt hatte. Ich sah aber nur meine Wolldecken und die Tasche mit meinen Schuhen. Auch der Koffer mit meinen Kleidern blieb vorerst verschwunden. Dabei hatte ich schon großen Hunger und wollte auch gern etwas anderes anziehen, denn ich trug immer noch den Schlafanzug unter meinen Jeans.

Die Soldaten meinten nur: „Machen Sie sich keine Sorgen um Ihre Sachen. Man wird Ihnen alles zurückgeben."

Zum Glück fand sich wenigstens die Tasche mit der Kindernahrung für den kleinen André Oliveira, so daß wir dem Jungen etwas zu essen geben konnten.

Jetzt kam der Capitán zu uns herüber und führte uns zu zwei Hütten. Höflich sagte er zu Dr. Sabaté: „In dieser Hütte können Sie sich ausruhen, und haben Sie bitte Verständnis dafür, Herr Doktor, daß wir als Guerilleros Ihnen nichts Besseres anbieten können."

Dann brachte er Oliveiras und mich zu der anderen Hütte, und ich dachte im stillen: oh, wieviel Ungeziefer und Läuse werden wir da bekommen!

Man gab uns eine Schüssel mit Wasser und Seife, so daß wir uns wenigstens erfrischen konnten. Zu essen aber bekamen wir immer noch nichts.

Später setzten wir uns draußen vor die Hütte, und da bemerkten wir einen etwa zwölfjährigen Jungen, der uns offensichtlich bewachte. Regungslos saß er da und schaute uns die ganze Zeit unverwandt an, ohne eine Miene zu verziehen. Wir nahmen an, daß er gerade seine Lehrzeit absolvierte, denn wir konnten uns schlecht vorstellen, daß er schon als richtige Wache eingesetzt wurde.

Tatsächlich tauchte auch kurze Zeit später plötzlich hinter uns ein junger Mann auf und stellte sich als unser Bewacher vor. Bei unserer Entführung war er nicht dabeigewesen, aber irgendwie hatte er erfahren, daß ich aus Argentinien stammte, und er fragte mich, ob ich von dem Krieg um die Falklandinseln erfahren hätte. Ich sagte ja, und er meinte: „Für Ihre Familie wird es nicht leicht sein. Ihr Land ist im Kriegszustand, und Sie sind hier in dieser Situation."

Überrascht von seiner Anteilnahme erwiderte ich: „Ja, ich habe Angst, daß meine Mutter das nicht überleben wird. Sie war in der letzten Zeit ohnehin etwas kränklich, und die Nachricht von meiner Entführung wird ein schwerer Schlag für sie sein."

Wir unterhielten uns noch eine ganze Weile über sein Leben bei der UNITA, aber er vermied es dabei sorgfältig, über gewisse Bereiche zu sprechen.

Endlich kam die Nachricht, daß unsere Kleidung eingetroffen sei. Der Capitán hatte sich mit den anderen Gruppenführern in das Yango – das ist so eine typisch afrikanische Rundhütte, die in jedem

Dorf als Versammlungsraum gebaut wird – zurückgezogen, und jetzt führte man mich dorthin und zeigte mir einen Plastiksack mit Kleidungsstücken, aus dem ich meine Sachen heraussuchen sollte.

Ein Kassettenrecorder spielte mir vertraute Weisen, und Henda, der auch mit in der Runde saß, meinte anerkennend: „Sie haben gute Musik! Nur schade, daß so viele Kassetten noch in Ihrem Haus geblieben sind." Da merkte ich, daß das mein Recorder war, und wieder gab es mir einen Stich durchs Herz.

Ich nahm die Tüte mit der Kleidung und ging zu unserer Hütte zurück. Wir fanden einige Blusen und Kleider von Rosmarie und zwei Blusen von mir, das war alles.

Ich lief zum Yango zurück: „Soll das etwa alles sein, was Sie mir zurückgeben? Wissen Sie, ich besitze nämlich mehr Sachen als zwei Blusen, und Sie haben alle meine Kleider mitgenommen. Den Koffer sehe ich aber nirgends!"

„Ja, ja, das wird alles noch kommen", wurde ich beschwichtigt. Langsam kam in mir aber der Verdacht auf – der sich später als berechtigt erweisen sollte –, daß die Träger unterwegs einfach die Koffer aufgemacht und etliches ausgepackt hatten, um nicht so schwer tragen zu müssen.

Gegen Mittag hieß es dann, jetzt sei unser ganzes Gepäck eingetroffen. Diesmal mußten wir uns durch Berge von Sachen durchwühlen: die Koffer von Oliveiras, viele kleinere Gepäckstücke von Sabatés, leere Koffer, ein kleiner Handkoffer mit zwei Röcken von mir, die ich in dieser Lage nicht gebrauchen konnte, und ein blaues Kleid sowie zwei oder drei Blusen von mir. Unterwäsche fand ich kein einziges Stück. Auch meine Bettdecke fehlte. Wieder beschwerte ich mich beim Capitán:

„Wissen Sie, meine Kleider sind immer noch nicht da, und außerdem vermisse ich meine Bettdecke. Wenn es Nacht wird, werde ich sie benötigen."

„Ja, ja, das wird schon kommen."

„Wenn die Decke aber nicht kommt, werden Sie mir etwas geben müssen."

„Oh, das ist kein Problem. Dann teilen wir eben. Ich bin nämlich auch ledig."

Ich tat so, als hätte ich das nicht gehört, aber im stillen dachte ich: Du mußt vorsichtig sein.

Es war ein trauriger Anblick, wie alle unsere Sachen da auf einem Haufen im Schmutz lagen. Ich entdeckte eine mit Rosen bestickte Tischdecke, die ich noch aus Argentinien mitgebracht und immer nur bei besonderen Anlässen aufgelegt hatte, damit ja kein Fleck darauf kam. Die Träger hatten ein Bündel daraus gemacht, alles mögliche hineingestopft und es unterwegs beim Rasten einfach in den Schmutz gelegt. Am liebsten hätte ich geweint, aber dann sagte ich mir doch, daß sowieso alles verloren war und es jetzt darauf ankam, wenigstens die wichtigsten Dinge für die nächste Zeit herauszusuchen, und das waren hauptsächlich Decken und Kleidung.

Strümpfe und Unterwäsche konnte ich überhaupt nicht finden, nur ein paar abgetragene Sachen, die ich zu Hause noch aussortiert hatte, um sie an Bedürftige zu verschenken. Irgendwie amüsierte es mich, daß ich diese Sachen als einzige vollständig zurückbekam.

Dann entdeckte ich zwischen diesen Bergen von Sachen – meinen Photoapparat! Ich dachte mir: Den nehme ich mit, den lasse ich ihnen nicht! Ich nahm ihn zur Seite und legte meine anderen Habseligkeiten, die ich hatte finden können und von denen die meisten jetzt sowieso unbrauchbar geworden waren, in einen ganz kleinen Handkoffer. Für die Zeit des Marsches konnte man ja nur Jeans und feste Sachen tragen.

Auch die anderen Missionare hatten nicht viel retten können. Sabatés erzählten mir, daß die Guerilleros bei der Entführung ihr ganzes Haus ausgeraubt und sogar die Vorhänge heruntergerissen hatten. Conchita war so verbittert darüber, denn sie hatte alles mit sehr viel Liebe und Geschmack eingerichtet. Oliveiras hatten zwar außer ihrem Handgepäck noch gar nichts da gehabt, aber als sie jetzt ihre Koffer öffneten, fehlte mehr als die Hälfte, darunter auch ihr neuer Photoapparat. Doch hatten sie noch mehr Kleidung in Reserve als wir, und glücklicherweise waren auch die Kindersachen für die beiden Kleinen erhalten geblieben. Unter den Sachen, die aus meinem Haus mitgenommen worden waren, befand sich auch eine warme Winterjacke, die man mir aus Europa für ein kleines Pflegekind geschickt hatte. Sie war aber noch zu groß für das kleine Mädchen gewesen, und jetzt konnten wir sie sehr gut für André brauchen, denn sonst hätte er sehr frieren müssen.

Sehr schlimm war es, daß Sabatés und Oliveiras in dem ganzen

Berg von Sachen keine richtigen Schuhe zum Marschieren finden konnten. Das sollte noch große Probleme geben.

Nachdem wir alles zusammengesucht hatten, was uns gehörte, kehrten wir in unsere Hütte zurück, um Andacht zu halten. Wir waren sehr niedergeschlagen und fragten uns immer wieder, warum das alles geschehen war.

Oliveiras klagten: „Wir haben nicht einmal einen einzigen Tag arbeiten dürfen."

Wir anderen sagten: „Und wir haben alles verloren, was wir so gern hatten."

Conchita meinte: „Wer weiß, wie es weitergehen wird? Was werden wir mit den Kindern noch alles durchmachen müssen? Deshalb habe ich nie ein Kind haben wollen. Die Zeiten sind viel zu schlimm."

Ich nahm mein Andachtsbuch und schlug die Seite für den 10. Juni auf. Als ich den Text gelesen hatte, fiel mein Blick auf die Seite für den 9. Juni, und dort war die Schriftstelle aus 5. Mose 33,27 ausgewählt, wo es heißt: „Zuflucht ist bei dem alten Gott und unter den ewigen Armen. Er hat vor dir her deinen Feind vertrieben und geboten: Vertilge!" Ich hatte das Gefühl, daß dies ein ganz besonderes Wort für unsere Lage war, und nachdem ich es den anderen laut vorgelesen hatte, fügte ich noch den Text aus 2. Mose 19,4 an: „Ihr habt gesehen, was ich mit den Ägyptern getan habe und wie ich euch getragen habe auf Adlerflügeln und euch zu mir gebracht."

Eine Adlermutter lehrt ihre Jungen fliegen, indem sie jeweils ein Kleines auf die Mitte eines ihrer Flügel setzt und es dann plötzlich losläßt, so daß das Junge allein fliegen muß. Sie bleibt immer in seiner Nähe, und wenn sie merkt, daß das Kleine schwach wird, streckt sie ihre Flügel unter ihm aus und nimmt es wieder auf. – In diesem Andachtstext stand dann auch noch: „So wie Gott sein Volk in vergangener Zeit auf Adlers Flügeln wieder in das verheißene Land geführt hat, so wird er es auch heute noch für uns tun."

Das habe ich mir unterstrichen. Gott kannte ja unsere Lage und gewiß hatte sie das einzige Ziel, uns näher zu ihm zu bringen. Zum Schluß lasen wir noch einmal mit Tränen in den Augen den Eingangstext, der uns sagt, daß Gott immer für uns da ist, wenn wir uns schwach und verlassen fühlen. Wir beteten zu Gott, er möge uns Kraft geben, unseren Glauben nicht zu verlieren. –

Inzwischen war es zwei Uhr nachmittags geworden, und wir hatten immer noch nichts gegessen. Da sagte Dr. Sabaté zu dem Capitán ganz freundlich: „Ihre Gäste sind übrigens bereit, etwas zu essen zu sich zu nehmen."

„Ja, ja, bald wird es etwas geben."

Diese Art Antwort kam mir inzwischen schon bekannt vor! Doch dann erschienen tatsächlich zwei Frauen mit sauber gespültem Geschirr und zwei Schüsseln voll mit großen gebratenen Kartoffeln, Kartoffelbrei und gebratenem Fleisch. Das war das einzige wirklich gute Essen während unserer ganzen dreimonatigen Gefangenschaft. Der Capitán kam sogar in unsere Hütte und aß mit uns zusammen. Auch André konnten wir etwas davon geben.

Ich saß auf dem Strohbett hinter Rosmarie. Von hier aus konnte ich unauffällig den Capitán beobachten. Ernst und still hielt er seinen Teller in der Hand und aß, ohne aufzublicken. Im Vergleich zu den anderen Soldaten sah seine Kleidung sauber und ordentlich aus. Auf dem Kopf trug er einen weißen Hut mit einem Militärabzeichen. Er war ein kleiner Mann mit feinen Manieren, die man in einer solchen Umgebung gar nicht erwartet hätte. Aus kühlen Augen wirkte sein Blick fast finster und durchforschend; sie verrieten Intelligenz und Entschlossenheit, aber auch leicht Enttäuschung, Haß und Grausamkeit. Er vermied es, uns direkt ins Gesicht zu sehen, und wenn es doch einmal geschah, konnte man schon Angst bekommen.

Als er mit dem Essen fertig war, entschuldigte er sich höflich und ging wieder hinaus.

Gestärkt und erfrischt versuchten wir nun ein wenig zu schlafen. Ich legte ein Laken auf das Strohbett in der Hütte, die man uns zugewiesen hatte. Auch eine Decke besaß ich inzwischen. Oliveiras waren noch sehr müde von ihrer langen Reise und hatten schon zwei Nächte so gut wie nicht geschlafen. Sie schliefen sofort tief ein, doch ich konnte nicht zur Ruhe kommen.

Jetzt in der Stille wurde mir erst so richtig bewußt, daß meine Ängste Wirklichkeit geworden und wir Gefangene der UNITA waren. Mir fielen alle Einzelheiten der eineinhalb Jahre ein, die ich unter den Einheimischen in Bongo verlebt hatte, und ich mußte bitterlich weinen, als ich daran dachte, was wir alles hatten zurücklassen müssen und daß wir wohl nie wieder würden zurückkehren können. Dieser Gedanke war mir fast unerträglich.

So verging der Nachmittag, und bald brach die Dämmerung herein. Oliveiras waren inzwischen wieder aufgewacht, und wir machten uns ein Feuer in der Hütte. Sie interessierten sich dafür, wer die UNITA ist und was sie wohl mit uns vorhatte. Ich erzählte, was ich wußte: daß vor uns schon andere Ausländer entführt und später freigelassen worden waren und daß man sie nie schlecht behandelt hatte. Ronaldo Oliveira war sehr nervös, weil er vor dem Essen von einigen Guerilleros gerufen worden war, die ihn nach der politischen Einstellung Brasiliens gegenüber der MPLA (Regierungspartei Angolas) und der UNITA gegenüber befragt hatten.

Er hatte versucht, so neutral und vorsichtig wie möglich zu antworten, weil er ja auch wirklich nicht viel darüber wußte. Jetzt sagte ich ihm: „Mach dir deswegen keine Sorgen! Wir werden bestimmt nicht schlecht behandelt werden. Die Leute von der UNITA versuchen eben nur, sich soviel wie möglich an Informationen zu beschaffen."

Leise sprachen wir darüber, wie wir antworten sollten, wenn man uns Fragen stellte. Wir wollten in jedem Fall immer betonen, daß die Adventisten keine politische Richtung bevorzugen oder bekämpfen und daß es uns bei unserer Arbeit immer nur darum gegangen war, der Bevölkerung zu helfen. –

Man hatte uns gesagt, daß wir bei Mondaufgang weitermarschieren würden und wir unser Gepäck bereithalten sollten. Oliveiras schliefen noch einmal ein, und eine Gruppe von Männern hielt vor unserer Tür Wache. Ich legte mich auf den Liegestuhl, den die UNITA-Leute aus Sabatés Haus mitgenommen hatten, aber das war nicht nur kalt und unbequem, sondern ich war auch so unwahrscheinlich niedergeschlagen, daß ich wieder zu weinen anfing. Auch spürte ich, wie die Angst in mir hochkroch, denn ich wußte, daß ganz in der Nähe ein kleines Dorf lag, in dem die Militärregierung ein Lager hatte – wie leicht konnte es da zu einer gefährlichen Schießerei kommen! Flucht würde dann unmöglich sein. –

Stunden vergingen, und dann hörte ich die Soldaten vor unserer Tür, die Wache halten sollten – – schnarchen! „Oh", dachte ich, „die passen aber gut auf, daß wir nicht weglaufen." Ich stand auf und ging leise hinaus, hinter unsere Hütte, wo es eine Toilette gab. Dabei mußte ich auf dem Hin- und Rückweg über einen Soldaten hinwegspringen, aber er schlief seelenruhig weiter.

Nach einiger Zeit hörte ich draußen leise Schritte. Anscheinend hatten sich die Soldaten ein Feuer gemacht und setzten sich darum herum. Sie unterhielten sich leise, und ich hörte, wie der Name von Dr. Sabaté fiel. Ich versuchte, so gut wie möglich meine Ohren zu spitzen, aber dann trat jemand zu ihnen und sagte, sie seien zu laut. Jetzt war es wieder still, man hörte nur noch Schnarchen und Husten und gelegentlich ganz leise Stimmen. Dieses Flüstern war noch unheimlicher als alles andere vorher, und ich spürte, wie mir die Angst die Kehle zuschnürte. Immer noch war es vollkommen dunkel. Wenn die Regierungssoldaten angreifen sollten, würden wir das sicherlich nicht überleben. Ich versuchte zu beten, aber vor lauter Angst konnte ich das gar nicht richtig.

Bald ging der Vollmond auf und schien silbrighell in unsere Hütte. Immer wieder sah ich Soldaten, die draußen umherliefen und sich flüsternd unterhielten. Gegen Mitternacht stand ich wieder auf und ging noch einmal nach draußen zur Toilette.

Die Stunden vergingen, und niemand rief uns. Schon ging der Mond langsam wieder unter, und es wurde noch einmal ganz dunkel, als plötzlich vor unserer Tür jemand sagte: „Aufstehen, wir müssen weitergehen!“

Wir sprangen hoch und versuchten uns so bequem wie möglich anzuziehen. Rosmarie Oliveira hatte keine richtigen Schuhe, nur ihre Gummistiefel, die ihr schon am linken Fuß die Haut verbrannt hatten, und so zog sie jetzt meine Holzschuhe an. Wir gingen hinüber zu Sabatés, die gerade dabei waren, ihr Kind in den Tragekorb zu legen. Conchita holte noch ihren Trainingsanzug aus dem Koffer und zog ihn über die anderen Sachen, die sie seit der Entführung anhatte, denn es war sehr kalt. Wir alle hatten große Angst, wie es mit uns weitergehen würde, denn wenn wir wohl auch nicht das Schlimmste zu befürchten hatten, so war die Ungewißheit über unser weiteres Schicksal doch bedrückend.

Jetzt mußten wir überlegen, wer die Kinder tragen sollte. Das Baby war kein großes Problem, weil es ruhig in seinem Körbchen lag und auch von einem der Träger transportiert werden konnte. Der kleine André Oliveira dagegen wollte nur bei seiner Mutter auf dem Arm sein; er schrie verzweifelt, wenn ihn ein anderer nahm. Seine Mutter ist aber ganz klein und zierlich, und es war klar, daß sie den Jungen nicht lange würde tragen können. Nach längerem Hin und Her band sich Ronaldo seinen Sohn einfach auf den Rücken, wie das die Einheimischen tun, und der Junge schrie und schrie, weil er nur die Nähe seiner Mutter gewohnt war. –

Jetzt sahen wir, wie die Soldaten sich ganz langsam, vorsichtig und leise formierten, und schließlich setzte sich die erste Gruppe von ihnen in Bewegung.

Conchita flüsterte mir zu: „Was wird jetzt wohl passieren? Darüber müßte man einen Film drehen! Was haben sie bloß mit uns vor?" Dann wandte sie sich klagend an ihren Mann: „Wer hat uns nur in diese Lage gebracht? Wer verlangt das von uns und warum sind wir jetzt hier?"

Still für mich dachte ich: „Nur jetzt einen kühlen Kopf behalten! Ich kann das am ehesten, weil ich kein Kind habe und mir keine Sorgen machen muß."

Nach einer Weile tauchte eine zweite Gruppe von Soldaten auf; es wurden immer mehr, und man wußte gar nicht, wo sie alle herkamen. Schließlich hieß es: „Jetzt müssen wir gehen!"

5

Der alltägliche Alptraum beginnt

Wir merkten gleich, daß hinter uns der Capitán, einer der Anführer unserer Gruppe und auch der junge Soldat, der mich über Argentinien ausgefragt hatte, kamen. Wir gingen durch das Lager hindurch, an all den Hütten vorbei und einen schmalen Weg entlang. Bald gelangten wir an einen steilen Abhang, den wir hinunterklettern mußten. Ganz vorsichtig setzten wir einen Fuß vor den anderen, um nicht auszurutschen. Wir halfen uns gegenseitig, und auch die Soldaten paßten gut auf, daß keiner von uns stürzte. Irgendwie war es ein bizarres Bild, wie sich in der Dunkelheit diese lange Schlange den steilen Hang hinunterbewegte.

Nach dieser schwierigsten Strecke gelangten wir in ein Tal, und plötzlich tauchte dort vor uns im Gras ein großer Mann auf, der über und über mit Munition bestückt war. Dr. Sabaté flüsterte mir zu: „Schau dir diesen Mann an, er ist ein richtiger Guerillero. Er paßt auf uns auf, aber so, daß man ihn kaum sehen kann."

Jetzt kamen wir an einen Bach, über den man einen Baumstamm gelegt hatte. Wir mußten darüber hinwegbalancieren, und dann ging es wieder den Berg hinunter, bis eine riesige Savanne vor uns lag. Immer wieder sah man in dem oft mannshohen Gras Soldaten auftauchen, und wir merkten, wie gut wir bewacht wurden.

Im Laufschritt ging es vorwärts. Wir waren wohl ungefähr vier Stunden auf diese Weise unterwegs, als sich vor uns ein sehr breites

Tal öffnete, das mir bekannt vorkam. Nach kurzem Überlegen: „Ja, das muß das Tal sein, das man von der Mission aus sehen konnte."

Dann erkannten wir auch den Berg, auf dem das Heimatdorf unseres Pflegers Lukas lag, und wieder wurde uns ganz weh ums Herz. „Da hinten sieht man jetzt vielleicht sogar in der Ferne die Mission, aber ich möchte nicht zurückschauen."

„Ich auch nicht."

Beide dachten wir wohl in diesem Augenblick daran, wie wir erst vor drei Wochen noch mit den Eltern von Dr. Sabaté in diesem Gebirgsdorf gewesen waren, um dort mit unserem Pfleger in der kleinen, aus Lehm gebauten Kapelle den Gottesdienst zu besuchen. Wie wenig hatten wir damals geahnt, daß wir nur kurze Zeit später auf ganz andere Weise noch einmal diese Gegend sehen sollten!

Das Laufen fiel uns immer schwerer. Unsere Füße waren schon ganz verkrampft, und ich sah, daß aus Conchitas Schuhen Blut kam. Abwechselnd mit Oliveiras trug ich das Kind, das herzzerreißend schrie, wenn es nicht gerade vor Erschöpfung schlief oder bei der Mutter war.

Wir waren inzwischen todmüde und hatten auch schon wieder großen Hunger, als Ronaldo plötzlich am Wegrand etwas Zuckerrohr sah. Wir waren sehr froh darüber, und nachdem wir es aufgegessen hatten, fühlten wir uns ein bißchen besser. Jetzt fing auch das Baby an zu weinen, und so wurde uns endlich gestattet, anzuhalten, damit Conchita ihr Kind stillen konnte.

Ich hatte am Tag zuvor in diesem großen Kleiderhaufen eine Flasche gefunden, die aus unserem Krankenhaus stammte und einmal eine Infusionslösung enthalten hatte. Die hatten wir mit Wasser gefüllt, und jetzt trank jeder einen Schluck daraus, denn es war nur etwa ein halber Liter.

Wieder sprachen wir miteinander über unsere Lage und was uns wohl noch alles erwartete. „Wer hätte das geglaubt ... Wenn wir das gewußt hätten, wären wir von dort weggelaufen", so sagten wir immer wieder. Dann versuchten wir uns mit dem Gedanken zu trösten, daß man uns vielleicht entführt hatte, weil dort gekämpft werden sollte und wir sonst in große Gefahr gekommen wären. Aber wie würde es in diesem Fall unseren Patienten, Schülern und Mitarbeitern auf der Missionsstation ergehen, die sich noch dort befanden?

Wir versuchten, das Thema zu wechseln, und Ronaldo erzählte

uns, was für gutes Zuckerrohr es in Brasilien gibt. Wir sprachen über unsere Lieblingsgerichte, und jeder stellte sich nun vor, was er als erstes nach unserer Befreiung essen würde. So ging das die ganzen drei Monate, denn meistens hatten wir Hunger.

Wir überlegten, ob die Nachricht von unserer Entführung schon nach Europa gedrungen war und ob die Euro-Afrika-Division bereits etwas unternommen hatte. Wir waren recht zuversichtlich, daß man von Bongo aus gleich nach Bern telefoniert hatte. Zum Glück ahnten wir nicht, daß dies ein Irrtum war.

Nachdem sich das Kind satt getrunken hatte, ging es im Laufschritt weiter. Nach einiger Zeit nahm ich den kleinen André wieder auf meine Schultern und lief, so schnell ich konnte, um mich nach einem gewissen Vorsprung etwas ausruhen zu können. Ich war schon ziemlich weit vorn an der Spitze unseres Zuges, als ich merkte, daß Oliveiras nicht mitkamen. So setzte ich mich auf einen Stein und versuchte das Kind zu trösten und mit ihm zu sprechen. Da kam ein Soldat zu mir und sagte: „Gehen Sie zurück und trösten Sie Ihre Freundin, die Brasilianerin! Sie sitzt weinend am Bach und kann nicht mehr weiter."

Müde erwiderte ich nur: „Ich kann auch nicht mehr. Bis hierher habe ich das Kind getragen und kann es jetzt nicht wieder zurückbringen. Wenn der Kleine die Mutter sieht, dann weint er und will wieder zu ihr. Sie darf jetzt nicht weinen, sie muß einfach laufen."

Ich merkte schon, wie hart ich reagierte, aber ich hatte das Gefühl, daß wir jetzt alle sehr die Zähne zusammenbeißen mußten, wenn wir durchhalten wollten.

Nach einer Weile waren wir wieder alle zusammen, und der Marsch ging weiter. Wir liefen ungefähr eine halbe Stunde, als wir in einen Wald kamen, und dort wurde nun eine Rast eingelegt. Die Träger wollten versuchen, Wasser zu holen, damit man etwas abkochen konnte. Das Wasser im Bach sah aber ziemlich schmutzig aus, und so fragte ich Oliveiras, ob sie gegen Typhus geimpft seien. Sie waren es nicht! Wieder spürte ich große Angst in mir aufsteigen. Wie schnell konnten sie einen Typhusanfall bekommen und schwer krank werden!

Am Tag zuvor hatte ich unter all den erbeuteten Sachen auch viele Medikamente gefunden, die aus unserer Apotheke in Bongo stammten. Conchita und mir war zum Weinen zumute gewesen, als wir all die Arzneimittel, die für uns sehr schwierig zu erwerben gewesen waren, so achtlos verstreut am Boden liegen sahen. Die Schachteln mit Ampullen und einige andere Medikamente konnte man ja nur in der Klinik verwenden, hier unterwegs waren sie nicht zu gebrauchen. Aber jetzt war ich doch sehr froh, daß wir Antibiotika, Mittel gegen Durchfall, ein paar Vitamintabletten, Medikamente gegen Malaria und eine Wundsalbe dabeihatten. Außer mir hatten alle Entführten wunde, blutende Füße, die ich ihnen jetzt wenigstens verbinden konnte.

Inzwischen brachte man uns eine Wassersuppe, die schrecklich schmutzig aussah und abscheulich schmeckte. Aber wir hatten nichts anderes, und so wurgten wir das Zeug hinunter. Dr. Sabaté fügte bei jedem eine Vitamin-C-Tablette hinzu, damit das Ganze etwas genießbarer wurde und vielleicht auch das schmutzige Wasser nicht ganz so schädlich war.

Auf einmal verschwanden ein paar Soldaten, und als sie einige Zeit später wieder zurückkamen, trugen sie in ihren zusammengeknoteten Hemden viele, viele Orangen, die sie uns jetzt brachten. Wir hatten uns schon die ganze Zeit gefragt, was wir wohl zu essen bekommen würden. Unsere letzte Mahlzeit hatten wir am Tag zuvor mittags eingenommen, und wir dachten immer noch an die Kartoffeln, die so herrlich geschmeckt hatten.

Schließlich war es soweit, und man brachte uns Geflügelfleisch mit Maisbrei. Das mag sich vielleicht gar nicht so schlecht anhören, aber der Brei war ungesalzen und das Fleisch teilweise noch roh, außerdem hingen noch ein paar Federn daran. Wir hatten schwer daran zu kauen und zu schlucken, und der kleine André brachte fast gar nichts hinunter.

Wir seufzten deprimiert. Wie lange würden wir all dies noch aushalten müssen? Ferrán Sabaté wandte sich zu mir, und als er meinen Gesichtsausdruck sah, meinte er: „Sei froh, daß wir wenigstens Maisbrei haben. Vielleicht werden wir in ein paar Tagen sogar das Stroh der Hütte gern essen."

„Schau", sagte Conchita, „bevor wir heute morgen aufbrachen, hat mir eine Frau diese Dose gegeben. Sie sagte, es sei Honig darin." Als sie aber den Deckel aufmachte, drehte sich uns der Magen um. Wir sahen eine zähe Masse aus Bienenköpfen, -flügeln, -larven und -wachs. Angeekelt machten wir die Dose wieder zu.

Bald lag jeder unter einem Baum und versuchte sich auszuruhen. Über uns ein strahlend blauer Himmel. Die Sonne schien warm herunter, und die Vögel hüpften und sangen. Es schien, als ob die Natur sich alle Mühe gab, uns aus unseren trübseligen Gedanken zu reißen.

Nach einer Weile stand Ferrán auf, brach einen kleinen Ast ab und nahm den Deckel wieder von der Dose. Mit dem Stück Holz drückte er die ganze Masse nach unten, so daß der Honig zum Vorschein kam. Er leckte das Holz ab und gab jedem von uns auf diese Weise auch etwas Honig. Mit der Zeit verloren wir den Ekel und holten uns einfach mit dem Finger etwas von dieser Masse aus der Dose, steckten es in den Mund, saugten den Honig ab und spuckten den Rest aus.

Ungefähr eine Stunde dauerte diese Rast, und die ganze Zeit über sprachen unsere Begleiter in ihr Funkgerät. Dann erzählten sie: „Unser Präsident hat sich erkundigt, wie es Ihnen allen geht! Er möchte wissen, ob die Sache gut gelaufen ist."

Zwischendurch konnte ich auch etwas aufschnappen von dem, was die Soldaten untereinander besprachen, und manches machte mir wieder etwas Mut. Einer sagte: „Aber da, die Minina, sie kann prima laufen und trägt auch noch das Kind." Er kam her zu mir und fragte mich: „Sind Sie solche Fußmärsche gewohnt? Haben Sie früher schon solche langen Touren zu Fuß gemacht? Und wie schaffen Sie das mit dem Kind?"

Still für mich dachte ich: „Gott sei Dank, daß sie diese Meinung von mir haben. Wie gut, daß ich bis jetzt nicht schlappgemacht habe!" Und laut sagte ich: „Abwarten, wie lange ich noch durchhalten werde!"

Es zeigte sich jetzt, daß mir meine Kindheit auf dem Lande zugute kam. Damals hatte ich oft weite Strecken zu Fuß laufen müssen. Aber das konnte sicher nicht alles erklären. Auf dem langen Weg spürte ich oft eine mir selbst unerklärliche Kraft, die gewiß nicht aus mir selbst kam. Ich bin überzeugt davon, daß mir Gott diese Kraft gab.

Nun ging es wieder weiter, und wir kamen durch eine hügelige Gegend. Am Abend erreichten wir eine Stelle, von der aus man einen herrlichen Blick ins Tal hatte. Wir sahen weite, gut angelegte Felder, auf denen überwiegend Kartoffeln angebaut waren. Nie zuvor hatte ich in Afrika so sorgfältig angelegte Ländereien gesehen.

Wir fragten unsere Begleiter: „Gehört das euch?“ Stolz erwiderten sie: „Ja, dort wohnen Leute, die zur UNITA gehören!“

Wir dachten: Wenn das so ist, dann werden wir immer gut zu essen haben. Ob Kartoffeln oder etwas anderes – wir werden nicht zu hungern brauchen. Leider war das eine trügerische Hoffnung.

Im Tal kamen wir an einen sehr schön gelegenen Fluß mit ziemlich sauberem Wasser. Endlich konnten wir uns wieder einmal ohne Ekel satt trinken. Kurz darauf ging es schon wieder steil den Berg hinauf.

Nachdem Dr. Sabaté den kleinen André ein gutes Stück getragen hatte, war ich jetzt wieder an der Reihe. Der Weg war sehr steil, und man mußte sich an den Bäumen festhalten, um nicht abzurutschen. Daneben versuchte ich noch zu singen, um das Kind zu beruhigen. Immer wieder ging sein Blick ängstlich zurück in die Richtung, wo es seine Mutter vermutete. Doch wenn ich sang, sang der Kleine mit, und so kamen wir ganz langsam und allmählich den Berg hinauf.

Hinter mir folgten Oliveiras – nur Familie Sabaté war nicht zu sehen. Eben ging die Sonne unter, und wir setzten uns, um miteinander ein Lied zu singen. Aber vor lauter Erschöpfung brachten wir kaum einen Ton heraus.

Es dauerte lange, bis Conchita endlich auftauchte, und als sie bei uns war, mußte sie sich übergeben. Wahrscheinlich hatte sie vor dem Aufstieg zu viel Wasser getrunken. Sie war völlig am Ende ihrer Kräfte. Aber für heute waren wir wenigstens am Ziel. Ganz in der Nähe wurden uns Hütten zugewiesen.

Wie armselig die Menschen hier nur lebten! Ihre Hütten hingen ganz windschief am Berg, und die Leute hatten kaum das Nötigste zum Leben. Wir fragten nach einem Gefäß, um uns waschen zu können. So etwas gab es nicht. Sie konnten uns nicht einmal einen Teller für Andrés Mahlzeit geben. Der Kleine weinte laut vor Hunger, und weil wir uns nicht anders zu helfen wußten, gaben wir ihm einfach das Pulver zu essen, das wir von seiner Kindernahrung noch übrig hatten. In meiner Tasche mit der eisernen Ration fand ich noch einen kleinen Rest Granola. Die Tüte war geplatzt, und mit Mühe kratzten wir jetzt die letzten Reste zusammen. Aber so hatte André wenigstens noch ein kleines Abendessen. Als er so vor uns saß wie ein Häufchen Elend, tat uns sein Anblick in der Seele weh, und wir konnten kaum die Tränen zurückhalten.

6

„Und ob ich schon wanderte im finstern Tal ..."

Der Samstag, unser erster Ruhetag in der Gefangenschaft, brach an. Wie gewohnt, wollten wir auch heute unseren Gottesdienst halten. Schon am Tag zuvor hatte ich einen unserer Bewacher gefragt: „Wäre es wohl möglich, daß wir morgen ausruhen dürfen? Sie wissen ja, daß morgen unser Feiertag ist." Trotzdem war ich jetzt überrascht, als uns tatsächlich niemand zum Weitergehen aufforderte.

Wir versammelten uns in der Hütte von Sabatés und versuchten, gemeinsam unsere Bibelbetrachtung durchzuarbeiten. Zum Schluß beteten wir noch miteinander.

Wir waren gerade fertig, als Dr. Sabaté und seine Frau zum Capitán gerufen wurden. Nach einiger Zeit holte man auch Ronaldo hinüber, der ein wenig ängstlich war, weil er nicht wußte, was man von ihm wollte.

Später erzählten sie dann, daß man sie gefragt hatte: „Woher kommen Sie? Was machen Sie hier in Angola? Name, Alter, sämtliche Personalien?" Alles wurde zu Protokoll genommen. Zum Schluß hielt ihnen der Capitán jeweils noch eine politische Rede, die mehr als zwei Stunden dauerte und in deren Verlauf der Redner immer lauter wurde. Von meiner Hütte aus konnte ich alles mithören. Der Mann redete pausenlos, und ich fragte mich im stillen, wo er es wohl gelernt hatte, solche Vorträge zu halten. Alles kam in dieser Rede vor: die Ziele der UNITA, die Verhältnisse in Angola und wie nötig es sei, den Feind im Land zu bekämpfen. Schließlich gab er noch eine Erklärung ab, warum man uns entführt hatte. Seinen Worten zufolge war es der UNITA darum gegangen, uns aus der gefährlichen Feuerlinie herauszuholen, denn man habe gewußt, daß wir keine politischen Ziele verfolgten.

Das hörte sich ja recht gut an, aber wir wußten doch, daß dies nicht der eigentliche Grund unserer Entführung war. Sie hätten uns ja nur aufzufordern brauchen, das Land zu verlassen, aber das hatten sie nie versucht.

Der gleiche Vortrag wurde erst Sabatés und dann Oliveiras gehalten. Es war schon fast zwei Uhr nachmittags, als auch ich noch gerufen wurde. Wieder stellten sie die gleichen Fragen nach den Personalien. Als ich mein Geburtsdatum nannte, fragte der Capitán:

„Und Sie sind nicht verheiratet?“

„Nein, bin ich nicht.“

„Ja, wie kommt das, hat Sie noch kein junger Mann gefunden?“

„Anscheinend nicht, mir ist jedenfalls nichts bekannt.“ Ich mußte laut lachen, weil die Situation so komisch war, und die anderen stimmten mit ein.

Ein Soldat kam von draußen angelaufen und sagte: „Es ist Zeit, wir müssen gehen. Bist du bald fertig?“

„Ja, ja, wir brechen gleich auf.“ Dann wandte sich der Capitán an mich: „Wie denken Sie über unsere Politik?“

„Wissen Sie“, begann ich vorsichtig, „darüber mache ich mir nicht so viele Gedanken, denn als Missionskrankenschwester möchte ich politisch neutral sein. Sicher habt ihr eine gute Absicht und kämpft wahrscheinlich auch für die richtige Sache, aber ich bin nach Angola gekommen, um der Bevölkerung zu helfen und nicht, um mich politisch zu engagieren.“

„Aber wußten Sie denn nicht, daß bei uns hier Krieg ist?“

„Irgendwie hatte ich schon davon gehört, aber ich war nicht so richtig darüber informiert.“

„Gut, wir müssen jetzt aufbrechen. Unterwegs auf dem Marsch können wir weitersprechen.“

Ich war froh, daß mir der zweistündige Vortrag in seiner dritten Auflage erspart blieb.

Bevor es wieder weiterging, bekamen wir sogar noch etwas zu essen. Die Kartoffeln mit Fleisch schmeckten wirklich gut und blieben uns lange im Gedächtnis, denn das sollte unsere letzte anständige Mahlzeit auf dem ganzen Marsch sein.

Rosmarie und Conchita waren beide auf der Suche nach geeigneteren Schuhen. Rosmarie hatte sich mit ihren Gummistiefeln die Beine verbrannt und konnte unmöglich so weitergehen. Die Soldaten brachten eine Art Tennisschuhe, die aber viel zu groß waren und ihrem Mann paßten. Sie blieb hartnäckig und sagte: „Ich bewege mich nicht von hier, wenn man mir nicht ein Paar ordentliche Schuhe bringt." Schließlich fand ein Soldat ein Paar Schuhe, die aber drei Nummern zu groß waren, und so mußte sie sich alles mit Papier ausstopfen; doch dann konnte sie wenigstens wieder laufen. Conchita zog Gummistiefel über ihre Trainingshosen, und so gab es keine Probleme mit dem Aufreiben.

Wir begannen den Marsch wie gewohnt in einer langen Schlange. Zum Glück ahnten wir noch nicht, welche fast unerträglichen Strapazen uns erwarteten. Stundenlang ging es wieder bergauf und bergab. Als es dunkel wurde, machten wir eine kurze Rast, und Conchita stillte ihr Kind. Wir waren alle sehr durstig. Ich holte meine Halbliterflasche hervor, die ich bei unserem letzten Aufenthalt wieder mit Wasser gefüllt hatte. Oliveiras tranken als erste, dann reichten sie die Flasche weiter an Dr. Sabaté. Er trank einfach alles aus. Für Conchita und mich blieb nicht der kleinste Schluck übrig! Ich wurde so schrecklich wütend und schrie ihn an: „Warum hast du das gemacht? Hast du nicht daran gedacht, daß wir auch trinken müssen?"

„Aber wieso denn, ich denke, ihr habt schon getrunken?"

„Hast du nicht gesehen, daß ich die Flasche zuerst den anderen gegeben habe und deine Frau und ich noch nichts gehabt haben?" –

Es ist fast unvorstellbar, wie man sich in einer solchen Extremsituation wegen eines Schluckes Wasser aufregen kann. Wir hatten schon seit vielen Stunden nichts mehr zu trinken gehabt und sollten auch bis zum anderen Tag nichts mehr bekommen. Dabei hatten wir durch die körperliche Anstrengung eigentlich fast immer Durst. Jetzt merkten wir allmählich, daß jeder zu lernen hatte, auf den anderen Rücksicht zu nehmen, damit keiner leiden mußte.

Wenigstens hatte ich noch eine Mandarine dabei, die ich mit Conchita teilen konnte. Als wir wieder aufbrachen, fing der kleine André an zu weinen. Er war durch nichts zu beruhigen und wollte sich auch nur von seiner Mutter tragen lassen. Aber Rosmarie hatte keine

Kraft mehr. Jetzt gab es ein großes Geschrei, weil auch das Baby von Sabatés aufgewacht war und mit einstimmte. Ganz aufgeregt kam der Capitán angelaufen und sagte: „Die Kinder dürfen jetzt nicht weinen! Wir kommen durch feindliches Gebiet, und alle müssen mucksmäuschenstill sein."

Ronaldo nahm seinen Sohn und gab ihn Rosmarie auf den Arm: „Nimm du den Jungen. Wir werden sehen, wie wir durchkommen!" Da wurden plötzlich beide Kinder ganz still, und das Baby schlief wieder ein.

Es war stockdunkel, und das Gras wurde immer höher. Wir gingen in Schlangenlinien, so daß man denjenigen, der vor einem lief, nicht sehen konnte. Ich hatte große Angst, daß einer von uns stürzen und sich etwas brechen würde.

Plötzlich hatten Oliveiras und ich den Weg verloren. Rosmarie schrie laut: „Hallo, hallo, warten! Warten!" Aber anscheinend hörte uns niemand, und so blieben wir zurück.

Nach einer Weile erschien der Capitán, und wir sagten zu ihm: „Es muß unbedingt immer jemand vor und hinter uns bleiben. Wir können sonst in dieser Dunkelheit nicht laufen."

Er versprach uns, dafür zu sorgen, und meinte dann: „Sie müssen jetzt unbedingt leise sein. Hier befindet sich in nächster Nähe ein Militärlager, und da müssen wir ganz leise daran vorbeigehen."

Wir bildeten wieder eine lange Schlange und gingen dicht hintereinander weiter. Die Bäume standen nahe beieinander, und hinter jedem Baum sah man einen Soldaten. Wir hatten das Gefühl, als lauerte überall der Feind und als könne jeden Augenblick ein Feuergefecht beginnen. Unsere Bewacher machten ein ernstes, angespanntes Gesicht. Dadurch bekamen wir noch mehr Angst, denn das zeigte uns, wie gefährlich die Lage war. Eine Gruppe von Soldaten ging immer neben uns her. Der Capitán gab ihnen flüsternd seine Anweisungen, und sie waren blitzschnell an einer anderen Stelle.

Auf diese Weise liefen wir schon wieder stundenlang, als Rosmarie ihren Sohn nicht mehr tragen konnte und ihn Ronaldo reichte. Es war für uns wie ein Wunder, daß der Kleine nicht zu weinen anfing. Wir beteten die ganze Zeit wie noch nie in unserem Leben. Ich mußte an die Verheißung in Psalm 91,11.12 denken: „Denn er hat seinen Engeln befohlen, daß sie dich behüten auf allen deinen Wegen ... und du deinen Fuß nicht an einen Stein stoßest." So betete ich:

„Gott, jetzt mußt du deine Verheißung erfüllen. Unsere Füße dürfen an keinen Stein stoßen, auf gar keinen Fall." Und dann fiel mir noch ein anderes Bibelwort ein: „Ich bin jung gewesen und alt geworden und habe noch nie den Gerechten verlassen gesehen." (Psalm 37,25.)

Ich sagte zu Gott: „Wir sind Gerettete, die du gerecht gemacht hast. Herr, wir brauchen dich so dringend. Ohne dich können wir keinen Schritt mehr weitergehen. Wir verstehen auch nicht, warum wir dies alles durchmachen müssen, aber wir brauchen dich und vertrauen auf dich."

So betete jeder still für sich, und keiner sprach ein Wort. Auch die Kinder blieben ganz ruhig, als ob ihnen ein Engel den Mund zuhielte. Der kleine Ferrán weinte normalerweise alle drei Stunden und mußte dann gestillt werden, aber diese ganze Nacht schlief er durch und rührte sich nicht.

Allmählich kamen wir aus dem Wald heraus. Jetzt ging es durch Maisfelder, und das war wieder sehr gefährlich, denn dahinter lag ein Dorf mit einem Militärlager der Regierung. Wenn man auf eine Maispflanze trat, knackte das furchtbar laut. Wir zitterten alle vor Kälte und Angst.

Dr. Sabaté hatte schon seit einiger Zeit große Schwierigkeiten mit dem Laufen, und jetzt ging es einfach nicht mehr bei ihm. Ich hatte in meiner Jackentasche noch Schmerztabletten für Kinder, und davon gab ich ihm sechs Stück. Zuerst half ihm das etwas, aber dann ging er doch immer langsamer und stolperte dauernd. Die Soldaten wurden sehr ungeduldig, weil sie es eilig hatten, und sagten immer wieder: „Wir müssen diese Strecke während der Nacht schaffen. Tagsüber wird uns der Feind verfolgen. Wenn es zum Kampf kommt, könnt ihr nicht fliehen. Das wird sehr gefährlich für euch sein. Für uns ist das kein Problem, wir kommen hier Tag und Nacht durch, aber ihr seid nicht vorbereitet, und wir wollen kein Feuergefecht erleben, solange ihr dabei seid."

Still für mich dachte ich: „Warum habt ihr uns denn überhaupt mitgenommen? Niemand hat euch dort in der Mission gerufen!" Aber natürlich konnte ich ihnen das nicht sagen.

Wir umwickelten Dr. Sabatés Knie mit Mullbinden, aber auch das half nur wenig, und schließlich sagte der Capitán: „Jetzt muß er getragen werden. Wir können nicht länger so langsam laufen."

Die Träger hatten schon vorsichtshalber ein Brett dabei, weil sie dachten, wir Frauen würden das viele Laufen nicht schaffen. Jetzt legten sie Dr. Sabaté darauf, und ich neckte ihn: „Ferrán, das ist doch nicht dein Ernst. Aber da sieht man mal wieder, so sind die Männer."

Auch Ronaldo konnte inzwischen kaum noch gehen. Er hatte vor Jahren eine Knochenhautentzündung in den Füßen gehabt und bekam jetzt durch die Strapazen wieder starke Schmerzen. Dann hörte ich jemanden hinter mir fürchterlich stöhnen. Ich drehte mich um und sah einen jungen Soldaten, vielleicht 16 Jahre alt, der sich vor Schmerzen wand. Er hatte offensichtlich Bauchkrämpfe, aber niemand achtete auf ihn. Jeder lief und rannte, so schnell es ging. Ich machte rasch kehrt, steckte dem Jungen zwei Schmerztabletten in den Mund und reihte mich wieder in die Schlange ein.

Da Ronaldo selbst kaum noch laufen konnte, mußten Rosmarie und ich uns mit dem Tragen des Kindes abwechseln. Der Junge wurde immer schwerer, und weil er schlief, konnte man ihn nicht auf den Schultern tragen. Die arme kleine Rosmarie! Ich dachte, sie würde noch zusammenbrechen. Da nahm ich ein großes Tuch von einer der Trägerinnen, band es mir um und trug André auf diese Weise. So war es etwas leichter, weil das Tuch einen gewissen Halt gab.

Nach einer Weile kamen wir in eine sehr morastige Gegend. Der Boden war voller Löcher, und plötzlich fiel ich mit einem Fuß in eines der Löcher hinein. Ich bin Gott dankbar, daß er mich bewahrte, denn sehr leicht hätte ich mir dabei das Bein brechen können. Wir standen plötzlich in stockfinsterer Nacht vor einem breiten, gewaltigen Fluß. Die Soldaten berieten leise, was sie machen wollten. Schließlich nahmen sie uns kurzentschlossen auf den Rücken und trugen uns huckepack durchs Wasser. Wir hatten große Angst, herunterzufallen, denn es war ein weiter Weg ans andere Ufer, und die Soldaten konnten uns zuletzt kaum noch tragen. Ronaldo wurde mit seinem Sohn im Arm hinübergetragen; das war am schwierigsten. Die ganze Szene war eigentlich filmreif: die dunklen Gestalten im Mondlicht, die sich fast lautlos fortbewegten; der breite Fluß, das hohe Gras und der schmale Trampelpfad, den wir entlanggingen. Es war bitterkalt, und die Soldaten und Träger wurden im Fluß bis zur Taille naß. Sie hatten noch nicht einmal Zeit, sich am anderen Ufer abzutrocknen, denn wir mußten so schnell wie möglich weiterlaufen.

Jetzt war die Landschaft von vielen Kanälen durchzogen, die man wahrscheinlich angelegt hatte, um den Boden etwas zu entwässern. Die Soldaten sprangen jedesmal mit einem großen Satz darüber hinweg, und wir versuchten es ihnen gleichzutun. Mit André auf dem Arm passierte es mir einmal, daß ich zu kurz sprang und bis zu den Knien ins eiskalte Wasser tauchte. Zitternd vor Kälte fühlte ich mich hundeelend, doch dann riß mich ein Aufschrei aus meinen düsteren Gedanken: Conchita war vor meinen Augen in einem tiefen Kanal verschwunden! Der Soldat, der vor ihr lief, drehte sich blitzschnell um und zog sie wieder heraus. Arme Conchita! Die ganze Nacht mußte sie noch in ihren nassen Sachen laufen. Es war wirklich ein Wunder, daß sie sich dabei nicht den Tod holte. Nur eine Erkältung sollte sie noch einige Wochen lang an dieses unfreiwillige Bad erinnern.

Es war wohl schon nach Mitternacht, als wir oben auf einem Berg ankamen, und da sahen wir auf der anderen Seite im Tal Lichter brennen. Als wir näherkamen, hörte man auch Hundegebell und Musik, und ein Soldat sagte zu uns: „Dort unten, wo die Lichter sind, da ist das Militärlager der Regierung."

Ronaldo wurde immer langsamer, und die Soldaten versuchten ihn anzutreiben. Aber er sagte nur: „Ich kann nicht mehr! Ich tue wirklich mein Bestes. Aber ich kann nicht schneller laufen."

Darauf meinte ein Soldat, von dem ich später erfuhr, daß er auf einer Missionsstation aufgewachsen war: „Das Volk Israel mußte auch schnell laufen, um seine Ziele zu erreichen."

Trocken erwiderte Ronaldo: „Ja, aber sie nahmen Rücksicht und richteten sich nach dem Tempo der Frauen und Kinder."

Als ich das mit anhörte, mußte ich lachen, aber gleichzeitig hatte ich doch eine wahnsinnige Angst, daß es zu einem Feuergefecht mit Regierungstruppen kommen könnte. Mir stand fast das Herz still, und ich hatte Magenschmerzen vor Aufregung.

Wieder ging es durch einen kleinen Fluß und dann nahe an einem Dorf vorbei. Jetzt kamen wir an eine große asphaltierte Straße, die wir überqueren mußten. Eine Gruppe Soldaten ging voraus und legte im Wald einen Hinterhalt, falls der Feind kommen sollte, und nun gingen wir schnell hinüber. Die Soldaten trieben uns noch an: „Schnell laufen! Schnell laufen! Wir sind sonst noch hier, wenn es hell wird, und dann gibt es eine Schießerei."

Ich wies sie darauf hin, daß wir schließlich auch noch abwechselnd das Kind tragen mußten und seit drei Uhr am Nachmittag nichts mehr zu trinken bekommen hatten. Durch das Schwitzen verlor man viel Wasser, und ich hatte das Gefühl, daß mich meine Beine nicht mehr lange tragen würden.

Nach einer Weile mußten wir wieder eine Straße überqueren, und da sah ich drei Zivilisten stehen, zwei Männer und eine Frau – offensichtlich Einwohner des Dorfes, an dem wir vorbeigekommen waren. Ich bekam eine unbeschreibliche Angst, denn ich dachte, daß sie uns sicherlich an die Regierungssoldaten verraten würden. Im nächsten Augenblick sah ich im Wald Soldaten, die, mit angelegten Gewehren in unsere Richtung zielend, am Boden knieten. Vor Schreck bekam ich fast einen Herzstillstand. Die Guerilleros trugen oft erbeutete Uniformen der Regierungssoldaten, so daß sie gar nicht als UNITA-Leute zu erkennen waren. So erlebte ich es noch viele Male in jener Nacht, daß urplötzlich dicht vor uns schießbereite Soldaten der Befreiungsbewegung in Uniformen der Militärregierung auftauchten, und jedesmal erschrak ich fast zu Tode.

Allmählich hatte ich das Gefühl, nahe am Umkippen zu sein. Uns allen fehlte dringend Wasser. Für André hatten wir in einer Büchse gekochtes Wasser mit Reis vorbereitet, weil er Durchfall hatte. Aber wir konnten das jetzt nicht finden, weil wir nicht wußten, wer unser Gepäck trug. Insgesamt marschierten mit uns etwa zweihundert Leute – Soldaten, Träger, Frauen und Kinder – und wenn man etwas suchte, war das sehr schwierig.

Ich merkte, daß mir die Beine den Dienst versagten, und sagte zum Capitán: „Das ist eine Quälerei, was Sie mit uns machen. Das geht über unsere Kraft. Wir können einfach nicht mehr."

„Minina Victoria, Sie dürfen nicht den Mut verlieren, denn Sie sind unsere Hoffnung. Wenn Sie aufgeben, dann können wir mit niemandem mehr rechnen."

Ein Soldat kam angelaufen: „Kommen Sie bitte schnell. Dr. Sabaté braucht Sie." Ich lief rasch nach vorn, und da saß Ferrán und hatte sich den Fuß verrenkt. Bei seinem Sturz hatte er sich außerdem mit dem Stock unterhalb des Auges ins Gesicht gestochen und sah ziemlich übel aus. Ich legte ihm einen festen Verband an, so daß er wenigstens wieder humpeln konnte.

Dafür war Ronaldo jetzt am Ende seiner Kraft. Er hatte solch starke Schmerzen, und die Soldaten waren schrecklich nervös und verloren die Geduld mit ihm. Sie sagten ihm immer wieder, er solle sich beeilen, aber er meinte nur noch: „Ich kann nicht mehr. Ich kann einfach nicht mehr!“ Schließlich legten sie ihn auf die Bahre, und es waren sechs Männer erforderlich, um ihn zu tragen, denn er ist recht groß und schwer. So kamen wir immer mühsamer vorwärts.

Ich hatte schon wieder lange Zeit den kleinen André getragen. Ein Soldat wollte ihn mir abnehmen, weil ich völlig erschöpft war. Aber der Junge brüllte gleich aus Leibeskräften; so mußte ihn Rosmarie wieder tragen. Sie betete fast laut, daß Gott ihr Kraft in die Arme geben möge. Ich ging neben ihr, um sie zu stützen, und von Zeit zu Zeit wechselten wir uns immer wieder mit dem Tragen ab. So ging das stundenlang, und ich dachte, ich falle jeden Augenblick um. Dann wurde mir ganz schwindlig, und ich konnte gerade noch zu dem großen Soldaten neben mir sagen: „Erlauben Sie bitte, daß ich mich bei Ihnen einhake, sonst falle ich um.“

Wieder bot er mir an: „Ich nehme das Kind. Geben Sie mir den Jungen.“ Aber André schrie sofort lautstark, und ich mußte ihn weitertragen.

Allmählich hatte ich das Gefühl, daß diese Nacht nie zu Ende gehen würde. Der Durst wurde immer schlimmer. Ich begann um Wasser zu beten. Ohne Wasser würde ich nicht mehr lange leben, das spürte ich. Wenn sie mich jetzt am Wegrand hätten liegen lassen – es wäre mir gleichgültig gewesen. Rosmarie muß es wohl ähnlich gegangen sein, denn sie konnte kaum noch die Beine bewegen.

Endlich brachte uns ein Soldat eine große Stange Zuckerrohr, die wir gierig aussaugten. Langsam kehrte wieder ein bißchen Lebenskraft in uns zurück. Abwechselnd schabten wir das Zuckerrohr mit den Zähnen, da wir kein Messer hatten, und gaben es dem, der gerade das Kind trug.

Eine Weile ging es uns nun etwas besser, aber bald fühlten wir uns wieder zu Tode erschöpft. „Wasser, Wasser!“ flehten wir jeden Soldaten an, der in unsere Nähe kam – mehr brachten wir nicht heraus. Anscheinend merkten sie jetzt, daß sie etwas unternehmen mußten, denn sie begannen eine Trägerin zu suchen, die einen Behälter mit Wasser bei sich hatte. Das war wieder sehr schwierig, weil die Marschkolonne so lang war. Aber schließlich fanden sie das Mädchen, und wir bekamen endlich ein paar Schluck zu trinken. Von da an ging es uns spürbar besser. Bis zum anderen Morgen trug ich noch den Jungen oder stützte Rosmarie, wenn sie ihn auf dem Arm hatte, denn allein schaffte sie es nicht mehr.

Es ging durch einen Wald, bergauf und bergab, ein Stück auf einer Straße entlang und schließlich wieder in den Wald hinein, als die Guerilleros plötzlich haltmachten und sich auf den Boden legten. Später erfuhren wir, daß ein Trupp Regierungssoldaten an der Straße auf uns wartete, und deshalb mußten wir einen Umweg machen. Ein Teil der Soldaten verschwand, um die Gegend auszuspähen – vielleicht legten sie auch noch eine Mine – und nach einer Weile konnte es weitergehen.

Meiner Schätzung nach war es gegen fünf Uhr am Morgen, als wir an eine Straßenkreuzung kamen. Es war neblig-feucht und bitterkalt. Wir froren, daß uns die Zähne klapperten und die Knie schlotterten. Die Soldaten warfen sich einfach auf den Boden, und bald hörte man sie schnarchen. Wir rückten ganz eng zusammen, um es ein bißchen bequem und warm zu haben, aber wir froren trotzdem erbärmlich. Feuer konnten wir keines machen, da hätte man von weitem gesehen, wo wir waren.

So konnten wir es nicht mehr lange aushalten! Ich ging zum Capitán und sagte: „Lassen Sie uns bitte weitergehen. Wenn wir hier noch länger bleiben, bekommen wir eine Lungenentzündung. Wir sind schon ganz blaugefroren."

Er sagte nur: „Also gut!" und rief seine Leute. Der Marsch ging weiter. Allmählich wurde es hell. Wir fühlten uns hundeelend, zu Tode erschöpft. Auch Ronaldo mußte jetzt wieder laufen.

Ich brachte ihm seinen Sohn: „Jetzt bist du für André zuständig. Rosmarie und ich haben ihn die ganze Nacht hindurch getragen. Nun muß jeder für sein Leben allein sorgen." Ich spürte, wie egoistisch das von mir war, aber ich war wirklich am Ende.

Vor mir ging ein kleiner Junge, vielleicht neun Jahre alt, der eine Zuckerrohrstange in der Hand hatte. Ich bat ihn um ein Stück davon.

„Nur ein Stück wollen Sie?" meinte er großzügig. „Nehmen Sie doch die ganze Stange. Ich werde schon wieder welches besorgen." –

Ich lief inzwischen ziemlich weit vorne. Eigentlich war es uns Gefangenen nicht erlaubt, voneinander getrennt zu gehen, aber je näher wir beisammen waren, um so stärker war das Bedürfnis zu klagen: wie schlecht es uns ging, warum all dies passiert war, warum

Gott es zugelassen hatte, wo es uns überall weh tat. Das machte die Lage für uns nur noch schlimmer.

Die Soldaten an der Spitze des Zuges gingen sehr schnell, so daß ich mit ihnen nicht Schritt halten konnte, und die anderen kamen erst viel weiter hinten. Plötzlich war ich ganz allein inmitten eines riesigen Maisfeldes. Wogende Maispflanzen, so weit das Auge sehen konnte; der Wind heulte und pfiff. Es war ein unheimliches Gefühl. Was wäre, wenn jetzt Regierungssoldaten auftauchten und schießen würden? Fast erleichtert sah ich nach einer Weile die ersten Guerilleros vom hinteren Teil des Zuges näher kommen.

Wir warteten auf einem Hügel, bis wieder alle beisammen waren. Als Oliveiras in Sicht kamen, erschrak ich. Sie sahen totenblaß und ganz niedergeschlagen aus; ihre Lippen waren ausgedörrt. Sie hielten sich an der Hand, und ein Soldat trug das schlafende Kind. Man hatte das Gefühl, daß sie diese Strapazen nicht mehr lange überleben würden.

Schließlich waren auch Sabatés da, und wir aßen alle miteinander Zuckerrohr, um wieder etwas zu Kräften zu kommen. Das Zuckerrohr war feucht und mit einer moosartigen Schicht überzogen, so daß unsere Hände schwarz und klebrig wurden. Bald hatten wir das Zeug in den Haaren, im Gesicht, an der Kleidung – einfach überall ...

Der Marsch ging weiter, endlos, wie uns schien. Immer wieder hieß es: „Bald ist es soweit, daß wir ausruhen können. Gleich sind wir da."

Wieder kamen wir in einen Wald, und plötzlich liefen die Soldaten nach allen Richtungen weg. Nach einer Weile tauchten sie wieder auf, die Hände voller Mandarinen und Orangen. Offensichtlich kannten sie die Stellen, wo die Früchte wuchsen. Sie gaben uns einige davon ab, und ich steckte mir Mandarinen in die Kapuze meiner Windjacke, die ich um die Taille zusammengeknotet trug. Das war für die anderen ein verlockendes Angebot, und ich merkte, wie meine Kapuze immer leichter wurde! Später brachten die Soldaten Guajaven, die noch grün waren. Wir aßen sie trotzdem.

Jetzt kam ich mit einem jungen Soldaten ins Gespräch, der als Funker für die UNITA arbeitete. Er erzählte mir, daß er auf einer evangelischen Missionsstation aufgewachsen und später in die UNITA eingetreten sei. Wir unterhielten uns längere Zeit, und das lenkte mich etwas von meinen schmerzenden Füßen und dem Gefühl völliger Erschöpfung ab. Durch die wärmer werdende Sonne und die kurze Ruhepause auf dem Hügel ging es uns wieder ein klein wenig besser. Auch hielt uns die Hoffnung aufrecht, „gleich" im nächsten Lager zu sein. Wenn wir gewußt hätten, daß der Marsch noch bis zum Nachmittag dauern sollte, hätten wir bestimmt keinen Fuß mehr vor den anderen setzen können.

Wir kamen wieder an einen Fluß, der zwar nicht sehr breit, dafür aber recht tief war. Die Soldaten sollten uns tragen, aber sie waren jetzt auch sehr erschöpft, so daß ich Angst hatte, herunterzufallen. In der Mitte des Flusses war eine kleine Insel, und da sagte ich: „Lassen Sie mich bitte absteigen. Ich gehe lieber allein weiter und springe von Pflanze zu Pflanze."

Diese Pflanzen, die dort wuchsen, ähnelten kleinen Strohballen, die um sich herum einen festen Grund bildeten, so daß man darauf stehen konnte. Das war zwar auch recht schwierig, aber irgendwie schaffte ich es doch, auf die andere Seite zu kommen.

Nun gab es am anderen Ufer eine Diskussion mit den Soldaten, weil sie gern schneller gehen wollten und wir ihnen mit den Kindern zu langsam waren. Conchita regte sich sehr darüber auf. Sie hatte ihrem Baby schon seit zwölf Stunden nicht mehr die Windeln wechseln können, so daß das Kind ganz wund war. Jetzt war sie verzweifelt: „Warum nur müssen wir all dies durchmachen? Warum haben Sie uns nicht in Ruhe gelassen? Kannst du verstehen, warum kleine Kinder so leiden müssen?"

Ich sagte nur: „Laß uns doch rasch die Windeln wechseln. Schnell, schnell, ich helfe dir."

„Ja, aber wie denn? Ich habe weder eine Windel noch Hautcreme."

So nahmen wir einfach die Windel, die in dem Tragekorb um das Köpfchen des Kindes gelegt war, damit es sich nicht wund rieb und warm war. Wir wuschen das Baby in eiskaltem Wasser und packten es gut ein. Jetzt war es wenigstens wieder trocken, und Conchita konnte es noch stillen.

Der Capitán war recht ärgerlich, weil wir so lange brauchten, aber ich sagte zu ihm: „Auf die Kinder muß man schon Rücksicht nehmen. Sie müssen auch essen."

„Correcto", murmelte er und sagte kein Wort mehr. Die Soldaten schauten ganz überrascht, denn der Capitán strahlte trotz seiner Jugend – er war sicher nicht älter als ich – Autorität und Würde aus. Seine Leute brachten ihm großen Respekt entgegen. Ich unterhielt mich gern mit ihm, und es war manchmal recht lustig, doch wenn ich etwas vorzubringen hatte, sagte ich es einfach und direkt. Dann schauten die Guerilleros oft ganz erstaunt, wenn sie nur sein „Correcto“ hörten. Daß ich so viel sagen konnte, lag sicherlich auch daran, daß ich nie für mich selbst um etwas bitten mußte. Es waren ja nicht meine Kinder oder Ehepartner, für die ich mich einsetzte. So ungefährlich war es nämlich nicht, Beschwerden vorzubringen. Später im Lager erfuhr ich, daß Geiseln auch schon erschossen worden waren, weil sie sich beklagt hatten.

Im Weitergehen unterhielt ich mich wieder mit dem Funker. Er erzählte vom Guerillakrieg, von den Siegen der UNITA, von der politischen Lage früher und heute. Ich provozierte ihn mit der Frage, wie er als Christ Glaube und Kriegsteilnahme vereinbaren könne. Er meinte, jetzt müsse zuerst dieser Krieg gewonnen werden, und danach könne er wieder seinen Glauben praktizieren. Der Kommunismus sei eine so schlimme Sache und gewähre ohnehin keine Glaubensfreiheit; deshalb müsse er niedergerungen werden.

Tatsächlich gibt es in Angola Religionsfreiheit, aber er meinte, das liege nur daran, weil die Regierung noch schwach sei und erst einmal andere Sorgen habe, als die Kirchen zu schließen. Wenn sie das Ruder erst einmal fest in Händen habe, würde es für die Gläubigen sehr schwer werden.

So unterhielten wir uns recht lange, und ich erfuhr ziemlich viel über die Taktik und Strategie der UNITA. Der Soldat war sehr sympathisch und sah überhaupt nicht so aus, wie man sich im allgemeinen einen Guerillero vorstellt.

Wir mußten jetzt durch mannshohes Gras gehen, oder besser gesagt: uns durchkämpfen. Unten im Tal sah man kleine Kanäle und eine wunderschöne Plantage, die offensichtlich noch von einem Kolonisten irgendwann früher einmal angelegt worden war. Beim Näherkommen entdeckten wir, daß dort Orangen, Mandarinen, Äpfel und Erdbeeren wuchsen. Sogar Rosen blühten dort, und es sah wirklich wie ein kleines Paradies aus. Weil es niemandem mehr gehörte, nahmen wir uns von den Früchten, soviel wir konnten. Endlich gab es auch wieder genügend Wasser, um sich satt zu trinken, denn das Wasser in den Kanälen war kristallklar.

Der kleine Ferrán in seinem Korb – irgendwo unterwegs auf dem 1200 Kilometer langen Fußmarsch.

Wir waren jetzt zwanzig Stunden unterwegs, seit wir das Lager verlassen hatten. Die ganze Zeit über hatten wir – außer dem Zuckerrohr und den Mandarinen – nichts gegessen. Unsere Füße schmerzten sehr, und wir waren vollkommen erschöpft. Trotzdem mußten wir nach kurzer Rast wieder weitermarschieren. Wir gingen den Berg hinauf bis zum Waldrand, und dort machten wir halt, um auf die anderen zu warten. Die Soldaten legten sich auf den Boden unter die Bäume, und ich fragte sie: „Ist das Lager, zu dem wir unterwegs sind, hier in der Nähe?"

„Ja, wir sind gleich da."

„Wenn das gar nicht mehr weit ist, dann können wir ja immer herkommen und uns mit Obst versorgen."

„Nein, dafür ist es wohl zu weit. Ein Stück müssen wir schon noch laufen."

„Wie lange wird es denn noch dauern?"

„Ungefähr vier Stunden werden wir wohl noch brauchen."

„Vier Stunden!! Das schafft keiner von uns. Wir sind doch alle am Ende."

„Wir werden Sie schon dorthin bringen, das ist kein Problem."

Inzwischen waren auch Sabatés angekommen, und wir sprachen gerade darüber, wie wohl unsere Familien und die Euro-Afrika-Division auf die Nachricht von unserer Entführung reagiert hatten, als wir von den Bergen auf der anderen Seite, woher wir gekommen waren, einen Schuß hörten. Aufgeregt fragten wir: „Was war das?"

Aber die Soldaten beschwichtigten uns: „Ganz ruhig bleiben, das ist nichts Schlimmes."

Wir versuchten ruhig zu sein und sprachen miteinander, um uns abzulenken. Jeder erzählte von seiner Angst unterwegs und wie er zu Gott um Bewahrung gebetet hatte.

„Ich habe immer gebetet, Gott möge auf unsere Füße achten, damit wir nicht stolpern", sagte ich zu Dr. Sabaté.

Doch er meinte: „Ja, und trotzdem habe ich mir den Fuß verstaucht und mit dem Stock ins Gesicht gestochen."

„Und dennoch ist es uns noch gut gegangen und nichts Ernsthaftes passiert." Innerlich hatte ich die Zuversicht, daß uns an diesem Tag nichts Schlimmes mehr zustoßen konnte. Mochte kommen, was da wollte – für unser Leben hatte ich keine Angst.

Plötzlich hörte man einen zweiten Schuß, dann einen dritten und schließlich viele Schüsse. Wir sprangen vor Schreck hoch und wollten fliehen. Doch wir hatten einen großen Guerillero dabei, der dafür verantwortlich war, daß unsere Schlange unterwegs immer in Reih und Glied blieb. Man merkte, daß er sich sehr gut beherrschen konnte und die Situation immer im Griff hatte. Jetzt sagte er zu uns: „Nicht weglaufen, bleiben Sie hier!“ So blieben wir stehen; doch dann wurde wieder geschossen, und wir bekamen immer mehr Angst.

Conchita stand da mit ihrem Kind auf dem Arm und war vollkommen verwirrt. Ich sagte zu ihr: „Laß mich das Kind tragen“, aber das wollte sie nicht. Da kam plötzlich der Soldat, der das Baby schon öfter getragen hatte, packte das Körbchen und lief mit dem Kind davon. Sie schrie: „Halt, halt, mein Kind!“, doch da war er schon verschwunden. Ich nahm Conchita am Arm, und wir liefen zusammen, so schnell wir konnten, hinter dem Soldaten her. Immer wieder hörte man Schüsse, und sie hatte eine furchtbare Angst. Doch der Guerillero sagte nur: „Ganz ruhig bleiben!“

Die Soldaten organisierten sich im Nu und bildeten drei Kolonnen, die nebeneinander gingen. In der allgemeinen Aufregung lief Ferrán in eine andere Richtung, so daß wir ihn aus den Augen verloren.

Wir mußten uns wieder durch das hohe Gras kämpfen, wo man sehr leicht ins Rutschen kam, aber wir wußten: Es geht um unser Leben. Kilometerweit rannten wir, so schnell es ging. Ich hatte immer noch Mandarinen bei mir, die ich jetzt wegwerfen mußte, um schneller vorwärts zu kommen. Das tat mir sehr leid, und ich bewunderte unsere Träger, die große Bündel Zuckerrohr auf den Schultern trugen, in den Händen Mandarinen hielten, auf dem Kopf unsere Habseligkeiten beförderten und noch einen Rucksack umgeschnallt hatten. Sie verloren nicht ein einziges Stück!

Immer noch hörte man Schüsse. Die Todesangst trieb uns vorwärts. Es ging den Berg hinunter in einen Wald hinein, und ich dachte mir, daß wir eigentlich doch bald in dem Lager sein müßten. Seit der Ruhepause in der verlassenen Plantage waren wir schon wieder so lange unterwegs. Vor Erschöpfung krochen wir bereits auf Händen und Füßen. Conchita wimmerte: „Ich kann nicht mehr, ich kann einfach nicht mehr.“

Aber ich sagte energisch zu ihr: „Jetzt ist keine Zeit zum Weinen. Du mußt einfach weitergehen.“

Nun fing auch das Baby an zu weinen. In der Zwischenzeit war Dr. Sabaté zu uns gestoßen, und wir gingen zusammen weiter. Ich nahm das Baby auf den Arm und wollte schneller laufen, aber Conchita flehte mich an: „Nein, bitte bleibe hier hinter mir. Mein Kind muß in meiner Nähe sein." Ihre Mutterliebe war so groß. Sie wollte lieber ihr Leben riskieren und uns mit ihrem Körper vor Angriffen von vorn schützen, als daß mir mit dem Kind etwas passiert wäre. Es hätte ja sein können, daß sie aus dem Hinterhalt auf uns von vorne und von hinten schießen, und dann wäre uns keine Fluchtmöglichkeit mehr geblieben.

So liefen wir zusammen weiter, bis uns die Soldaten anhalten ließen. Conchita brach weinend zusammen: „Ich kann nicht mehr, ich kann einfach nicht mehr."

Vom Laufen war sie hochrot im Gesicht. Da nahm sie ihr Mann liebevoll in den Arm und sagte ganz ruhig zu ihr: „Du brauchst nicht zu verzweifeln. Ich bin ganz überrascht, wie stark du bist und wie gut du durchhältst. Gib jetzt nicht auf."

Eine Gruppe Soldaten ging voran, um den Weg zu sichern. Ein Guerillero sagte zu Dr. Sabaté: „Wenn die Situation kritisch ist, dürfen Sie sich nie wieder von den anderen Leuten trennen. Was auch geschieht – wir müssen immer zusammenbleiben. Es ist schon schlimm genug, daß die Brasilianer in der Feuerlinie sind."

Der große Guerillero, der so viel Ruhe ausstrahlte, kam jetzt mit einem Bündel in der Hand auf uns zu – und darin waren alle meine Mandarinen, die ich unterwegs hatte wegwerfen müssen! Das war ein ganz erstaunliches Verhalten des Soldaten, und ich bedankte mich tausendmal.

Dann kamen Oliveiras angelaufen, hochrot im Gesicht. Jemand anderes trug ihr Kind, und das schrie wie wahnsinnig. Es ließ sich einfach nicht beruhigen und wollte immer nur von der Mutter getragen werden. Rosmarie hatte aber überhaupt keine Kraft mehr. Wir versuchten, André Mandarinen zu geben, um ihn abzulenken, aber nichts half. Das Geschrei war in dieser lebensgefährlichen Situation fast unerträglich für unsere angespannten Nerven. Ronaldo war so aufgeregt, daß er sein Kind sogar schlug. Das machte alles nur noch schlimmer. Schließlich nahm ich den Jungen wieder auf den Arm und ließ ihn eben weinen.

Jetzt tauchten vor uns ein paar Häuserruinen auf. Offensichtlich die Überreste eines verlassenen Dorfes. Beim Näherkommen entdeckten wir, daß dort viele kleine Tomaten wuchsen. Wahrscheinlich war das einmal eine große Plantage gewesen. Die Tomaten waren sehr gut im Geschmack, und obwohl sie schmutzig aussahen, aßen wir, soviel wir konnten.

André weinte immer noch laut und wollte zu seiner Mutter auf den Arm. Rosmarie war aber vollkommen erschöpft, und auch der Vater konnte ihn kaum noch tragen. Wir waren alle sehr aufgeregt, und so sagte ich: „Wenn ihr schon die Absicht hattet, nach Afrika zu gehen, dann hättet ihr das Kind auch daran gewöhnen müssen, einmal bei anderen Leuten zu sein. So geht das ja nicht weiter."

Gleich darauf taten mir meine Worte wieder leid, und ich war froh, daß ich nicht genau verstand, was Ronaldo mir erwiderte. Ich lief wieder schneller, um an die Spitze des Zuges zu kommen und das Geschrei nicht länger in den Ohren zu haben, das mich schon ganz zermürbt hatte. Am liebsten hätte ich auch geweint und geschrien wie André, so elend fühlte ich mich.

Weiter vorn traf ich den Capitán, der ein sorgenvolles Gesicht machte. „Mehr als zwanzig Stunden können wir nicht mit André laufen", sagte ich zu ihm. „Der Junge schreit wie ein Verrückter. Ich weiß wirklich nicht, wie ihr euch die Sache vorstellt. Er müßte dringend etwas essen, und außerdem ist es schon wieder recht heiß."

„Correcto", sagte er nur und ging, um etwas zu essen zu besorgen. Die Träger hatten getrocknetes Fleisch bei sich, und im Wald fanden sie Bananen, die sie den Kindern gaben.

Ich ging inzwischen mit dem Funker weiter, und als wir oben auf dem Hügel ankamen, hatten sich die UNITA-Soldaten schon alle auf den Boden gelegt, um auszuruhen. Im ersten Augenblick dachte ich, das sei das Lager, aber weit und breit war keine Hütte zu sehen. Einer sagte, daß sie sich verlaufen hätten und jetzt nicht mehr wüßten, wie es weiterginge.

Das war zuviel für mich. Ich fing an zu weinen und zu schreien: „Jetzt reicht es mir aber wirklich! Da sind wir mehr als 20 Stunden unterwegs, bekommen kaum etwas zu essen und zu trinken, und dann verlauft ihr euch auch noch!" Ich war so am Ende mit den Nerven, daß ich nicht mehr kontrollieren konnte, was ich sagte.

Ein Soldat meinte erschrocken: „So dürfen Sie nicht sprechen. Wenn das der Capitán hört, hat er keine Geduld mehr mit Ihnen."

„Es ist mir ganz egal, ob Capitán, Major oder Präsident – ich möchte nur noch schreien!"

Der Soldat brachte mir ein Stückchen Fleisch und eine Mandarine, aber ich war so außer mir, daß ich nichts essen konnte. Dann erzählte er mir, was geschehen war: Die Guerilleros, die hier einmal ihr Lager gehabt hatten, waren irgendwo anders hingezogen, ohne eine Nachricht zu hinterlassen. Jetzt mußten wir erst einmal warten, bis wieder alle beisammen waren. Immer noch schluchzend, legte ich mich auch hin und schlief sogar ein wenig.

Es verging wohl mehr als eine Stunde, und von den anderen war immer noch nichts zu sehen. Ich war schon längst wieder wach und machte mir jetzt große Sorgen um Sabatés und Oliveiras. „Hoffentlich ist ihnen nichts passiert. Vielleicht brauchen sie Hilfe und wissen nicht, wo wir sind." Ich wurde immer unruhiger, und da die Soldaten alle fest schliefen, schlich ich mich leise davon, um nach meinen Freunden Ausschau zu halten.

Bald war ich ganz allein in der weiten Savanne. Kein einziges Lebewesen war zu sehen. Nur die Bäume bewegten sich im Wind, der so schauerlich heulte, daß ich eine Gänsehaut bekam. Wieder überkam mich dieses Gefühl einer unheimlichen Einsamkeit, wie man sie wohl nur in Afrika erleben kann. Die Worte des Soldaten fielen mir ein: „Wenn die Situation kritisch ist, darf man sich nie von der Gruppe entfernen. Alle müssen immer zusammenbleiben." Ich spürte, wie mir ganz heiß wurde. Gerade eben waren wir noch um unser Leben gelaufen, und jetzt begab ich mich so mutwillig in Gefahr! Schnell lief ich zurück zum Lagerplatz, wo die Soldaten inzwischen ausgeschlafen hatten. Auch der Funker, mit dem ich mich schon so lange unterhalten hatte, war dabei.

Ihn bat ich jetzt: „Bitte, gehen Sie doch ein Stück mit mir den Weg zurück. Ich mache mir große Sorgen um meine Freunde, weil sie immer noch nicht zu sehen sind."

Wir waren noch nicht lange unterwegs, als er sagte: „Schauen Sie, ganz da hinten kommt die Karawane."

Langsam kam die lange Schlange näher, und als sie uns erreicht hatte, sah ich, daß Oliveiras und Sabatés sich fast nicht mehr aufrechthalten konnten. Sie keuchten nur noch: „Wir können nicht mehr weiter. Das geht über die menschliche Natur!“

Um ihnen Mut zu machen, erzählte ich, wie ich auch zusammengebrochen war und nur noch geheult und geschrien hatte. Jetzt ginge es mir wieder besser.

Wir liefen weiter durch die Savanne, dann in den Wald hinein, und dort kamen wir an einen wunderschönen Bach mit kristallklarem Wasser. Für unsere brennenden Füße war es eine Wohltat, darin zu baden. Dr. Sabaté meinte: „Wenn wir bald das Lager erreicht haben, kehre ich um und nehme hier ein Vollbad!“ Es war gut zu sehen, daß sich jetzt alle wieder besser fühlten.

Wir waren schon wieder unterwegs, als wir plötzlich in weiter Ferne eine Bombe explodieren hörten. Der Capitán erklärte uns: „Das sind wahrscheinlich die Regierungssoldaten, die uns heute morgen verfolgt haben. Sie wollen zeigen, daß sie noch da sind. Aber wir sind schon zu weit weg für sie.“

Immer noch ging es durch den Wald, den Berg hinauf, und dann standen wir vor dem Lager, zu dem wir fünfundzwanzig Stunden unterwegs gewesen waren! Wir waren so froh und glücklich, daß man es gar nicht beschreiben kann. Endlich konnten wir unsere Schuhe ausziehen! In einer kurzen Andacht dankten wir Gott, daß er uns beschützt hatte. Dann aßen wir unsere Orangen, und der Capitán versprach uns: „Hier werden wir übernachten, und morgen brauchen Sie nur drei Stunden zu laufen.“

7

Reis mit Bohnen und Steinen

Das Lager war menschenleer, die Hütten alle verlassen. Dafür wimmelte es von Ungeziefer, aber wir waren froh, überhaupt einmal wieder ein Dach über dem Kopf zu haben. Schon brach die Nacht herein. Gerne hätten wir uns vor dem Schlafengehen noch gewaschen, denn wir waren unwahrscheinlich verdreckt, doch es war nur noch ganz wenig Wasser da. Davon gaben wir André zu trinken, und mit dem Rest wuschen wir ihn.

Die Soldaten kochten von dem Reis, den sie aus meinem Haus mitgenommen hatten, und gaben Bohnen und Tomaten dazu. Es schmeckte ganz gut, doch war einiges an Schmutz darin. Aber wir hatten ja solchen Hunger! Nur André wollte nichts essen. Er warf sich auf den Boden, lief dann wie wild aus der Hütte und schrie immer noch wie ein Wahnsinniger. Wir liefen hinter ihm her, sprachen ihm gut zu – nichts half. Rosmarie brach in Tränen aus: „Mein Sohn, was ist nur mit meinem Sohn geschehen! So habe ich ihn noch nie erlebt." André sah uns aus großen Augen böse an und schlug verzweifelt um sich.

Dr. Sabaté meinte: „Das Kind ist in einer Krise. Wir müssen es einfach in Ruhe lassen, bis es sich von selbst beruhigt."

Ich ging ganz langsam auf den Jungen zu, ohne ein Wort zu sagen, und hielt ihn sachte an den Händen. Da wurde er allmählich ruhiger und fing an, mit meinem Pullover zu spielen. Doch plötzlich fuhr es wieder in ihn, und er schlug nach mir. Ganz langsam gelang es uns schließlich, ihn zu beruhigen, und gegen 22 Uhr schlief er endlich ein.

Auch wir Erwachsenen waren todmüde, da wir ja die ganze Nacht zuvor nur gelaufen waren. Für mich war kein Bett da; auf den Boden konnte ich mich auch nicht legen, weil alles voll Ungeziefer war. Besonders schlimm sind die Sandflöhe, die sich in die Haut hineinbeißen, sich unter die Fingernägel setzen und fürchterlich jucken. So schlief ich mehr schlecht als recht in dem Liegestuhl aus Sabatés Haus.

Ich erwachte früh am anderen Morgen. Von dem unbequemen Stuhl taten mir alle Knochen weh. „Jetzt wäre ein Bad im Fluß das richtige", dachte ich. Zwar hatte man uns verboten, allein dort hinunterzugehen, aber die Soldaten schliefen alle noch, und so bat ich ein einheimisches Mädchen, das auch mit uns zog, doch mit zum Fluß zu kommen. Er war nur ungefähr zehn Minuten vom Lager entfernt.

In der Nacht war die Temperatur unter Null Grad abgesunken, und auf dem Wasser lag jetzt eine dünne Eisdecke. Aber ich wollte unbedingt ein Bad nehmen und meine Kleidung waschen. Seit der Entführung hatten wir uns nicht mehr richtig waschen können. Bei unserem ersten Lageraufenthalt hatten sie mir einen weißen Pullover gegeben, der schon nach ein paar Kilometern ganz schwarz vor Staub und Schmutz war!

Glücklicherweise hatte ich sogar ein Stückchen Seife dabei, und so ging ich in das eiskalte Wasser und wusch meine Kleidung und mich selbst von Kopf bis Fuß, einschließlich den Haaren. Danach fühlte ich mich wie neugeboren. Meine Kleidung hing ich in die Sonne, bis sie trocken war.

Der Capitán war so müde, daß er unseren Badeausflug gar nicht bemerkte. Als er später davon erfuhr, sagte er kein Wort dazu, denn da war es sowieso zu spät.

Inzwischen war es im Lager lebendig geworden. Sabatés und Oliveiras hatten jetzt auch ausgeschlafen und wollten ebenfalls zum Fluß gehen, um sich zu waschen. Der Capitán schickte ein paar Soldaten zu ihrer Bewachung mit. Wir alle genossen hinterher das Gefühl, wieder einmal sauber zu sein.

Bis zum Mittag blieben wir noch in diesem Lager und zogen dann weiter. Ronaldo und Rosmarie beschlossen, ihr Kind in Zukunft nur noch selbst zu tragen, um André solche Aufregungen wie am Vortag zu ersparen. Die folgenden zwölf Tage trug der Vater nun das Kind in einem Tuch auf dem Rücken, bis es sich allmählich an die Eingeborenen gewöhnt hatte.

Gegen Abend erreichten wir ein kleines Dorf. Schon von weitem konnte man die Lagerfeuer sehen und die Trommeln hören. Das sollte wahrscheinlich bedeuten: „Die Soldaten nähern sich." Als wir einzogen, hörte das Trommeln auf, und der Kommandant erschien, um den Capitán auf militärische Weise zu begrüßen. Man wies uns wieder zwei Hütten zu – eine für Oliveiras und mich, die andere für Sabatés –, doch Conchita und Ferrán mußten bald wieder ausziehen, denn ihr Domizil war so klein, daß sie sich zum Schlafen nicht einmal ausstrecken konnten. Weil es stockdunkel war, baten sie den Capitán um eine Lampe, damit Conchita das Kind stillen konnte. Man brachte ihnen nach einiger Zeit eine Petroleumlampe zum Aufhängen, wie man sie früher allgemein gehabt hat. Das sah sehr lustig aus, und man fühlte sich ins vorige Jahrhundert zurückversetzt.

„Oh, was haben Sie denn da für eine Superlampe? Könnte ich vielleicht auch so ein edles Stück bekommen?" fragte ich den Capitán. Ich sah, wie sich sein ernstes Gesicht ein wenig entspannte, und er meinte: „Leider nicht, denn das ist die einzige Lampe im ganzen Dorf."

Wir bekamen gekochte Kartoffeln zum Essen, und dann bereiteten wir unser Nachtlager vor. Das Bett teilten sich Oliveiras mit ihrem Kind. Ich schob mir dafür ihre Koffer zusammen, die uns die Träger abends immer brachten, um darauf zu schlafen.

Neben unserer Hütte war gleich der Yango, in den sich der Capitán und der Kommandant zurückgezogen hatten. Man hörte sie leise miteinander sprechen. Auch das Trommeln hatte jetzt wieder eingesetzt. Weil wir das noch nie vorher kennengelernt hatten, waren Sabatés und ich sehr neugierig darauf, und so beschlossen wir, den Klängen nachzugehen. In der Dunkelheit hätten wir uns fast verlaufen. Jemand kam uns entgegen, aber wir konnten sein Gesicht nicht erkennen. Er bot an, uns zu führen. Kurz darauf standen wir vor einem Jungen, der vielleicht neun Jahre alt war und schon sehr geschickt mit der Hand die Trommel schlug. Eine Gruppe von Einheimischen sang und tanzte dazu. Wir schauten eine Weile zu und kehrten dann in unsere Hütten zurück, um zu schlafen.

Immer noch hörte man den Capitán sprechen. Er wurde immer

lauter. Irgend etwas Schlimmes mußte geschehen sein. Ich spitzte die Ohren, um ihn besser zu verstehen, und allmählich konnte ich mir einen Reim darauf machen, was passiert war: Die früheren Bewohner dieses Lagers waren an einen anderen Ort gezogen, so wie sie das gewohnt sind. Sie bleiben nie länger als einen Monat im selben Lager. Wie immer hatten sie eine kleinere Gruppe vorausgeschickt, die den Weg ausfindig machen und absichern sollte. Diese Soldaten waren nun mit einer anderen Gruppe Guerilleros zusammengetroffen, und weil sie sich nicht gleich erkannten, hatte einer vor Schreck einen Kameraden erschossen. Es war zum erstenmal, daß so etwas vorgekommen war. Der Capitán hielt bis Mitternacht eine Rede darüber, wie wichtig es sei, daß die Soldaten immer gut aufpaßten. Wachsamkeit sei das wichtigste Gebot für einen Guerillero, betonte er immer wieder.

Am nächsten Morgen machten wir uns beizeiten marschbereit. Es war uns lieber, wenn es recht früh weiterging, denn dann war es noch nicht so heiß, und wir mußten nicht bis in die Nacht hinein laufen. Doch niemand ließ sich bei uns sehen. Als wir lange genug gewartet hatten, beschloß ich, mich ein wenig im Lager umzusehen. Ich war schon ein Stückchen gegangen, als ich den Capitán dort stehen sah, der seinen Leuten schon wieder eine Standpauke hielt. Er sagte gerade: „Der Major wird sehr unzufrieden sein. Er weiß, daß unser Präsident so etwas nicht vertragen kann. Immer wieder hat er uns aufgefordert, wachsam zu sein, und jetzt wird er sich fragen, ob seine Leute überhaupt fähig sind, einen Guerillakrieg zu führen ..."

Ich dachte bei mir, daß der Capitán eigentlich am verkehrten Platz sei, denn er war tüchtig und konnte ausgezeichnet reden. Wahrscheinlich war er sehr gebildet.

Als ich ein Stück weiterging, sah ich hinter dem Lager einige Kühe, die von einem Jungen geführt wurden. Viele nackte Kinder kamen angelaufen und schauten mich neugierig an. Daneben bereiteten ein paar Frauen in einem riesigen ehemaligen Benzintank für die Soldaten Kanyika zu, ein Gericht aus Mais, Fett und Fleischstükken, das zwölf Stunden lang gekocht wird. Es roch fürchterlich, und bei dem Anblick verging mir der Appetit.

Auf dem Rückweg zu meiner Hütte begegneten mir drei Männer mit riesigen Bananenstauden auf den Schultern. Ich war ganz begeistert und fragte sie, ob wir vielleicht etwas davon haben könnten.

„Natürlich, kein Problem“, versprachen sie uns. Doch bei dem Versprechen blieb es dann auch. Wir bekamen dort keine Bananen mehr zu Gesicht.

An meinem linken Fuß hatte sich unter dem Nagel des großen Zehs ein Sandfloh festgebissen. Ich ging zu Henda und bat ihn um eine kleine Nadel, damit ich den Quälgeist entfernen konnte. Während ich damit beschäftigt war, erzählte er mir vom Bürgerkrieg und den Siegen der UNITA.

„Diese Typen“, lachte er zynisch, „sind so schlecht ausgebildet, daß wir nicht viel Arbeit mit ihnen haben. Jeder Schuß von uns ist einer weniger bei ihnen.“

„Und da können Sie noch lachen, wenn Sie das erzählen“, meinte ich. „Das sind doch Ihre Landsleute.“

„Ja, aber nur, solange sie keine Waffe in der Hand haben.“

Wir unterhielten uns noch eine Weile, und ich erfuhr, daß wir demnächst den Cunene-Fluß überqueren würden.

„Das müßte man fotografieren!“ meinte Conchita, als sie davon erfuhr. „Sie versuchen, zweihundert Menschen über einen tiefen und breiten Fluß zu bringen, ohne ein einziges Boot zu haben.“

Obwohl ich mir nicht vorstellen konnte, daß man es mir erlauben würde, ging ich zu Henda und bat ihn, den Capitán zu fragen, ob ich fotografieren dürfe.

Ich war ganz überrascht, als mir der Capitán kurz darauf sagte: „Aber sicher. Das dürfen Sie. Kein Problem.“

Da ich einen fast leeren Film in der Kamera hatte, ging ich gleich auf Motivsuche und fotografierte als erstes Ferrán, der hinter seiner Hütte saß und den Maisbrei zu essen versuchte. Später am Fluß wurde mir ausnahmsweise gestattet, als letzte auf die andere Seite zu gehen, damit ich Bilder machen konnte. Der Capitán stellte sich aufrecht vor die Kamera, um ja mit auf das Foto zu kommen. –

In der folgenden Zeit liefen wir jeden Tag etwa sechs bis acht Stunden und schliefen abends im Freien oder in einer Hütte.

Am 16. Juni – eine Woche nach unserer Entführung – trafen wir mit dem Major zusammen, den uns der Capitán bereits angekündigt hatte. Er sah recht gut aus, mit einem bemerkenswert hübschen Gesicht und großen Augen. Der Capitán stellte uns ihm vor und erzählte, wie bisher alles verlaufen war. Wir saßen alle zusammen im Yango, und er sagte: „Die beiden Frauen laufen sehr gut.“ Damit

Gruppenbild am Cunene-Fluß. Hinter dem Korb mit dem Baby steht de Capitán, der einen weißen Hut trägt, rechts daneben mit erhobener Waffe Hend Yongola, die „Feder aus Angola“. ● Unser Nachtlager vom 15. auf den 16. Juni

waren Conchita und ich gemeint. Der Major schaute uns an und meinte: „Sehr gut! Wir haben auch etwas zu essen für Sie, und bald geht es dann weiter."

Die beiden Männer unterhielten sich noch über verschiedene Probleme, unter anderem auch über das Unglück mit dem versehentlich erschossenen Guerillero.

Schließlich wurde der Funker gerufen, der jetzt befördert werden sollte. Er trat vor den Major mit militärischem Gruß, und dieser sagte zu ihm: „Ziehen Sie Ihre Jacke aus!" Dann legte er ihm in feierlicher Weise mit ausgestreckten Armen die Hände auf die Schultern, und damit war der Soldat um eine Stufe befördert. Der Major gratulierte ihm: „Jetzt sind Sie ein Offiziersanwärter. Viel Erfolg und immer nach vorne schauen!" Dann gaben ihm alle die Hand.

Ich hatte mich mit diesem jungen Mann ja schon öfters unterhalten, und auch an diesem Tag kam ich mit ihm wieder ins Gespräch. Er fragte mich, ob ich wisse, wie es mit dem Falkland-Krieg stehe, aber seit unserer Entführung hatte ich nichts mehr gehört. Er trug immer ein kleines Radio bei sich, und etwas später rief er mich: „Kommen Sie schnell. Gerade höre ich, daß Argentinien mit England Frieden geschlossen hat."

Das war endlich wieder einmal eine gute Nachricht, denn daß mein Heimatland im Kriegszustand war, hatte mich die ganze Zeit sehr belastet. –

Am nächsten Tag erlebten wir wieder etwas sehr Interessantes. Mitten im Wald trafen wir plötzlich auf eine Gruppe junger Mädchen und Frauen, die einen großen Kreis gebildet hatten und revolutionäre Lieder sangen. Nach einer Weile trat ein Mädchen vor und sagte ein Gedicht über Angola auf; darin wurde beschrieben, wie die UNITA das Land befreien will, wie viele Tränen und Opfer sie das schon gekostet hat und wie sich die Guerilla-Kämpfer mit aller Kraft für ihre Ziele einsetzen. Dann grüßten die Frauen auf militärische Weise und marschierten wieder weg.

Wir fühlten uns an diesem Tag besonders geschwächt. An das Essen hatten wir uns immer noch nicht gewöhnen können. Wenn wir überhaupt etwas bekamen, dann fast immer Reis mit Bohnen und Steinen – manchmal war auch noch Sand und Erde dabei. Die Mahlzeiten wurden ja auf dem Erdboden zubereitet, und für uns war es sehr unappetitlich. Dazu war das Ganze ohne Salz und Öl zu einem zähen Brei zerkocht, den man nur mühsam hinunterwürgen konnte. Als wir nun an diesem Abend ins Lager kamen, fühlte ich mich so elend, daß ich mich kaum noch auf den Beinen halten konnte. Ich war nicht einmal mehr imstande, mein Bett zu machen. Wir alle hatten wohl schon etliche Kilo abgenommen.

Auch der Capitán war krank geworden. Er hatte starke Bauchschmerzen, und ich mußte ihm eine Spritze geben.

Der 18. Juni war ein Freitag. (Mit dem Datum waren wir immer auf dem laufenden, weil Dr. Sabaté eine Uhr mit Datumsanzeige besaß, die man ihm nicht abgenommen hatte.) Als wir abends haltmachten, stellte sich heraus, daß wir diesmal im Freien übernachten mußten. Zuerst aber setzten wir uns zusammen, um gemeinsam Andacht zu halten. Mit aller Kraft sangen wir das Lied: „Wir sind voll Hoffnung auf den Tag des Herrn" und lasen den Andachtstext aus meinem Buch. Dann begannen wir zu überlegen, wie wir uns am besten ein Bett für die Nacht herrichten könnten.

Als wir uns so umsahen, erblickte ich etwas sehr Lustiges. Der frisch beförderte Offiziersanwärter saß da und unterhielt sich mit jemandem über seine Schuhe. Bei näherem Hinschauen sah ich, daß seine Schuhe völlig kaputtgelaufen waren; die Sohlen hingen in Fetzen weg und ließen den Blick auf die Zehen frei. Als der Soldat mein Gesicht sah, mußte er lachen, und ich sagte: „Ja, ja, da kam also der Major zu Ihnen, beförderte Sie zum Offiziersanwärter, wünschte Ihnen viel Glück und eine gute Arbeit, aber ein paar neue Schuhe hat er Ihnen nicht gegeben!"

Der junge Mann lachte laut. Wir mochten den Major nicht besonders, weil er uns noch weniger als sonst zu essen gab und überhaupt nicht sehr sympathisch war. Der Capitán hatte anscheinend unser Gelächter gehört; er trat plötzlich zu uns und wollte wissen, wie ich das gemeint habe.

„Nun", sagte ich, „die UNITA verspricht viel und verlangt gute Arbeit. Alle sollen immer vorangehen und nach vorne schauen, aber an ein Paar Schuhe denkt niemand." Jetzt lachte auch der Capitán.

„Sie haben ihn auch beglückwünscht", fügte ich noch hinzu, „aber auch von Ihnen hat er keine Schuhe bekommen."

Wieder lachten beide sehr, und dann sagte der Offiziersanwärter ganz gemütlich: „Natürlich hat niemand damit gerechnet, daß meine Schuhe kaputtgehen würden."

Noch am nächsten Tag mußten wir lachen, wenn wir uns sahen. Der Offiziersanwärter band sich seine Schuhe zusammen und legte damit den ganzen restlichen Marsch zurück.

An jenem Freitagabend bekamen wir sogar noch etwas zu essen, und dann bauten wir Geiseln uns alle zusammen ein ganz großes Bett, in dem auch noch die Kinder Platz hatten. Der kleine André hatte aber noch keine Lust zum Schlafengehen; er wollte lieber noch ein bißchen im Sand spielen. Doch es wurde bereits sehr kalt, und so sagte seine Mutter scherzhaft: „Ich mache jetzt die Tür zu, damit er nicht mehr rauslaufen kann."

Später meinte Ronaldo: „Was glaubt ihr wohl, werde ich als erstes kaufen, wenn ich wieder in Brasilien bin?"

„Ganz gewiß eine Tür", sagte ich.

Ich begann, meine Sachen aus dem Gepäck herauszusuchen, das uns die Träger abends immer brachten, und dabei fand ich eine Zitrone, die ich ganz zu Anfang unseres Marsches einmal unterwegs gepflückt und bis jetzt aufbewahrt hatte. Etliche Tage schon hatten wir kein Obst mehr gesehen – und jetzt fand ich diese Zitrone! Es gab sogar einen Krug, den Sabatés als ihr Eigentum unter dem Gepäck der Soldaten gefunden und an sich genommen hatten.

„Jetzt machen wir Limonade!" beschlossen wir, und so schnitt ich die Zitrone auf und gab etwas von dem Zucker dazu, den ich noch von Bongo mitgenommen hatte. Vom Koch konnte ich Wasser bekommen – und fertig war das Getränk. Niemand kann sich vorstellen, was ein Krug Limonade unter solchen Umständen bedeutet. Wir saßen alle ganz aufgeregt auf unserem Bett. Alle Müdigkeit war verflogen. Wir ließen das Getränk reihum gehen und jeder nahm einen Schluck, bis nichts mehr da war. Conchita bekam jeweils zwei Schluck, weil sie stillte.

So gut hatte uns noch nie im Leben eine Limonade geschmeckt, und wir werden sie wohl auch nie vergessen.

Dann machte ich mich ein zweites Mal auf den Weg zum Koch, um eine leichte Suppe für André zu bekommen, der wieder Durchfall hatte und deshalb die übliche Reis-Bohnen-Steine-Mischung auf gar keinen Fall vertrug. Unterwegs sah ich, wie der Capitán mit seinem Burschen zusammen sein Nachtlager herrichtete. Von einem Baum hatte er einen Ast so heruntergezogen, daß es wie ein Haus aussah, und darunter schlug er sein Bett auf. Weil Oliveiras gerade vorher

Am 16. Juni trafen wir mit dem Major zusammen. Von links: Henda, der Capitán und der Major (beide sitzend). ● Wie eine Schlange zieht sich der Trupp der Soldaten mit seinen Gefangenen durch das unwegsame Gelände.

von der Tür gesprochen hatten, sagte ich jetzt: „Capitán, vergessen Sie nicht, die Tür zu schließen, bevor Sie schlafen gehen."

Da lachte er sehr und meinte: „Diese Tür brauche ich nicht zu schließen. Aber es kann sein, daß ich die Tür zu meiner Seele zumachen muß." Dann erzählte er mir, daß er sich sehr krank fühle, und bat mich, ihm einige Medikamente zu geben.

Ich sagte: „Da kann ich Ihnen nicht viel anbieten. Was Sie am dringendsten brauchen, ist in erster Linie ein anderer Lebensstil. Sie schlafen das ganze Jahr über im Freien, manchmal sogar im Regen, laufen nachts durch eiskaltes Wasser und haben nur das zu essen, was Ihre Leute unterwegs finden. Da muß man ja krank werden."

„Wissen Sie, ich fühle mich in letzter Zeit so geschwächt. Früher habe ich das nie erlebt."

„Das ist doch kein Wunder bei dem Leben, das Sie führen. Hier im Wald bekommen Sie kein richtiges Essen, keine wichtigen Vitamine und nichts, was das Leben auf die Dauer erhalten kann. Ich verstehe überhaupt nicht, wie Sie und Ihre Leute das schon so lange durchhalten. Sie sollten einmal eine Zeitlang bequemer leben und sich vernünftig ernähren."

Das Gesicht des Capitáns wurde plötzlich wieder sehr ernst und entschlossen: „Solange mein Land und mein Volk nicht die Freiheit erlangt haben, kann ich nicht bequemer leben!"

Ich zuckte die Schultern: „Ja, dann kann man wohl nichts für Sie tun." Ich gab ihm noch verschiedene Medikamente – was wir eben so dabeihatten und ihm vielleicht helfen würde –, aber er fühlte sich immer elender, und schließlich mußte ich ihm noch eine Spritze geben.

Am nächsten Tag war Samstag, unser Ruhetag. Wir waren sehr traurig, daß wir von morgens bis abends laufen mußten und noch nicht einmal unsere Andacht halten konnten. Normalerweise konnten wir jeden Morgen den Text aus meinem Andachtsbuch lesen und jeden Abend einen Abschnitt aus unserem Bibelschulheft durchnehmen – wenn es schon oder noch hell genug dafür war. Die Soldaten hatten sich schnell daran gewöhnt und warteten immer still, bis wir gebetet hatten. Dafür waren wir ihnen sehr dankbar, denn diese Andachten gaben uns viel Kraft. Doch an diesem Tag war keine Zeit dafür.

Gegen Abend teilte uns der Capitán mit, daß wir uns wahrscheinlich bald trennen würden. Die UNITA hat das Land in verschiedene Regionen unterteilt. Als wir entführt wurden, waren wir im Militärgebiet Nr. 71, und jetzt hatten wir das Gebiet Nr. 19 erreicht. Deshalb sagte der Capitán: „Es kann sein, daß Sie von einer anderen Gruppe Soldaten übernommen werden und wir umkehren müssen."

Am nächsten Vormittag erreichten wir ein Lager, das fast im Zentrum dieses Gebietes lag. Der Capitán war so krank, daß er kaum noch laufen konnte. Wir setzten uns in den Yango und warteten, daß wir etwas zu essen und einen Schlafplatz zugewiesen bekommen würden. Es dauerte sehr lange, bis ein paar Mädchen erschienen und uns den bereits gefürchteten Reis-Bohnen-Steine-Brei brachten. Wir würgten ihn hinunter, so gut es ging, denn wir hatten großen Hunger.

Da kam plötzlich eine Frau auf uns zu, eine auffallend hübsche Angolanerin mit großen Ohrringen und einem schönen Tuch auf dem Kopf. In der Hand hielt sie einen Teller mit kleinen Brötchen, den sie uns überreichte. Wir waren sehr überrascht darüber und fragten uns, woher sie wohl das Mehl bekommen hatte. Wir waren ja an einem ganz verlassenen Ort mitten im Wald. Außerdem brachte sie uns einen sauber abgewaschenen Krug mit Kaffee und ein Töpfchen Honig. Alles sah sehr appetitlich aus und schmeckte köstlich. Endlich konnten wir uns einmal wieder satt essen!

Später kamen wir mit der Frau ins Gespräch und erfuhren von ihr, daß die Brötchen aus Maismehl und Süßkartoffeln gemacht waren und der Kaffee aus geröstetem, gestoßenem Mais. Dann erzählte sie aus ihrem Leben. Früher war sie in Benguela Lehrerin gewesen. Als die Portugiesen abzogen und eine einheimische Regierung gebildet werden sollte, schloß sie sich der UNITA an. Später kamen die Kubaner ins Land, um die Kommunisten zu unterstützen, und da mußte sie fliehen. Sie war in die Wälder gegangen und wohnte jetzt hier in diesem Lager. Man merkte, daß sie eine gebildete, feine Frau war.

Wir fragten sie, ob wir uns wohl ein paar Brötchen als Vorrat mitnehmen dürften. Da ging sie und backte noch einmal für uns eine große Menge, ungefähr zwei Kilogramm. Dafür schenkten wir den Rest des schrecklichen Breies den Soldaten, die sich freuten, denn er reichte noch ungefähr für vier Personen.

Nach dem Essen hatten wir das große Bedürfnis, wieder einmal zu baden. In der Nähe des Dorfes gab es einen Fluß, und so gingen Rosmarie und ich zum Capitán, um uns die Erlaubnis dafür zu holen.

Er ordnete an, daß eine Gruppe Soldaten zu unserem Schutz mitgehen sollte. Sie kamen also mit und blieben vor dem Wasser stehen. Was tun? Wir wollten uns doch ausziehen! So sagten wir zu ihnen: „Wir möchten gerne baden. Würden Sie bitte von hier ein Stück weggehen?"

Den Soldaten schien das Spaß zu machen, und sie lachten. Nach einigem Hin und Her zogen sie sich dann aber doch zurück. Wir badeten, wuschen uns die Haare und unsere Kleider. Die Soldaten waren ganz versteckt, aber wir hörten sie laut reden und lachen. Als wir fertig waren, kehrten wir alle wieder ins Lager zurück.

Dort stellte sich heraus, daß es nur eine einzige Hütte für uns alle zum Übernachten gab. Auch gab es keine Betten, doch wir waren schon froh, überhaupt einen überdachten Schlafplatz zu haben. Zum Abendbrot bekam jeder nur ein paar Kartoffeln. Wie gut, daß wir noch einige Maisbrötchen vom Mittagessen übrig hatten!

Schon brach die Dunkelheit herein. Wir waren gerade dabei, mit unserer Andacht zu beginnen, als zwei Männer erschienen, die uns sprechen wollten. Der eine stellte sich als Senhor Rodrigues vor. Er war ein Adventist, der nach dem Bürgerkrieg auf der Seite der UNITA geblieben war. Sein Bruder, so erzählte er, sei als Prediger in Kamerun tätig. Er kannte noch so viele Leute von früher und wollte natürlich erfahren, was in all den Jahren geschehen war, in denen er keinen Kontakt mehr zu seinen Glaubensfreunden gehabt hatte.

In diesem Lager gab es ein kleines Krankenhaus – wenn man das so nennen konnte –, das Senhor Rodrigues leitete. Sein Begleiter, der früher bei der evangelischen Mission gewesen war, half ihm bei der Betreuung der Patienten.

So lasen wir zusammen in der Bibel und beteten miteinander. Ronaldo Oliveira sprach über die Notwendigkeit, überall und allezeit fest im Glauben zu bleiben und Gottes Gebote nicht zu übertreten, auch wenn das schwer und gefährlich sein kann. Das war wohl ein sehr wichtiger Augenblick für Senhor Rodrigues.

Später erzählte er uns, daß er noch eine alte Bibel besitze, die schon ganz zerfleddert sei. Er trage sie immer bei sich. Einmal hatte es eine große Schießerei gegeben; er mußte sich auf den Boden werfen und verlor dabei seine Bibel. Einige Tage später kam er wieder zurück an diese Stelle und fand seine Bibel in fliegende Blätter aufgelöst, der Deckel fehlte. Er sammelte alles wieder zusammen, machte

Unser Bewacher mit einer Süßkartoffel. ● Frauen stampfen den Mais zu Mehl.

sich einen provisorischen Einband und war glücklich, seine Bibel wiederzuhaben. Bevor er sich verabschiedete, gab er uns noch die Adresse seines Bruders und bat uns, diesem zu schreiben und von ihm Nachricht zu geben.

Es war sehr kalt an diesem Abend. Der Wind pfiff und heulte um unsere Hütte. Wir waren schon am Einschlafen, als Senhor Rodrigues noch einmal zu uns kam: „Entschuldigen Sie bitte die Störung, aber ich habe hier eine kleine Bananenstaude für Sie. Die Früchte sind zwar noch grün, aber vielleicht kann man sie doch bald essen." Wir hatten schon lange keine Bananen mehr gesehen und bedankten uns ganz herzlich dafür.

Inzwischen waren die anderen alle schon eingeschlafen, nur ich lag noch wach. Da hörte ich draußen vor unserer Hütte die Frau sprechen, die uns mittags die Brötchen gebracht hatte. Ich schaute nach draußen, und da kam sie mir flüsternd entgegen: „Ich habe gesehen, daß Sie kaum etwas zu essen bekommen haben. Deshalb bringe ich Ihnen noch eine Kleinigkeit. Sie sollen doch nicht hungrig schlafen gehen."

„Ich danke Ihnen sehr. Doch die anderen schlafen schon alle, und wir können das nicht mehr essen."

„Das ist aber traurig, so hungrig einschlafen zu müssen."

Ich war ganz gerührt, daß sie so viel Anteilnahme zeigte. Ihr feines Wesen war für mich wie ein Licht in der Dunkelheit. Auch am nächsten Morgen versorgte sie uns noch einmal mit Brötchen, Honig und heißem Kaffee. Für uns war es ein richtiges Fest, einmal wieder etwas Heißes und Süßes zum Frühstück zu bekommen.

8

Urwaldspitäler, ein Gefängnis und ein Fußballplatz

Nach dem Frühstück und unserer Andacht wollte ich mich noch ein wenig im Lager umsehen. Dabei traf ich Senhor Rodrigues, der anbot, mich zum Urwaldspital zu führen. Als wir dort waren, konnte ich nur staunen, was sie alles ohne jegliche Medikamente fertigbrachten. Noch nicht einmal eine Spritze hatten sie zur Verfügung, und da lagen Leute mit Beinamputationen und waren gut versorgt. Einem jungen Mann mit einem Beinbruch hatten sie zwei sehr gute Schienen gemacht. Dann sah ich eine Frau mit dick geschwollenen Beinen. Eine Woche zuvor war sie von einer Schlange gebissen worden. Ich fragte Senhor Rodrigues:

„Was tun Sie denn in so einem Fall? Können Sie ein Gegengift spritzen?“

„Nein, aber wir holen unsere Medikamente aus dem Wald.“

Sie nehmen bestimmte Blätter und Wurzeln, kochen sie und behandeln die Verletzten damit.

Dann führte er mich in seine Hütte und zeigte mir die verschiedensten Arzneimittel in Pulverform, die sie ebenfalls aus Wurzeln oder Blättern selbst herstellen. Jedes Mittel ist für eine bestimmte Krankheit. Er zeigte mir ein Pulver gegen Malaria und sagte, daß sie gute Erfolge damit hätten. Nur bei Kindern sei es sehr schwierig, die richtige Dosis herauszufinden.

Plötzlich hörten wir ein großes Geschrei. Wir liefen in die Richtung, aus der es kam, und da sahen wir ein paar Leute, die eine Schlange hochhielten. Eine Frau hatte sie am Morgen unter der Strohmatte, auf der sie nachts schlief, gefunden – gar nicht so weit von unserer Hütte entfernt. Die sehr giftige Schlange war nicht mehr als einen halben Meter lang, aber sehr dick und grauweiß gesprenkelt. Mir wurde ganz übel bei ihrem Anblick. Seit diesem Erlebnis war ich in einer ständigen Furcht vor Schlangen.

Als ob dieser Schrecken nicht genügt hätte, entdeckte Conchita kurze Zeit später, daß sie Kleiderläuse hatte. Sie regte sich sehr darüber auf: „Warum muß das jetzt auch noch sein? Warum muß ich Läuse bekommen?"

In der folgenden Zeit untersuchte sie jeden Tag sorgfältig ihre Kleider und tötete die Parasiten, so daß sie sie bald wieder los war. Wir waren sehr froh, daß wir anderen keine bekamen.

Die nächsten Tage waren mühsam und eintönig. Das Essen war immer gleich schlecht; bei jedem Bissen hatte man einen Stein zwischen den Zähnen. Der kleine André schrie oft stundenlang vor Hunger und Verwirrung. Wir merkten, wie wir immer geschwächter wurden.

Eines Tages waren wir gerade wieder bei unserer Reis-Bohnen-Steine-Mahlzeit, als wir in der Ferne einige Frauen und Kinder kommen sahen, die Körbe auf dem Kopf trugen. Sie wollten uns Maiskörner, Honig und Süßkartoffeln verkaufen. Als sie uns erreicht hatten, fragte ich eine Frau, was sie für die Kartoffeln haben wolle. Sie wünschte sich ein Paar Schuhe für ihr Kind, aber Schuhe hatten wir ja nicht einmal für uns selbst. So bot ich ihr eine Bluse von mir an – mir blieben noch zwei übrig – und dafür gab sie mir ungefähr fünf Kilogramm Süßkartoffeln. Oliveiras konnten eine Hose von André gegen ein wenig Honig tauschen.

Den ganzen Tag sprachen wir dann noch davon, was wir nach unserer Befreiung alles essen würden und was wohl in der Zwischenzeit in der Welt alles passiert war.

Am Abend wollten wir uns gleich ein paar Süßkartoffeln braten. Ich legte zwei für jeden in die Asche um das Feuer und kehrte kurz zu meiner Hütte zurück, um mein Nachtlager vorzubereiten. Voller Vorfreude gingen wir etwas später alle zusammen zum Feuer, um unsere Kartoffeln zu essen. Wie groß war unsere Enttäuschung, als wir feststellten, daß die Hälfte gestohlen worden war! Später zeigte sich dann, daß während unserer Mahlzeit im Freien auch einige Kartoffeln aus dem Sack in meiner Hütte entwendet worden waren. So schlief ich die folgenden Nächte auf meinem Kartoffelsack, bis er leer war.

Dem Capitán ging es von Tag zu Tag schlechter. Trotzdem ließ er es sich nicht nehmen, sich so viel wie möglich mit mir zu unterhalten. Vor allem interessierte ihn meine politische Einstellung.

„Wissen Sie", versuchte ich ihm zu erklären, „ich sehe meine Aufgabe darin, als Krankenschwester Gott zu dienen. Alles, was mit Krieg zu tun hat, paßt damit nicht zusammen. Im Krieg werden Menschen getötet, und das ist gegen Gottes Willen. Der Feind Gottes hat von Anfang an die Menschen gegeneinander aufgewiegelt und zum Krieg angestachelt."

„Meinen Sie also, daß wir des Teufels sind?"

Da merkte ich wieder, wie vorsichtig ich jedes Wort abwägen mußte. Zum Glück lief er hinter mir, so daß er nicht an meinem Gesicht ablesen konnte, was in mir vorging.

Auch mit Dr. Sabaté führte er mehrere angeregte Diskussionen. Einmal hörte ich, wie Ferrán gerade sagte: „Wer sich in der Politik engagiert, hat in vielem andere Ansichten als wir Missionare. Trotzdem kann man miteinander sprechen, denn jeder hat die Freiheit, das zu machen, was er denkt."

Dann wollte der Capitán von mir wieder wissen: „Würden Sie für Ihr Land arbeiten, wenn Bürgerkrieg wäre?"

„Die Verwundeten würde ich versorgen", versuchte ich ihm wieder zu erklären, „aber politisch würde ich mich nicht engagieren. Ich bin für jeden da, der behandelt werden muß, aber ich kann mich keiner Partei anschließen." Vorsichtig versuchte ich ihm klarzumachen, daß ich nicht die Absicht hatte, mich irgendwann der UNITA anzuschließen, daß ich allerdings auch nicht zu den Kommunisten gehen würde.

Der Capitán wollte natürlich von mir hören, daß er und seine Leute für die richtige Sache kämpften. Meine Antworten befriedigten ihn irgendwie nicht so recht. Deshalb versicherte ich ihm: „Es ist wirklich bewundernswert, mit welchem Einsatz und Eifer ihr für eure Sache kämpft. Sicher habt ihr auch gute Gründe dafür, und es ist bestimmt nicht umsonst, was ihr tut. Aber ich kann auch nicht sagen, daß ich alles richtig finde, was die UNITA tut."

Ein andermal verwickelte er mich in eine lange Diskussion zum Problem der Mischehe. Ich legte ihm meinen Standpunkt dar, daß es wohl weniger die Hautfarbe und eher die unterschiedliche Mentalität sei, die Probleme aufwerfe.

„Wie meinen Sie das?“ fragte er.

„Nun, nehmen wir zum Beispiel die Auffassung von Gastfreundschaft. In Europa und Amerika kommt einem die Gastfreundschaft, wie sie hier in Afrika gepflegt wird, ein wenig unheimlich vor. Die Weißen legen großen Wert auf ihr Privatleben und möchten nicht ständig Leute um sich herum haben, die sich bei ihnen einmischen könnten.“

Das konnte er nun überhaupt nicht verstehen. Einem Afrikaner geht die Gastfreundschaft über alles. –

Es muß wohl der 21. oder 22. Juni gewesen sein, als wir auf den Leutnant trafen, der uns übernehmen sollte. Uns war recht mulmig zumute, wie es uns bei ihm wohl ergehen würde. Der Capitán hatte uns eigentlich ziemlich gut behandelt, wenn man die Umstände in Betracht zog. Er achtete zwar streng darauf, daß wir täglich möglichst acht Stunden liefen, aber er konnte doch auch rücksichtsvoll sein und Verständnis zeigen.

Die Begegnung wurde ziemlich feierlich vorbereitet. In der Nähe des Lagers bildeten wir eine sauber geordnete Schlange, mit Soldaten vor uns und hinter uns. Dann gingen wir ein Stück auf einer schönen Straße bis zu einem Tor, das aus Stroh und Bäumen gemacht war. Niemand sprach ein Wort, und wir schritten feierlich ein.

Der Capitán und seine Begleiter gingen vor, um den Leutnant zu begrüßen, und nach einer Weile holten sie uns dann. Auch wir wurden jetzt mit militärischem Zeremoniell begrüßt. Der Leutnant entschuldigte sich, daß sie nicht besser vorbereitet waren, aber man hatte uns erst am nächsten Tag erwartet. Trotzdem hatten sie schon in drei Hütten Feuer gemacht, die uns für die Nacht zugewiesen wurden.

Bisher hatte ich immer Angst davor gehabt, allein in einer Hütte zu schlafen. Deshalb sagte ich jetzt: „Ich möchte lieber wieder mit Oliveiras zusammen in einer Hütte übernachten.“

„Aber weshalb denn“, fragte der Leutnant ganz erstaunt. „Wir haben ein Feuer gemacht, damit es schön warm ist; Sie haben Ihr eigenes Strohbett, und das ist doch viel bequemer.“

„Ja, ich weiß nicht so recht ...“

„Kommen Sie“, sagte der Capitán, „ich geleite Sie in Ihre Hütte. Haben Sie denn Angst, daß die UNITA Sie entführen könnte?“

„Aber nein. Die UNITA hat mich doch schon einmal entführt, und sie wird es gewiß nicht noch mal tun!“

Wir lachten alle miteinander, und dann brachte mich der Capitán zu meiner Hütte. Ich bat ihn, mir eine der Trägerinnen zu schicken, damit ich nicht allein hier übernachten mußte, und das tat er auch.

Als es schon fast dunkel war, ging ich noch einmal nach draußen und sah unseren Wachsoldaten mit einem Teller voll Brötchen kommen, die eine Frau für uns gebacken hatte. Ich ging zu Oliveiras und Sabatés, um sie mit ihnen zu teilen. Als ich von ihnen zurückkam, sah ich den Capitán mit ein paar Begleitern von meiner Hütte weggehen. Er hatte mich besuchen wollen, und ich war nicht zu Hause. „Hoffentlich kommen Sie nicht in der Nacht zu mir auf Besuch“, dachte ich. Aber Gott sei Dank ist so etwas nie passiert.

Am nächsten Morgen war es dann soweit, daß sich die Gruppe, mit der wir bisher gegangen waren, von uns verabschiedete, um wieder zurückzugehen. Die Soldaten waren richtig traurig und versicherten uns, sie hätten noch nie solche Leute wie uns gehabt. Mit anderen Gefangenen hätten sie viel mehr Schwierigkeiten erlebt. Wir machten noch ein Abschiedsfoto und gaben uns die Hand, um auf Wiedersehen zu sagen.

Dr. Sabaté sprach für uns alle: „Wir werden euch in guter Erinnerung behalten. Uns ist klar, daß in einer Kriegslage vieles anders ist als unter normalen Umständen. Vielleicht sehen wir uns ja einmal wieder nach dem Bürgerkrieg.“

Die ganze Gruppe stellte sich wieder in Reih und Glied auf, und dann marschierten sie davon. Wir blickten traurig hinter ihnen her.

Das war wohl psychologisch gesehen eine ganz typische Reaktion, von der man öfter lesen oder hören kann: daß nämlich gefangengehaltene Geiseln allmählich große Sympathie für ihre Entführer empfinden. Bei uns kam wohl noch die Angst und Ungewißheit hinzu, wie es mit uns weitergehen würde.

Der Capitán blieb mit seinen engsten Begleitern noch kurze Zeit bei uns, um uns der neuen Gruppe vorzustellen. Wir sagten zu ihm: „So geht es aber wirklich nicht. Sie entführen uns aus unserem Haus mit der Behauptung, Sie würden uns direkt zu Ihrem Präsidenten

Nächste Seite: Bevor wir uns am 22. Juni von der ersten Gruppe verabschiedeten, stellten sich die Soldaten für dieses Foto auf.

bringen – und jetzt gehen Sie einfach weg und lassen uns hier allein zurück."

Etwas verlegen meinte er: „Ich versichere Ihnen, daß wir alles tun werden, damit Sie möglichst wohlbehalten dort ankommen." Dann verabschiedete auch er sich von uns, und wir waren mit der neuen Gruppe allein.

Wir merkten bald, daß diese Soldaten große Schwierigkeiten hatten, sich zu organisieren. Oft wollten sie am Morgen schon um sechs Uhr weitermarschieren, und dann wurde es neun, bis sich alle aufgestellt hatten. Dafür mußten wir dann schneller laufen, um unser Ziel zu erreichen. Immer wieder sagten wir ihnen: „Wir möchten viel lieber ganz früh am Morgen aufbrechen, weil nachher die Sonne so sehr heiß ist." Aber es half nichts, sie schafften es einfach nicht eher.

Zum Glück hatten wir jetzt wenigstens eine freundliche Köchin, die sich wirklich Mühe gab, uns mit Essen zu versorgen, so gut es ging. Sie war eigentlich Krankenschwester und in der Stadt aufgewachsen; eine Frau mit feinem Wesen. Ich wollte wissen, auf welche Weise sie zur UNITA gekommen war, und so erzählte sie: Schon vor dem Bürgerkrieg hatte sie sich in dieser Partei engagiert. Sie hatte damals drei kleine Kinder, und eines Nachts war ihr Mann nach Hause gekommen: „Wir müssen fliehen. Die Kommunisten haben Kubaner ins Land geholt zu ihrer Verstärkung."

So ging es damals vielen Hunderten von Familien in Angola. Sie mußten augenblicklich ihr Zuhause verlassen. Diese Familie war recht gut eingerichtet, und jetzt wußten sie nicht, wohin. So fuhren sie mit dem Auto einfach in den Wald und lebten seit dieser Zeit hier – fast wie die Tiere, kam es mir vor.

Die Frau hatte vor drei Monaten noch ein Kind bekommen. Sie nahm großen Anteil an unserem Schicksal und bedauerte besonders Rosmarie und Conchita mit ihren kleinen Kindern. Wann immer es ging, besorgte sie warmes Wasser für die Kinder, und ich fand es sehr nett von ihr, daß sie eine Dose Kondensmilch, die sie selbst für ihr Baby geschenkt bekommen hatte, dafür verwendete, um André jeden Morgen ein Glas Milch zu machen. Auch in den ganz schlimmen Zeiten, die noch kommen sollten, hatten wir wenigstens das Gefühl, daß sie mit uns litt, weil es wirklich nichts zu essen gab. –

Gleich am zweiten Tag mit der neuen Gruppe ging es mir sehr schlecht. Der Leutnant kam zu mir und meinte: „Mir hat der Capitán gesagt, daß die Minina sehr gut laufen kann und immer ganz vorn bei den ersten ist."

„Ja, ich hoffe, daß es so bleibt", sagte ich nur.

In den folgenden Tagen mußten wir drei oder vier große Flüsse durchqueren. Die Soldaten hatten zu diesem Zweck Schlauchboote dabei, und so kamen wir einigermaßen trocken hinüber. Jeder Fluß ist in dieser Gegend von einer breiten Savanne eingesäumt. Sie bietet ein ideales Versteck für den Feind. Deshalb mußten jedesmal einige Soldaten vorgehen, um die Lage auszukundschaften. Erst wenn sie den Fluß überquert und auf der anderen Seite den Waldrand erreicht hatten, durften wir auch hinübergehen. Manchmal gab es während einer solchen Zwangspause gleich etwas zu essen. In dieser Gruppe war es üblich, daß sie das Essen nachts kochten und dann beim Weitermarschieren auf dem Kopf trugen. So hatten wir in der ersten Zeit immer etwas zu essen dabei, aber es war kalt und voller Steine.

In mein Tagebuch schrieb ich am 24. Juni: „Seit wir heute morgen aufgebrochen sind, spüre ich einen seltsamen Schmerz in meinen Beinen. Ich habe ein ungutes Gefühl im ganzen Körper, leide unter Bauchschmerzen und Durchfall. Es ist dunkel geworden, und ich bin schon einige Male gestürzt. Das Lager ist immer noch nicht in Sicht."

Auch der Leutnant merkte allmählich, daß ich nicht so schnell lief, wie man ihm gesagt hatte. Er meinte: „Minina, ich bin enttäuscht von Ihnen. Man hat mir gesagt, sie könnten schnell laufen, aber jetzt sehe ich nichts davon."

„Wenn du wüßtest, wie ich mich fühle", dachte ich nur, sagte aber nichts. Als wir spätabends endlich im Lager ankamen, war ich so erschöpft, daß ich gleich einschlief, ohne vorher noch etwas zu essen.

Gleich früh am anderen Morgen kam der Leutnant und wollte wissen, was mit mir los war. Von den Frauen, die für uns kochten, hatte er erfahren, daß ich abends nichts gegessen hatte. Auch Dr. Sabaté machte sich Sorgen wegen meines schlechten Zustandes. Doch Gott sei Dank ging es mir da schon wieder besser. Wir hatten am Tag zuvor sehr schmutziges Wasser zu trinken bekommen, und offensichtlich hatte es mir am meisten geschadet.

An diesem Freitag hatte der Leutnant unterwegs zu uns gesagt: „Morgen müssen wir entweder den ganzen Tag laufen und am Sonntag ausruhen, oder wir ruhen morgen aus und laufen dann am Sonntag acht Stunden."

„Wenn es Ihnen recht ist", sagten wir, „dann würden wir lieber morgen ausruhen und am Sonntag laufen. Wir möchten so gern einmal unseren Ruhetag wirklich feiern können."

„Ach ja, richtig. Sie sind ja Adventisten, die am Samstag nicht arbeiten."

Später erfuhren wir, daß er der Sohn eines evangelischen Pfarrers war. Auch seine acht Brüder waren alle bei der UNITA. Nur die Eltern lebten noch in der Stadt.

So konnten wir an diesem Samstag in aller Ruhe unsere Andacht halten und die Bibelbetrachtung durchgehen. Die Soldaten hatten Anweisung erhalten, daß wir nicht gestört werden durften. Später ging ich in meine Hütte und las noch etwas in der Bibel.

Meine Gedanken wanderten zurück nach Bongo, und ich wurde sehr traurig. Als Leiterin der Bibelschule hatte ich für diesen Samstag ein besonderes Programm vorbereitet. Am Ende eines Vierteljahres gab es immer Glückwunschkarten für alle, die in den vergangenen drei Monaten Geburtstag gehabt hatten. Es war auch üblich, daß an diesem Tag besondere Gaben gegeben wurden. Die Leute brachten von ihren Feldern Kartoffeln, Gemüse und was sie sonst noch hatten. Conchita hatte mit ein paar Leuten vom Krankenhaus bereits ein passendes Lied für diesen Tag einstudiert. Jetzt war es soweit, und wir konnten nicht dabeisein!

In mein Tagebuch schrieb ich: „Nun sind schon sechzehn Tage seit unserer Entführung vergangen. Heute gönnt man uns einen Ruhetag. Ich bin sehr traurig, wenn ich an Bongo denke. Herr, warum sind wir hier? Warum hast du zugelassen, daß deine Kinder so etwas erleben müssen? Warum müssen wir in der Gefangenschaft weinen?"

Als ich gerade mit Schreiben fertig war, hörte ich draußen Schritte, und dann trat der Leutnant zusammen mit einem Begleiter in meine Hütte ein. Er begrüßte mich freundlich und fragte, wie es mir gehe.

„Ich habe gehört, daß die Adventgemeinde in Europa von Ihrer Entführung erfahren und bereits erste Schritte zu Ihrer Freilassung unternommen hat", teilte er mir mit.

Heute wissen wir, daß die Euro-Afrika-Division ein oder zwei Tage zuvor diese Nachricht erhalten hatte. Den Soldaten wurde dies über Funk aus ihrem Hauptquartier mitgeteilt.

Über Funk konnten sich die Soldaten mit dem Hauptquartier verständigen. ● Ein Guerillero-Kind trägt auf dem Kopf einen Korb mit zwei Hennen und wartet mit uns darauf, per Schlauchboot einen Fluß überqueren zu können.

Wir unterhielten uns noch eine Weile, und ich sagte ihm, wie traurig ich über unsere Lage sei. Ich kämpfte schon wieder mit den Tränen. „Minina, weinen Sie nicht“, sagte der Leutnant und ging wieder hinaus.

Ich weinte noch eine ganze Weile. Später ging ich zu Oliveiras und Sabatés, um ihnen die Neuigkeit zu berichten. Am Abend, als schon die Sonne untergegangen war, kam der Leutnant noch einmal vorbei. Er wollte uns das Lager zeigen, damit wir auch später etwas zu erzählen hatten.

Dabei wurden wir auch von einem Mädchen begleitet, das versuchte, André zu tragen. Bis dahin hatte der Junge mit niemandem gehen wollen. Doch sie stellte sich so geschickt an, daß André alle Angst vor ihr verlor, und so konnte sie ihn auch weiterhin tragen, so lange unser Marsch noch dauerte.

Man zeigte uns die Hütten der Eingeborenen, die recht interessant gebaut waren. Das Dach war bis auf die Erde heruntergezogen, und für den Innenraum hatte man tief in den Boden gegraben. Von weitem sah man deshalb nur Dächer. Erst beim Näherkommen erkannte man die Wege, die in diese Erdlöcher hineinführten. Die Leute hatten ihre Behausungen so gebaut, um bei Bombardierungen besser geschützt zu sein.

Dann führte uns der Leutnant wieder zu so einer Art Urwaldklinik. Unter den Kranken waren auch Kinder und Soldaten, die man alle in einfachen Hütten untergebracht hatte. Ein Pfleger erklärte uns alles. Auch hier gab es Patienten mit amputierten Gliedmaßen aufgrund von Kriegsverletzungen. Einen jungen Mann, dem die Beine durchschossen worden waren, hatten sie operiert und die Knochen wieder recht gut zusammengebracht. Wir konnten nur staunen. Sie operierten unter freiem Himmel und hatten wahrscheinlich nicht einmal Gummihandschuhe zur Verfügung. Natürlich gab es hier auch keine Antibiotika, aber sie wuschen sich immer sehr sorgfältig und bekamen eigenen Angaben zufolge kaum einmal eine Infektion. Wir sahen ein Mädchen, das einen Schuß in die Schulter bekommen hatte und von dem Pfleger, der uns begleitete, operiert worden war. Es ging ihr wieder ausgezeichnet.

Es ist wirklich erstaunlich, was diese Menschen mitten im Urwald ohne pharmazeutische Mittel alles zuwege bringen. Sicher hängt das auch damit zusammen, daß sie nicht so kompliziert sind wie wir.

Wenn wir so leben würden wie sie, könnten wir wohl auch auf manches verzichten, was uns jetzt unentbehrlich ist.

Wir hatten unseren Rundgang beendet und waren wieder auf dem Weg zu unseren Hütten. Da sahen wir in der Ferne etwas, das wie ein Käfig aussah.

„Was ist denn das?“ wollten wir vom Leutnant wissen.

„Oh, das ist ein Gefängnis.“

Wir gingen näher darauf zu und sahen, daß jemand darin war. Der Käfig bestand aus dicken Baumstämmen; das Ganze war ungefähr je einen Meter breit und lang sowie etwa eineinhalb Meter hoch.

„Warum ist dieser Mann hier eingesperrt? Was hat er getan?“ fragten wir.

„Wissen Sie“, erklärte uns der Leutnant, „einem Guerillero ist es nicht erlaubt, sich zu betrinken. Dieser Mann hat in einem Dorf hier in der Nähe Spirituosen, die aus Mais gemacht werden, gekauft und sich damit betrunken. Als er wieder ins Lager zurückkehrte, hat er gleich ‚drei Tage Bau‘ bekommen. Anschließend gibt es noch 250 Schläge.“

Der Leutnant muß wohl gemerkt haben, daß uns der Mann leid tat, denn nach kurzem Zögern sagte er zu dem Soldaten, der als Wache danebenstand: „Laß ihn herauskommen. Wir haben heute Besuch, und da wollen wir ihm eine Amnestie geben.“

Mit tief gesenktem Kopf kam der Gefangene heraus. Der Leutnant meinte: „Bedanke dich bei diesen Leuten hier für deine Freilassung. Wenn sie nicht hier wären, müßtest du bis morgen da drin bleiben und würdest anschließend noch 250 Schläge bekommen. Ist dir das klar?“

„Ja, ich weiß“, kam die leise Antwort.

„Willst du dich wieder betrinken?“

„Nein, ich werde es nicht wieder tun.“

„Weißt du, was mit dir passieren wird, wenn du es wieder machst?“

„Ja, ich weiß.“

„Also, sei vernünftig und bedanke dich jetzt, daß man dich freigelassen hat.“

Dr. Sabaté meinte noch: „Denken Sie doch daran, daß der Alkohol Ihrer Gesundheit schadet.“

Da senkte der Mann seinen Kopf noch tiefer, und der Leutnant sagte streng: „Also nun geh und sei vernünftig. Es darf sich nicht wiederholen.“

Ich glaube, dieser Mann ist heute noch froh, daß man uns entführt hat! –

Nun bekamen wir noch etwas Interessantes gezeigt. Wir hatten immer wieder gesehen, daß von einigen Bäumen die ganze Rinde weggenommen worden war. Jetzt erfuhren wir, daß die Leute hier Decken daraus machten. Sie legen die Baumrinde ins Wasser, bis das meiste verfault ist und nur noch eine Faser übrigbleibt. Sie klopfen noch etwas darauf, damit wirklich alles andere entfernt wird, und lassen die Fasern ein paar Tage trocknen. Anschließend wird das Ganze in Naturfarbe getaucht, damit es schöner aussieht und das Gewebe etwas stärker macht. Wenn es getrocknet ist, haben sie eine schöne, warme Decke. Die Leute, die dort leben, können ja nirgendwo etwas kaufen. Sie haben nur das, was ihnen die Natur geben kann. –

Schließlich wurden wir noch eingeladen, dem Singen, Tanzen und militärischen Exerzieren beizuwohnen, das immer stattfand, wenn wir in ein Dorf oder in ein bewohntes Lager kamen. Inzwischen war es schon ziemlich dunkel geworden. Der Leutnant gab seine Anweisungen, alle sangen die Nationalhymne, und dann machte die Militärtruppe dieses Lagers ihre Übungen. Ihr Anführer war der einzige unter all den Guerilla-Soldaten, die wir je sahen, der ziemlich dick war. Er hatte so einen richtigen Kugelbauch, und weil er sein Hohlkreuz durchdrückte, wurde das noch mehr betont. Mit heiserer Stimme gab er seine Befehle, und das alles zusammen war so komisch, daß ich mich kaum noch zusammennehmen konnte und fast laut gelacht hätte. Doch ich mußte die Zähne zusammenbeißen, denn der Leutnant stand direkt neben mir. Zum Glück konnte er in der Dunkelheit nicht sehen, wie mir vor Lachen die Tränen herunterliefen! Dr. Sabaté meinte später: „Der könnte gut Reklame machen für Hustenbonbons.“ –

Danach wurde unser Leben wieder ernster. In den folgenden Tagen ging es durch Wald und Sand. Es war kein Problem, wenn der Sand ziemlich fest war, doch wo er weich war oder der Weg steil hinaufging, da wurde es so unwahrscheinlich mühsam, daß selbst die Soldaten klagten. Man mußte die Füße ganz weit auseinandersetzen, um nicht wieder zurückzurutschen. Nach unendlicher Mühe und Anstrengung kamen wir am 28. Juni wieder in ein Lager. Zuerst sah man die Hütte, wo jeder sich anmelden mußte, und daneben war eine Hütte, die als Verwaltungsgebäude diente. Überall roch es noch nach frischem Stroh; die Hütten waren offensichtlich erst kurz vor unserer Ankunft fertiggestellt worden.

Vor den Hütten war ein großer Platz, der mit vielen in den Boden gerammten Baumstämmen eingezäunt war. Auf unser Fragen hin erklärte man uns, daß dies ein verkleinerter Fußballplatz für die Soldaten sei.

„Wenn Sie Zeit haben, dann kommen Sie doch und spielen Sie mit", meinte einer.

Ich wehrte ab: „Und was ist, wenn eure Feinde kommen, und wir spielen gerade Fußball?" –

Weil es schon ziemlich spät war, wurden wir nicht mehr mit Musik und Tanz empfangen. Man brachte uns gleich zu den Hütten, in denen wir übernachten sollten. In jedem Lager sehen die Hütten anders aus. Wie sie gebaut werden, hängt vom Geschmack des jeweiligen Lagerkommandanten ab. Diese hier ähnelten kleinen Bungalows. Die Betten waren wie Sofas gebaut und so breit, daß zwei Personen darauf schlafen konnten.

Wir freuten uns sehr, einmal so gut untergebracht zu sein, und als man uns noch sagte, daß wir hier zwei Tage bleiben würden, fühlten wir uns wie die Könige!

Endlich einmal ausruhen dürfen! Vor allem Oliveiras und Sabatés waren so dankbar dafür, denn ihre Füße waren ganz wundgelaufen und schmerzten auf dem täglichen achtstündigen Marsch bei jedem Schritt. Dabei durften sie sich noch nicht einmal beklagen. Meine Tennisschuhe hatten inzwischen auch einen großen Riß an der Seite. Ich gab sie den Soldaten mit, und sie brachten mir die Schuhe später wieder repariert zurück.

Das größte Problem war immer noch, daß Conchita keine richtigen Schuhe hatte. Das eine Paar, das man ihr gegeben hatte, gehörte eigentlich ihrem Mann und war ihr natürlich viel zu groß. Außerdem hatten diese Schuhe Löcher auf beiden Seiten, so daß Conchita größte Schwierigkeiten hatte, wenn es durch Schlamm oder Wasser ging. Sie war sehr verärgert, daß ihr die Soldaten nichts anderes gaben und auch die löchrigen Schuhe nicht reparieren konnten. –

Vor unserer Hütte stand eine Bank, und weil wir am Nachmittag des zweiten Tages dort nichts zu tun hatten, setzten wir uns alle dorthin und machten ein Spiel, um unsere traurigen Gedanken zu vertreiben. Wir fragten zunächst im Scherz: Was heißt UNITA überhaupt? Antwort: Union Nacional e Internacional de Turismo Angolano (auf deutsch etwa: Nationale und Internationale Union für Tourismus in Angola). Dann entwarfen wir Werbesprüche für dieses Unternehmen, beispielsweise: „Wenn Sie mit uns reisen, können Sie Ihren Rasierapparat getrost zu Hause lassen. Bei uns werden Sie frei von solchen Zwängen der Zivilisation." – „Wer die Astronomie liebt, kommt auf seine Kosten. Bei uns kann er die Sterne von seinem Bett aus studieren." – „Das Essen wird direkt von den Einheimischen zubereitet, die Ihnen typische Leckerbissen bieten." – „Wenn Sie bei der Regierung von Angola arbeiten, werden Sie von unserer Firma direkt von zu Hause abgeholt. Damit Sie die Schönheit unseres wunderbaren Landes wirklich in allen Einzelheiten kennenlernen können, werden wir sogar in der Nacht laufen. Dabei sind Sie gut beschützt von unseren Führern der UNITA-Tour, damit Ihnen unterwegs nichts zustößt." –

So vertrieben wir uns die Zeit und hatten wenigstens etwas zu lachen. Doch dann wurde es Abend, und mit der Dunkelheit kam auch unsere Traurigkeit zurück. Wir konnten nichts tun, als untätig herumzusitzen. Wieder kam mir die Erinnerung an Bongo, und ich wünschte mir von ganzem Herzen, daß wir jetzt weiterlaufen könnten, damit wir keine Zeit zum Nachdenken hätten. Als unser Bewacher kam und sagte, daß wir auch den nächsten Tag noch in diesem Lager verbringen würden, brach ich in Tränen aus. Einerseits tat es zwar gut, ausruhen zu können, aber es war doch sehr deprimierend, den ganzen Tag nur untätig herumzusitzen und an all das denken zu müssen, was wir verloren hatten.

Dem Wachsoldaten tat es leid, daß wir so traurig waren, und er lud uns zu einem Fest der UNITA ein. Der Leutnant gab seine Erlaubnis dazu, schickte aber vorsichtshalber noch ein paar Soldaten zu unserer Bewachung mit.

Auf dem Festplatz brannte in der Mitte ein großes Feuer, denn es war ziemlich kalt. Die Guerilleros und die Frauen hatten sich in einem großen Kreis um das Feuer geschart. Zuerst sangen die Frauen ein revolutionäres Lied und dann sagten sie einige Gedichte auf. Eine Gruppe von Soldaten hatte Gitarren und andere Instrumente dabei; sie spielten und sangen mehrere Lieder. Darunter war auch ein

Lied, das wir schon öfter gehört hatten – ein Lied für die Gefallenen. Sie sangen es leise und traurig, so daß die Stimmung richtig melancholisch wurde. Dabei nickten alle andächtig mit dem Kopf. Als letztes besangen sie noch einen gefallenen Major: „Warum ist der Major gefallen? Warum mußte er so jung sterben? Der Feind hat ihn getötet. Wir werden ihn rächen."

Dann stellte sich ein Soldat in die Mitte und schrie: „Ye, ye – wir werden die Kubaner hinauswerfen!"

Die anderen antworteten: „Viva – UNITA!! Viva – Presidente Savimbi!!"

Wir schauten noch eine Weile zu und gingen dann wieder zu unseren Hütten zurück. Lange noch konnten wir die Hochrufe der Guerilleros hören.

9

„Wie weit ist es bis Kanaan?“

Am nächsten Tag ging es dann doch weiter. Wir hofften sehr, bald am Ende unseres Marsches zu sein. Wir hatten inzwischen das Gebiet Nr. 63 erreicht, und uns war gesagt worden, daß an seiner Grenze die Lastwagen auf uns warteten.

Gegen Mittag bekamen wir etwas zu essen, und als wir alle so beisammensaßen, fragten wir den Leutnant, ob wir nun wirklich bald ankommen würden. Er runzelte die Stirn: „Wer hat Ihnen gesagt, daß Sie bald bei den Lastwagen sein werden? Von heute an müssen Sie noch zwei Wochen laufen!“

Das schlug bei uns ein wie ein Blitz. Wir waren alle so betroffen, daß niemand ein Wort sagen konnte. Ganz still lagen wir nach dem Essen auf dem Waldboden, und jeder dachte wohl, daß wir nicht mehr zu Kräften kommen könnten. Schon drei Wochen waren wir jetzt unterwegs, hatten so viele Strapazen durchgemacht und fühlten uns sehr schwach. Immer wieder hatten wir allen Mut zusammengenommen, denn die Aussicht, bald am Ziel zu sein, hielt uns aufrecht. Jetzt sahen wir den Weg vor uns, voll Sand und Schlamm, mit Wassermangel, schlechtem Essen und ständiger Bedrohung durch den Feind. Wir waren völlig niedergeschmettert! Der Leutnant merkte wohl unsere Betroffenheit, denn er sagte zu mir: „Ich möchte aber nicht, daß die Minina nun traurig wird.“

Ich drehte mich um und sah ihn an. Klein und sehr schlank, wie immer schwarz angezogen, saß er da, einen Stock in der Hand und einen kleinen Hut auf dem Kopf. Sein kleines Gesicht mit der Stupsnase – für einen Afrikaner sehr ungewöhnlich – hatte einen gutmütigen Ausdruck. Die großen, schwarzen Augen mit langen Wimpern betonen noch mehr sein außergewöhnlich schönes Gesicht. Er schien seine Sache leichter zu nehmen als der Capitán der ersten Gruppe. Ruhig saß er vor seiner Hütte und schaute nachdenklich zu uns herüber, während er seine lange Pfeife rauchte. Als unsere Kolonne wieder startbereit war, stand er auf und trat zu uns. Ein Bursche nahm seinen Klappstuhl und folgte ihm.

Der Leutnant war für mich ein Rätsel. Wie konnte ein so sanftmütiger Mann ein Guerilla-Kämpfer sein? Die Soldaten erzählten allerdings, daß er einen kühlen Kopf habe und ein ausgezeichneter Schütze sei. Als ich mich einmal mit ihm über den Krieg unterhielt, erzählte er voller Verachtung von dem besiegten, verhaßten Feind. Seine schönen Augen wurden auf einmal wie glühende Kohlen. Wenn ich zu ihm ging, um etwas zu verlangen oder zu fragen, glänzten diese Augen, und er wurde noch sanfter und großzügiger als sonst. Nie ließ er eine Gelegenheit aus, um mich zum Verweilen einzuladen oder etwas Anzügliches zu sagen. Das machte mich sehr vorsichtig und zurückhaltend ihm gegenüber.–

An jenem Abend sahen wir zum erstenmal einen wunderschönen Sonnenuntergang. Bald darauf ging der Mond hinter den Bäumen auf, ein prächtiger feuerroter Ball. Übernachten konnten wir in drei sauberen Hütten, die dicht nebeneinander standen.

Am nächsten Tag waren alle Männer in Hochstimmung. In Barcelona spielte Argentinien gegen Brasilien Fußball, und sie konnten es im Radio mitverfolgen. Es war irgendwie lustig, weil Dr. Sabaté aus Barcelona kam, Oliveiras aus Brasilien und ich aus Argentinien. Bald merkte ich, daß Argentinien am Verlieren war, und zog mich zurück. Das wollte ich nicht hören. –

Am Samstag mußten wir den ganzen Tag laufen, was uns sehr traurig stimmte. Gegen Abend kamen wir in ein verlassenes Dorf, das voll Ungeziefer und Termiten war. Wenn die Termiten in den Hütten ihre Nester bauen, dann graben sie oft regelrechte Tunnel, die mehr als einen Meter lang sein können. Das war auch der Grund dafür, daß in der Nacht, während wir schliefen, Erde, Sand und Steinchen auf uns herunterfielen. Tage später hatte ich immer noch Erde von diesen Termitenbauten in den Haaren. Hier gab es auch Ratten in jeder Größenordnung und alles mögliche andere Ungeziefer. Das Stroh in der Hütte war so dünn, daß man durchschauen konnte. Man merkte, daß hier schon die Wüste anfing.

In der Nacht froren wir sehr, und außerdem knurrte uns allen der Magen. Hunger zu haben ist schrecklich. Man hat keine Lust, mit jemandem zu reden, denkt immer nur an Essen und möchte am liebsten alles vertilgen, was man an irgendwie Eßbarem sieht. Auch der kleine André war so sehr ausgehungert. Als man uns endlich eine Kleinigkeit zu essen brachte, aß er die Portion seiner Mutter gleich mit auf. –

Wasser gab es hier auch kaum, und unsere letzte Seife war uns schon vor zwei Wochen gestohlen worden. So mußten wir uns schmutzig und hungrig schlafen legen – schlimmer konnte es fast nicht sein!

Erst am nächsten Mittag erhielten wir wieder etwas zu essen. Oliveiras wollten überhaupt nichts haben, weil sie von der Hirse vom Vortag große Bauchschmerzen bekommen hatten. Ich sagte zu Ronaldo: „Sag bloß nicht, daß du nichts haben willst. Laß dir deine Portion geben; wir werden sie schon aufessen."

Tatsächlich gab es wieder Hirse mit Bohnen, und Ronaldo wurde schon beim bloßen Anblick des Essens fast übel. Aber wir anderen hatten solchen Hunger, daß wir seine Portion mit aufaßen. Mir schmeckte es zwar auch oft nicht, aber ich aß immer alles, was es gab. Wenn ich Hunger habe, kann ich nicht mehr laufen; ich werde grantig und fühle mich elend. Einmal sagte ich zum Leutnant: „Mit mir können Sie stundenlang ohne Probleme laufen, aber bitte lassen Sie mich nicht hungern. Dann geht bei mir überhaupt nichts mehr." Auch die Frauen, die kochten, wußten das und gaben wir, wann immer es ging, doppelte Portionen. –

Dieser Sonntag war ein harter Tag. Wir brachen erst gegen Mittag nach dem Essen auf, und es ging sehr langsam und mühselig vorwärts. Immer wieder mußte eine Gruppe Guerilleros mit ein paar Spähern vorpirschen, um den Weg zu sichern. Wir anderen mußten so lange warten, bis es nach einer Weile hieß: „Jetzt weiterlaufen."

Gegen drei Uhr am Nachmittag sagte man uns: „Hier müßt ihr wieder warten. Ganz, ganz leise sein." So standen wir da und warteten, bis es dunkel wurde. Es war bitterkalt, und wir zitterten vor

Am 29. Juni erreichten wir das Militärgebiet Nr. 63 und durften uns zwei Tage ausruhen. Von links nach rechts: Ferrán und Conchita Sabaté mit dem kleinen Ferrán, die Verfasserin, Ronaldo, Rosmarie und André Oliveira. ● Am Morgen des 1. Juli warten wir auf Anweisungen für den Weitermarsch.

Kälte. Conchita hatte schon ganz blaue Lippen. Ich war froh, ihr meinen Regenmantel geben zu können, weil ich ja noch meine Windjacke hatte. Wir hüpften und liefen, um ein bißchen warm zu werden. Feuer durfte man keines machen, weil ganz in der Nähe ein Lager der Regierungssoldaten war.

Der Leutnant erklärte uns, daß er einige Späher vorgeschickt habe, die alles auskundschaften sollten. Früher war hier eine Bahnstrecke verlaufen, und die Gleise, die davon noch übrig waren, mußten wir überqueren. Weil die Guerilleros aber an solchen Plätzen gern Minen legten, hatten die Regierungstruppen Wachposten aufgestellt. Zweimal gingen die Späher, um die Lage auszukundschaften, und wir mußten so lange warten. Als es schon ziemlich dunkel war, kamen sie zurück und besprachen sich mit dem Leutnant. Er sagte zu uns: „Jetzt gehen wir alle weiter, aber ganz leise, und immer zusammenbleiben."

Wenn wir solche Anweisungen bekamen, wurde uns immer angst und bange, und wir waren mucksmäuschenstill. Vor und hinter uns gingen Soldaten, und unser Bewacher neben uns sagte uns immer, wenn wir vorsichtig sein mußten: „Hier kommt ein Loch." – „Hier hängen Zweige herunter." – „Vorsicht, hier steht ein Baum." Hinter mir kamen Oliveiras, und ich gab ihnen die Informationen flüsternd weiter. Einmal mußten wir sogar über einen Bach springen; dabei konnte man kaum die Hand vor den Augen sehen.

Das Laufen und die Angst machten uns so warm, daß wir ins Schwitzen kamen. Uns war klar, daß wir wieder in einer lebensbedrohenden Lage waren. Ein Schußwechsel mit Regierungssoldaten konnte für uns sehr gefährlich sein. Wenn wir die Guerilleros ansahen, bekamen wir noch mehr Angst. Normalerweise trugen sie ihre Waffe immer auf dem Rücken. Aber jetzt hatte jeder Soldat sein Gewehr schußbereit in der Hand. Das konnte nur bedeuten, daß wir in größter Gefahr waren.

Auch dem Leutnant war die Spannung anzumerken. Schon mittags hatte er auf sein Essen verzichtet, und als wir dann so lange unterwegs warten mußten, saß er weit weg von uns, um nicht gestört zu werden. Man konnte sehen, wie angestrengt er nachdachte.

Jetzt mußten wir ein langes Stück durch den Wald gehen. Weil die Bäume sehr dicht standen und es stockfinster war, schlugen uns immer wieder Zweige ins Gesicht. Das war sehr schmerzhaft, und es tat mir so leid zu sehen, daß auch André manchmal getroffen wurde. Ich glaube, die Engel hielten ihm wohl den Mund zu, denn er wimmerte nur ein bißchen, weinte aber die ganze Nacht nicht laut. Dabei hätte ich selbst am liebsten geweint, wenn ich wieder einen Schlag erhielt.

Plötzlich standen wir vor einem Abgrund. Die Soldaten vor uns sprangen hinunter und hielten die Arme auf, um uns aufzufangen. In der Dunkelheit konnten wir aber nicht sehen, wo sie waren. So sprangen wir einfach, denn uns blieb nichts anderes übrig. So schnell und ohne viel nachzudenken, haben wir uns wohl noch nie in einen Abgrund gestürzt!

Die Soldaten fingen uns tatsächlich auf, und dann mußten wir so schnell wie möglich auf die andere Seite rennen, wo sie einen nach dem anderen von uns wieder hochziehen wollten. Ich war aber viel zu aufgeregt, um zu warten, und so kraxelte ich allein auf Händen und Füßen den Steilhang hoch.

Für die Träger mit dem vielen Gepäck war diese Wegstrecke besonders schwierig, und natürlich ging es dabei auch nicht ganz leise zu.

Ungefähr nach einer halben Stunde mitten durch den Wald kamen wir auf eine ausgediente Betonstraße, die wir überqueren mußten. Die Soldaten bildeten zu beiden Seiten ein Spalier, und wir liefen hindurch. Der Leutnant stand ganz ruhig dabei und überwachte das Ganze. Als alle drüben waren, meinte er: „Ja, jetzt haben wir es geschafft."

Noch rund zwei Stunden ging es durch den Wald. Wir mußten immer noch sehr schnell laufen und auch sehr aufpassen, denn eine Verletzung konnten wir uns nicht leisten. Unser Bewacher, der vor mir ging, wollte mich warnen, daß da ein kleiner Baumstamm quer über dem Weg lag. Gerade machte ich einen Schritt nach vorn, da stellte er sich auf den Stamm und damit auf meinen Fuß! Ich schrie vor Schmerz laut auf und stieß ihn nach vorn. Natürlich konnten wir nicht anhalten, doch ich hatte noch den ganzen Marsch über Beschwerden mit diesem Fuß.

Inzwischen ging es durch eine Savanne. Irgendwie hatten wir immer noch das Gefühl, wir könnten verfolgt werden.

Conchitas Kind weinte, weil es Hunger hatte. Doch wir hatten keine Zeit, einen Rastplatz zu suchen. So kniete sie sich schnell hin und stillte ihr Baby auf diese Weise. Es war ein Bild zum Erbarmen, wie die Mutter da auf dem kalten Boden kauern mußte. Mir fiel das Wort aus Matthäus 24,19 ein: „Weh aber den Schwangeren und Säugenden zu jener Zeit!“ Zum erstenmal in meinem Leben war ich froh, nicht verheiratet und auch nicht Mutter zu sein. –

Gegen Mitternacht kamen wir wieder in den Wald. Hier sollte übernachtet werden. Sie machten ein Feuer und gaben uns etwas zu essen – Reste vom Mittag, die jetzt eiskalt waren und entsprechend fürchterlich schmeckten. Obwohl wir sehr durstig waren, gab es kein Wasser, aber vor Erschöpfung schliefen wir doch bald ein.

Um vier Uhr wurden wir schon wieder geweckt, und bald ging es ohne Frühstück weiter. Der Marsch ging durch Sand und Wald, Sand und Wald. Es war so beschwerlich, daß ich viele Male dachte, wir würden wohl nie ankommen. Oft mußten wir regelrecht rennen. Ich ging ziemlich weit vorn und versuchte in die Fußstapfen der Soldaten vor mir zu treten, weil ich lernen wollte, wie sie im Sand zu marschieren. Sie hatten eine ganz besondere Art, durch den Sand zu gehen, ohne ins Rutschen zu kommen. Aber es fiel mir sehr schwer, mit ihnen Schritt zu halten, denn ich fühlte mich vor Hunger und Durst äußerst geschwächt.

Gegen Mittag kamen wir in ein verlassenes Dorf. Es gab dort weder Wasser noch etwas zu essen. Die Frauen hatten auch keine Lebensmittelvorräte mehr, das wußten wir.

Schwach und elend legten wir uns alle auf den Boden. Dr. Sabaté ging es besonders schlecht; er hatte Fieber und fühlte sich ziemlich krank. Wir alle warteten so sehnsüchtig darauf, daß sie uns Wasser bringen würden, doch nichts geschah. Auch das Essen kam und kam nicht. Die Zeit dünkte uns, die wir hungrig, durstig und vollkommen erschöpft dalagen, endlos. Schließlich brachten sie uns etwas Reis mit Honig. Es schmeckte wirklich nicht gut, es war nicht süß genug. Sie hatten auch keinen richtigen Reis mehr gehabt, sondern fast nur noch Pulver, und das war zu einem zähen Teig zerkocht. Mit Mühe und Not würgten wir das Zeug hinunter. Ronaldo, Ferrán und André rührten kaum etwas davon an, nur wir Frauen und ich aßen soviel wie möglich. Ich hatte Angst, sonst keinen Schritt mehr gehen zu können.

Nach dem Essen erhielten wir ein wenig Wasser, aber man konnte es nicht trinken. So badete Conchita ihr Baby darin. Immer noch

5. Juli. Durstig und hungrig warten wir auf Verpflegung. Ronaldo und Ferrán (hinter André), dem es besonders schlecht ging, liegen erschöpft am Boden. ● Das Wasser, das wir zum Trinken bekamen, war ungenießbar. Conchita benutzte es statt dessen als Badewasser für den kleinen Ferrán.

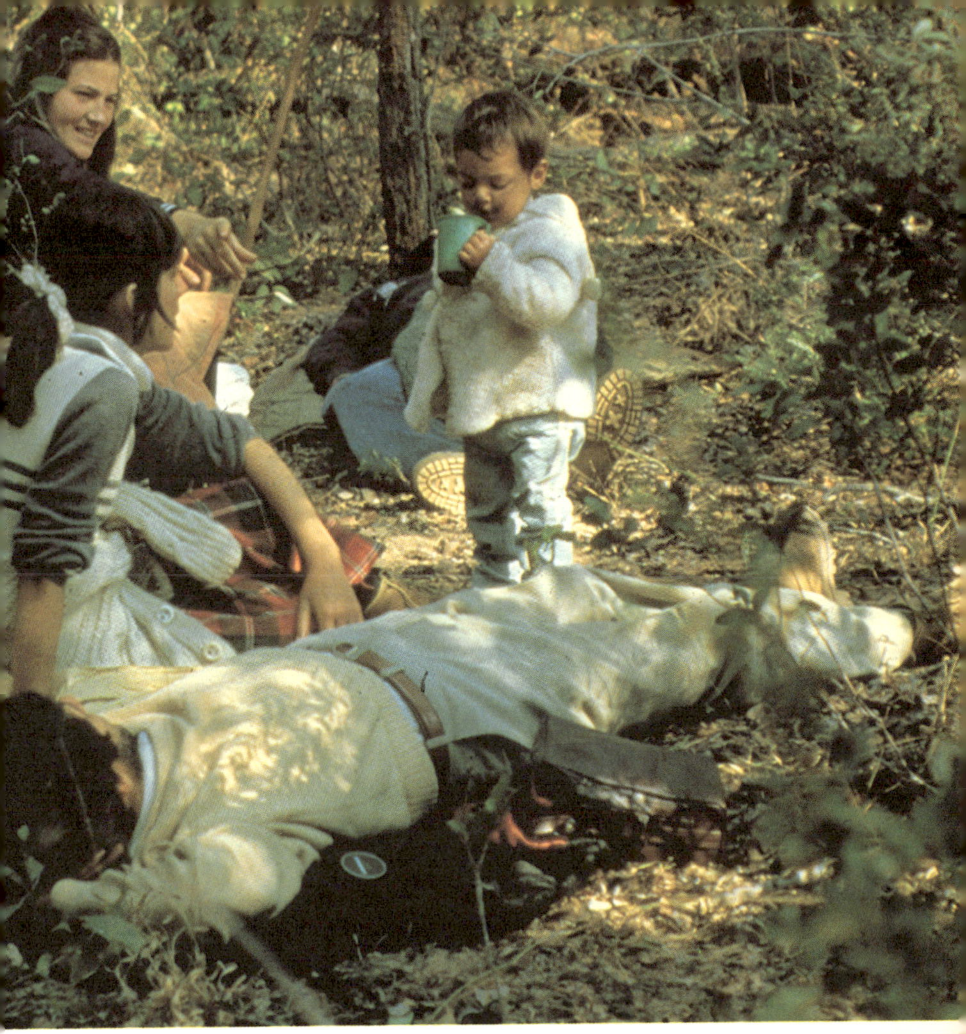

hofften wir, von irgendwoher etwas Trinkwasser zu bekommen. Doch dann sagte der Leutnant: „Wir müssen weiter." Wir suchten verzweifelt die Mädchen, die manchmal etwas Wasser dabeihatten, aber sie waren schon losgezogen. Erst nach drei Stunden Marsch kamen wir an einen Fluß und konnten uns satt trinken.

Wir waren sehr deprimiert, weil wir nicht wußten, wo wir unsere nächste Mahlzeit herbekommen würden. Schon einige Tage hatten wir nur Hirse gegessen und zuletzt den Rest Reis, weil auch die Hirse aufgebraucht war. Durch die einseitige, mangelhafte Ernährung waren wir vollkommen geschwächt. Essen wurde für uns zum Thema Nr. 1. Stundenlang sprachen wir während des Marschierens darüber. Jeder schilderte dann eine typische Mahlzeit seiner Heimat. Dann merkte ich oft, daß ich mich wie in einem richtigen Teufelskreis befand. Ich konnte nur noch ans Essen denken.

So habe ich an manche Abschnitte des Marsches auch gar keine Erinnerung mehr. Man schaute nur nach vorn, spürte die schmerzenden Beine und Füße. Man lief wie eine Maschine, bergauf und bergab. Manchmal gingen wir schon eine ganze Zeit durch eine Savanne, und plötzlich riß uns die Stimme unseres Bewachers in die Wirklichkeit zurück, der die Kolonne antrieb: „Twendi kowasso! Twendi! – Schneller da vorne, schneller!", und alle rannten. Dann konnte es geschehen, daß ich wie aus einem Traum aufwachend fragte: „Wann haben wir den Wald verlassen?"

„Oh, das ist schon ein paar Stunden her", bekam ich zur Antwort.

Auch das Wasserproblem wurde immer drängender. Wir hatten unsere Flasche verloren und versucht, sie durch einen Krug zu ersetzen. Doch bald merkten wir, daß es für uns zu beschwerlich wurde, Wasser darin zu transportieren. Wir hatten genug damit zu tun, uns selbst vorwärts zu bringen. Mit der Zeit wurden wir so apathisch, daß wir den Durst fast gar nicht mehr spürten. Erst wenn wir ans Wasser kamen, merkten wir, daß wir fast wahnsinnig waren vor Durst.

Wir merkten auch, wie die Strapazen allmählich unser Wesen veränderten. Am Anfang des Marsches waren alle noch bemüht gewesen, einander zu helfen, aber mit der Zeit sorgte jeder nur noch für sich, weil er keine Kraft mehr hatte, an den Nächsten zu denken. Manchmal überlegte ich: „Mußt du nicht auch für die anderen sorgen? Solltest du dich nicht davor hüten, dich nur mit dir selber zu beschäftigen?" Wir wollten unter keinen Umständen in einen Egoismus verfallen, wie das in einer solchen Extremsituation nur allzuleicht geschieht. Uns war bewußt, daß Gott für uns sorgte. Und doch wurden wir irgendwie hart. Wann immer es wenig zu essen oder zu trinken gab, versuchte jeder, möglichst viel für sich zu bekommen. Zwar bemühten wir uns, dagegen anzukämpfen, aber das war sehr schwer.

Manchmal sagten wir auch: Wer weiß, wofür es gut ist, daß wir dies hier alles durchmachen müssen?! Vielleicht möchte Gott uns vorbereiten auf eine schreckliche Zeit, die einmal über die Menschheit hereinbrechen könnte. Dann werden wir dankbar sein, daß wir schon in vielen Überlebenstaktiken Erfahrung gesammelt haben. So interessierten wir uns auch für alles, was man in dieser Hinsicht von den Einheimischen lernen konnte. –

Am Tag, nachdem wir den letzten Reis aufgegessen hatten, sahen wir unterwegs gurkenähnliche Früchte. Wir kannten sie nicht, aber die Soldaten gingen sofort hin und sammelten, soviel sie konnten. Dadurch kam natürlich die ganze Kolonne ins Stocken; der Leutnant wurde sehr ärgerlich und schrie seine Leute an, gefälligst in der Reihe zu bleiben und schneller zu laufen. Doch als wir einige Zeit später in einem Dorf Rast machten und die Köchin sehr niedergedrückt war, weil sie nichts mehr hatte, was sie uns zu essen geben konnte, da brachten ihr die Soldaten diese Früchte, und so konnte sie jedem von uns einen Teller davon geben. Die Früchte schmeckten noch ein wenig saurer als eingelegte Gurken, aber sie waren gut.

Ich hatte in den vergangenen Tagen sehr darum gebetet, daß wir doch wieder mehr zu essen bekämen. Wenn man noch nie hat hungern müssen, weiß man oft gar nicht, weshalb man überhaupt betet. Aber als ich merkte, daß das Essen immer weniger und schlechter wurde, da flehte ich eindringlich zu Gott: „Herr, gib doch, daß das Essen wieder reichlicher wird, sonst können wir die Strapazen nicht mehr lange ertragen." Und nun kam die Köchin, nachdem wir die gurkenähnlichen Früchte gegessen hatten, und brachte jedem einen Teller Suppe, in die sie Kalebassen (eine Kürbisart) geschnitten hatte. Wir waren so überrascht, und sie erzählte uns, daß Einwohner dieses Dorfes hier ihr diese Kalebassen verkauft hatten. Dies war ein richtiger Festtag für uns. Alles schmeckte so gut, und wir fühlten uns wie im besten Hotel. Süßkartoffeln gab es auch noch,

„Auf dem Weg“

Zwei Männer standen da, gestützt auf ihren Stock, bereit zum Aufbruch. Beide mit alten, zerbeulten Hüten auf dem Kopf, die staubig und arg mitgenommen aussahen. Der größere Mann hatte die gelbliche Gesichtsfarbe eines Genesenden; ein schlecht gepflegter Bart verbarg nur teilweise seine abgespannten Züge. Der andere war wohl einmal recht korpulent gewesen, denn seine Kleidung hing lose an ihm. Sein markantes Gesicht mit dem Stoppelbart hatte einen verdrießlichen Ausdruck.

Um uns herum viel Lärm, begleitet vom Rhythmus der üblichen Abschiedslieder. Ein kühler Wind streicht durch das Gehölz, das den Platz umgibt. Die Nachhut wartet mit unzähligen Lasten auf dem Kopf und auf den Schultern, die mit Schnüren aus Wurzeln oder Stoff festgehalten werden.

Nach und nach bildet sich eine Kolonne, jeder am gleichen Platz wie gestern. Einige warten am Wegrand auf ihre Kameraden.

Wir marschieren wieder, setzen mechanisch einen Fuß vor den andern. Hitze und Staub, den der Wind aufwirbelt. Meine Beine sind bald wieder schwer wie Blei, die blutenden Wunden der Füße schmerzen.

Nur immer weiter, in die Fußstapfen meines Vordermannes treten, weiter, weiter ... Die Stiefel quietschen leise bei jedem Schritt, der Staub des Weges färbt die Beine hell – wie oft werde ich das noch vor mir sehen?

In meinem Kopf drehen sich die Gedanken im Rhythmus der Schritte, laufen im Kreis, geben keinen Sinn mehr ... Das alles kann nur ein Traum sein ... diese Landschaft mit den goldfarbenen Gräsern, die Felder entlang der klaren, glitzernden Flüsse, der immer blaue Himmel und vor allem diese endlose, bunt zusammengewürfelte Kolonne ... Ich habe wahrscheinlich zu viele Abenteuer-Romane gelesen ... Aber da blitzen die Gewehre in der Sonne, und ich höre den rhythmischen Ton der Stiefel im Staub.

Aus den hohen Gräsern ragen nur die schwarzen Köpfe mit Mützen, auf denen sich fremdartige Lasten türmen: Ballen mit Wäsche, verschiedene Säcke, Behälter mit Töpfen, Geschirr und sogar ein Kohlebügeleisen; der Stockzahn eines Elefanten, der sich im Rhythmus des Schrittes seines Trägers bewegt, im Rhythmus, der sich in den schaukelnden Bewegungen einer Holzbahre fortsetzt, auf der ein Fieberkranker liegt. Sein Begleiter folgt ihm schwankend, ein Kind weint, eine Frau singt ... Ich öffne die Augen: vor mir diese Stiefel, die sich mit einem leisen Quietschen heben, immer wieder, endlos ...

Marie-José Burnier, 19. 6. 1982

und ich war so beeindruckt von dem guten Essen, daß ich es in meinem Tagebuch festhielt.

Am nächsten Tag sagten ein paar Soldaten zu uns: „Heute haben wir eine Überraschung für euch. Ihr braucht heute nicht so lange zu laufen wie sonst." Wir hatten schon gemerkt, daß die Wörter „bald" und „nicht so lange" für die Guerilleros eine ganz andere Bedeutung hatten als für uns. Sie sagten: „Bald kommen wir an", und wir mußten noch vier oder fünf Stunden laufen. Oder es hieß: „Ganz in der Nähe ist ein Dorf", und das waren dann noch zwanzig Kilometer! Wenn man uns sagte, wir würden den ganzen Tag laufen, dann mußte man oft noch die halbe Nacht mit dazurechnen. Das ärgerte uns sehr, und wir glaubten ihnen auch jetzt nicht.

Es ging bergauf und bergab, ohne Wasser, durch eine richtige Wüstenlandschaft, und nach dreieinhalb Stunden lag plötzlich ein Dorf vor uns! „Seht ihr", sagte unser Bewacher ganz triumphierend, „das ist unsere Überraschung. Es stimmt, was wir gesagt haben. Hier werden wir übernachten."

Wir waren so unsagbar froh, denn die Schwäche in unseren Beinen wurde jeden Tag schlimmer. Wir hatten ständig solche Schmerzen, daß wir es uns anders fast schon gar nicht mehr vorstellen konnten. Oft bekamen wir auch regelrechte Krämpfe in den Beinen. Wenn wir unterwegs einmal anhielten, weil Conchita ihr Baby stillte oder jemand austreten mußte, dann hatten wir immer das Gefühl, nie wieder laufen zu können, so verkrampft waren unsere Beine. Die ersten Schritte mußten wir ganz langsam machen; wir seufzten und keuchten, bis es allmählich wieder etwas besser ging. Dann versuchten wir, so schnell wie möglich zu laufen und so wenig wie möglich anzuhalten.

Immer wieder kehrten unsere Gedanken nach Bongo zurück. Einmal, an einem Dienstag, sagte ich zu Ferrán: „Weißt du, was wir heute machen würden?"

Ohne lange zu überlegen, sagte er: „Ja, heute wären wir im Operationssaal."

Ein andermal fragte er mich: „Erinnerst du dich an die Geschichte dieses Predigers aus Brasilien, der in Mozambique gefangengenommen wurde?"

„Ja, ein wenig, aber ich glaube, Oliveiras wissen am besten darüber Bescheid."

Als Ronaldo uns dann einholte, erzählte er uns die Geschichte von Henrique Berg, einem früheren Missionar in Mozambique. Während der Unruhen nach Erlangung der Unabhängigkeit im Jahr 1975 war dieser Mann ins Gefängnis gekommen und erst nach vielen Monaten, in denen er schlimme Erfahrungen machen mußte, durch Gottes gnädige Führung wieder freigelassen worden. Es war recht interessant zu sehen, daß jeder von uns vom Schicksal dieses Predigers gehört hatte, bevor wir nach Angola gingen.

Ich war vor meiner Abreise nach Bongo von der Schweiz aus noch einmal nach Argentinien geflogen, und da hatte Pastor Berg gerade vorher in verschiedenen Gemeinden seine Erlebnisse erzählt. Immer wieder wurde ich gefragt: „Hast du gehört, was diesem Mann alles zugestoßen ist?“ – „Ja, ich habe davon gehört.“ – „Willst du trotzdem gehen?“ – „Ja, ich werde trotzdem gehen.“

Sabatés und Oliveiras hatten das gleiche vor ihrer Abreise gehört. Ferrán meinte jetzt: „Und nun sind wir an der Reihe. Wer weiß, wie lange wir noch in dieser Lage sein werden.“

Wir hatten immer gehofft, spätestens Mitte Juli wieder in unsere Heimatländer zurückkehren zu können. Jetzt war schon der 6. Juli, und wir wurden immer unruhiger. Unsere Gruppe erhielt vom Hauptquartier immer über Funk ihre Anweisungen für den Marsch. Jetzt kam der Befehl, daß wir erst einmal nicht weiterlaufen sollten. Das war uns gar nicht recht, denn mit jedem Tag, den wir nicht weiterkamen, verzögerte sich unsere Freilassung. Andererseits wußten wir, daß in der Nähe der Feind lauerte und die Guerilleros ein Zusammentreffen vermeiden wollten.

Am Abend las ich aus meinem Andachtsbuch vor, und zwar den Text aus 1. Samuel 14, 6: „Es ist dem Herrn nicht schwer, durch viel oder wenig zu helfen.“ Anschließend sprach Ronaldo das Gebet. Er bat Gott darum, uns doch auf die eine oder andere Weise zu befreien. Wir wollten auf seine Verheißungen vertrauen und uns keine unnötigen Sorgen machen.

Dieses Andachtsbuch war für uns sehr kostbar, und oft schien es uns, als sei es nur für unsere persönliche Situation geschrieben. Wir waren so dankbar, daß wir es dabeihatten.

Als es dann wieder weiterging, wurde es für uns ungeheuer mühselig. Wir hatten das Gefühl, daß dies das Schwerste war, was wir bisher erlebt hatten – doch wir wußten ja nicht, was noch vor uns lag!

Den ganzen Tag liefen wir durch dichten Wald, und es gab überhaupt keinen Weg. Der Boden war sandig; es ging ständig bergauf. Der Leutnant hatte uns schon vorher gewarnt: „Heute laufen wir mindestens sechs Stunden. Wir müssen bis zu einem Fluß kommen, der irgendwo da vorne ist."

Die Soldaten liefen schneller als sonst. Sie rannten einfach voraus, und wir mußten zusehen, wie wir ihnen nachkamen. Dann gelangten wir plötzlich in ein verlassenes Dorf, und da wußte der Leutnant nicht, wie es weiterging. Er schickte ein paar Kundschafter aus, und als sie zurückkamen und ihm Bericht erstatteten, sagte er: „Wir können heute nicht weitergehen. Das nächste Lager ist zu weit entfernt. Wir würden es vor der Dunkelheit nicht mehr erreichen."

Sie gaben uns etwas zu essen, und dann entdeckte ich ein paar große Früchte, die wie Wassermelonen aussahen und rochen. Wir hätten so gern etwas davon gehabt, trauten uns aber nicht zu fragen. Conchita hatte den größten Mut, denn wenn es ums Essen geht, hat sie keine Hemmungen.

„Können wir etwas von diesen Wassermelonen haben?" fragte sie den Leutnant.

„Das sind gar keine Wassermelonen. Außerdem müssen Sie vorsichtig sein, denn von diesen Früchten bekommt man leicht Durchfall."

Er gab ihr aber doch ein Messer, und wir schnitten eine Frucht auf und aßen sie. Sie war innen noch ganz grün und schmeckte nach überhaupt nichts. Durchfall bekamen wir nicht davon. Wenigstens hatten wir wieder einmal etwas anderes gegessen.

Bevor wir dann im nächsten Lager ankamen, sah ich ein Feld mit Süßkartoffeln. Wir wunderten uns alle, daß niemand hinging, um ein paar Kartoffeln mitzunehmen, und so sagte ich ganz laut: „Jeder soll gehen und sich seine eigenen Kartoffeln mitnehmen."

Der Leutnant drehte sich um: „Heute werden Sie alle noch Süßkartoffeln bekommen."

„Gut", sagte ich, „sonst nehme ich einfach eine mit und koche sie mir selbst."

Als wir im Lager ankamen, ging er als erstes zum Kommandanten: „Haben Sie Süßkartoffeln?"

„Ja, haben wir."

„Gut! Sonst holt sich diese Minina nämlich selbst welche!" –

Der Marsch ging immer so weiter. Wir fühlten uns jeden Tag müder. Mit großer Sorge stellte ich fest, daß Conchita nicht mehr so gut stillen konnte wie am Anfang; sie wurde auch immer erschöpfter. Man sah an ihrem Gesicht, daß sie nach drei Stunden vollkommen erledigt war. Ihre Augen lagen tief in den Augenhöhlen, und ihre ganze Gestalt war zusammengesunken. Ich versuchte sie aufzumuntern, aber das half auch nicht mehr. Manchmal setzte sie sich jetzt einfach auf den Boden und ging kein Stück mehr weiter. Obwohl wir nicht darüber sprachen, hatten wir jetzt alle diese gemeinsame große Sorge: Conchita darf ihre Milch nicht verlieren, und sie darf nicht aufgeben. – Schlimm war ja auch, daß sie immer noch in diesen löchrigen, viel zu großen Schuhen gehen mußte. Als wir dann in ein sumpfiges Gebiet kamen, war sie vollends übel dran. Sie fiel öfter in ein Sumpfloch, und ihre Füße wurden gar nicht mehr trocken.

Am schlimmsten plagte uns der Durst. Das Wasser hatte in dieser Gegend die verschiedensten Farben und war zum Trinken kaum geeignet. Wir beteten alle inständig, Gott möge geben, daß wir bald zu den Lastwagen kämen, weil wir so geschwächt waren. –

Erstaunlich war für uns nur, daß die Guerilleros, die die beiden Kinder trugen, nicht ein einziges Mal ins Stolpern kamen. Sie liefen so sicher, auch durch ganz unwegsames Gebiet, und ließen nie ein Kind fallen. Das war eine große Beruhigung für uns, denn wir selbst stürzten ja öfters einmal. So blieben wenigstens die Kinder unverletzt.

Am 10. Juli kamen wir wieder in ein Dorf. Schon von weitem hörte man die Leute singen. Durch unsere Vorhut und über Funk hatten sie von unserer Ankunft erfahren. Bis zum Waldrand kamen sie uns entgegen, sangen und tanzten um uns herum. Dann wurden wir zu unseren Hütten gebracht, die ziemlich alt und heruntergekommen waren.

Es gab Hirse mit Honig – wie fast immer. An diesem Tag konnte ich das einfach nicht mehr essen. Ich hatte in den letzten Tagen schon einige Koliken gehabt, und nun ging es mir so schlimm, daß ich dachte, ich würde einen Darmbruch erleiden. In der Nacht konnte ich vor Schmerzen nicht schlafen. Ich stand auf und massierte mir leicht den Bauch, aber das half nicht. Ich fühlte mich todelend. Das Schlimmste war zu wissen, daß ich am nächsten Tag wieder marschieren mußte ...

Die Soldaten hatten aus meiner Hausapotheke eine Flasche Kamillosan mitgenommen, und da sie nichts damit anzufangen wußten, hatten sie sie mir später wieder zurückgegeben. Oft hatte ich die wunden Füße von Sabatés und Oliveiras damit eingerieben, weil es so beruhigend und entzündungshemmend ist. Jetzt trank ich von Zeit zu Zeit einen kleinen Schluck davon, weil ich nichts anderes gegen meine Bauchschmerzen hatte. Es half zwar nicht viel, aber doch ein wenig.

In dieser Nacht war auch André sehr krank und hatte 40° Fieber. Er hatte sich eine Mandelentzündung zugezogen, als wir in der Nacht zuvor unter freiem Himmel hatten übernachten müssen. Es war so feuchtkalt gewesen, daß unsere Decken am anderen Morgen mit Reif bedeckt waren. Zum Glück hatte ich noch Antibiotika dabei und konnte dem Kind zweimal eine Spritze geben. Dadurch ging es ihm allmählich wieder besser, aber wir machten uns doch große Sorgen, denn ein krankes Kind in solch einer Situation ist ein großes Problem.

Als ich nach dieser qualvollen Nacht am Morgen aufstand, fehlte Conchita eine Bluse, eine Windel und ein Handtuch, die sie gewaschen und zum Trocknen ans Feuer in ihre Hütte gehängt hatte. Da weder Oliveiras noch ich etwas davon wußten, waren die Sachen offensichtlich gestohlen worden. Conchita hatte ohnehin kaum etwas zum Anziehen, und nun war noch die Bluse weg! Sie war richtig wütend darüber. Der Kommandant meinte dazu nur: „Das waren sicher Leute vom Lager und niemand von uns." Wir konnten nichts machen; die Sachen blieben verschwunden.–

Jetzt waren wir schon einen Monat unterwegs, und allmählich wurden wir immer mutloser. Wir konnten auch gar nicht mehr dagegen ankämpfen. Ständig rechneten wir: „Heute ist der 32. Tag, heute ist schon der 33. Tag ...", und das machte die Sache nur noch deprimierender. Ständig litten wir unter Durst, aber wir hatten nicht mehr die Kraft, Wasser zu tragen. Wenn wir Träger oder Soldaten baten, etwas Wasser für uns mitzunehmen, stellten sie sich einfach taub. Oliveiras und Sabatés konnten fast nicht mehr laufen. Dabei wurden wir ständig angetrieben: „Schneller, wir müssen schneller laufen, sonst kommen wir nicht mehr an."

Es war so schlimm, daß wir die ganze Zeit hätten weinen können. Um uns abzulenken und wieder Mut zu bekommen, sangen wir:

„Wie weit ist es bis Kanaan? Wir sind müde, sind so müde ..." Aber lange zu singen, hatten wir auch nicht mehr die Kraft.

Einmal ging ich wieder ganz vorn, als unser Bewacher kam und sagte: „Es ist sehr ermüdend für mich, immer so langsam laufen zu müssen." Er durfte uns ja nicht aus den Augen lassen und mußte immer Schritt mit uns halten. Ich war nach vorn gegangen, weil ich mit niemandem über meinen irrsinnigen Durst sprechen wollte, den ich schon stundenlang hatte – ohne Aussicht darauf, daß wir bald an ein Wasser kommen würden. Der Soldat fing ein Gespräch mit mir an, und bald diskutierten wir über die politische Lage in Angola und in der ganzen Welt. Ich versuchte zu erfahren, warum sie eine Krankenschwester des Internationalen Roten Kreuzes entführt hatten, und er gab mir tausenderlei Erklärungen dafür, die alle unbefriedigend waren.

„Was ihr mit uns gemacht habt", sagte ich, „das ist unbegreiflich. Frauen mit kleinen Kindern hier auf diese Weise herumzuschleppen! Es ist nicht zu fassen, daß ihr so etwas macht."

„Ja, wenn Sie mit unserem Präsidenten sprechen, dann werden Sie alles verstehen."

„Oh, ich werde bestimmt mit eurem Präsidenten eine besonders interessante Unterhaltung haben." –

Jetzt kamen wir wieder in ein Sumpfgebiet, wo es kein Trinkwasser gab. Wir fanden nur ein Loch, wo früher anscheinend einmal ein Bach gewesen war, mit ganz rotem Wasser. Es war nur sehr wenig, und beim Versuch, es zu schöpfen, nahm man den ganzen Staub mit auf. Doch ich konnte mich nicht mehr zusammennehmen und trank davon. Hinterher wurde mir sehr schlecht. Als Sabatés und Oliveiras uns eingeholt hatten, waren sie auch schon ganz verzweifelt vor Durst. Die Soldaten merkten wohl den Ernst der Lage und brachten aus ihren Vorräten noch das letzte Wasser für uns. Sie sagten zwar, es sei sauber, aber man konnte doch sehen, daß es voll Schmutz und kleiner Tierchen war. Wir tranken dennoch davon, denn wir dachten: Ob wir nun durch Verseuchung oder vor Durst sterben, das ist gleich ...

Ein Soldat meinte: „Warum seid ihr nur so niedergeschlagen?"

„Ja, wenn man mehr als einen Monat auf diese Weise unterwegs ist, dann kann man nicht mehr anders sein", entgegnete Dr. Sabaté. –

Der Sumpf wurde jetzt so tief, daß man bis zur Hüfte einsinken konnte. Von den Soldaten, die uns vorausgingen, sahen wir oft nur noch die obere Hälfte. Sie gaben jedem von uns einen kräftigen Mann zur Seite, der uns notfalls wieder herausziehen konnte, und dann trugen sie uns auf der Schulter. Ronaldo wollte lieber allein gehen, aber ein Soldat nahm ihn einfach auf die Schulter. Doch er geriet so tief in den Sumpf hinein, daß auch Ronaldos Beine bis zu den Knien darin steckten.

„Warum muß ich getragen werden, wenn ich sowieso schmutzig werde?" meinte er und ging allein weiter.

„Nun schau bloß meinen Mann an!" rief Rosmarie. „Er versucht allein da durchzukommen!"

Schließlich waren wir auf der anderen Seite und kamen bald in eine große Savanne. Dort machten wir kurze Rast, weil das Baby gestillt werden mußte. Der Leutnant warnte uns: „Vorsicht beim Weitergehen. Bleiben Sie immer hinter mir. Hier sind wahrscheinlich Minen vergraben, und Sie könnten drauftreten."

Ich entdeckte zwei große Radspuren und sagte: „Das sieht aus, als sei hier ein Lastwagen gefahren. Der könnte uns jetzt holen."

„Nein", sagte der Leutnant. „Diese Spuren stammen von Panzern. Sie sind eine Erinnerung an unsere Feinde, als sie vor ein paar Monaten versuchten, uns aufzuspüren. Sie dachten, wir hätten unser Lager noch hier, aber wir waren schon auf der anderen Seite. Wir stellten dort einen Granatwerfer auf und beschossen sie von hinten. Der Schreck darüber sitzt ihnen noch heute in den Knochen, so daß sie schon bei dem bloßen Gedanken daran immer noch davonlaufen."

Später erfuhr ich, daß unsere Guerilla-Truppe sich vier Monate vor dem Feind versteckt hatte. Die Regierungssoldaten wollten unbedingt den Leutnant lebend gefangennehmen. Dieser Mann soll einen ungewöhnlich kühlen Kopf behalten haben, so daß er vier Monate durchhielt und seine Leute ganz auf seiner Seite hatte.

Allmählich merkte ich, daß in diesem Mann eine unwahrscheinlich starke Persönlichkeit steckte. Er war sehr beherrscht und kühl kalkulierend, konnte aber auch schnell zornig werden.

Wir unterhielten uns noch eine Weile, und plötzlich sagte er: „Jetzt müssen Sie wieder getragen werden."

Tatsächlich wurde es wieder sehr sumpfig. Trotzdem sagte ich: „Lieber versuche ich es einmal allein. Wenn Sie nur meinen Fotoapparat so lange tragen, werde ich es schon schaffen." Ich warf ihm meine Kamera zu und lief davon. „Nur keinen verkehrten Schritt machen, sonst sinke ich bis zum Hals in den Sumpf ein", dachte ich.

Der Leutnant muß wohl ähnliche Befürchtungen gehabt haben, denn er befahl einem jungen, kräftigen Soldaten, mir nachzulaufen und mich zu tragen. Auch Rosmarie und Sabatés saßen schon wieder huckepack bei Soldaten auf der Schulter; nur Ronaldo ließ sich nicht mehr anfassen, nachdem er schon dreimal in den Sumpf gefallen war.

Nun kamen wir an einen recht tiefen Bach. Obwohl er nicht breit war, konnte man doch mit einem Satz nicht hinüberspringen. Im Wasser lag ein Baumstamm, aber er war so glitschig und schmal, daß es schwierig war, darauf sein Gleichgewicht zu halten. „Lassen Sie mich hier lieber allein durchgehen", bettelte ich. Aber die Strömung war ziemlich stark, und der Soldat ließ mich einfach nicht los. Ich sah, wie die Träger vor uns Mühe hatten, mit ihrem ganzen Gepäck nicht aus dem Gleichgewicht zu kommen. Sie gingen hintereinander und hielten sich gegenseitig fest. Der Soldat, der mich trug, setzte ganz vorsichtig einen Fuß vor den anderen; ich spürte, wie sein ganzer Körper vor Anstrengung vibrierte. „Nicht so schnell", sagte er keuchend zu dem Träger, der vor ihm ging. „Ich kann mich sonst nicht mehr halten." Ich sah mich schon in diesen Bach fallen und untergehen, aber schließlich hatten wir es dann doch geschafft. Statt mich nun am anderen Ufer wieder abzusetzen, hüpfte er in dem jetzt wieder beginnenden Sumpf von Pflanze zu Pflanze.

„Lassen Sie mich herunter! Lassen Sie mich herunter!" schrie ich verzweifelt. Meine Nerven waren so angespannt, daß ich dachte, jetzt springe ich einfach herunter, wenn er nicht stehenbleibt. Das ging noch so eine Weile, und schließlich setzte er mich dann doch ab.

„Warum sind Sie nicht oben geblieben?" wollte der Leutnant wissen.

„Ich habe es einfach nicht mehr ausgehalten! Außerdem würde ich gern noch ein paar Fotos machen." Aber meine Kamera wurde jetzt von jemandem getragen, der leider zu weit weg war. So entgingen mir ein paar gute Schnappschüsse.

Es dauerte lange, bis die ganze Kolonne den Bach durchquert hatte. Wir dachten, wir könnten nun zu Mittag essen, aber der Leutnant gab Befehl zum Weitergehen.

Als wir schon wieder einige Zeit unterwegs waren, hörten wir

Rosmarie und Ronaldo nach einer Flußüberquerung am 12. Juli. ● Ein Capit überquert den Fluß (fast) trockenen Fußes. Männer seines Ranges genossen d Vorrecht, getragen zu werden. ● Conchita mit ihrem Kind während einer Ra am selben Ta

plötzlich ein Flugzeug über uns. Wir bekamen Angst, aber die Guerilleros beachteten es gar nicht. Nach einer Weile hörte man wieder eines, das schon tiefer flog. Da schauten die Soldaten doch ein wenig nach oben. Unvermittelt machte das Flugzeug kehrt, und ich sah, wie die Träger ganz erschrocken in den Wald liefen. Der Leutnant in unserer Nähe tat so, als sei nichts geschehen. Wir gingen weiter und schauten immer wieder nach oben, aber es passierte nichts, und das Flugzeug verschwand. Doch der Schreck saß uns noch lange in den Gliedern.

Allmählich hatten wir den Sumpf hinter uns gelassen. Jetzt ging es wieder durch Sand und Grasland, stundenlang. Nicht nur für uns war es mühsam, sondern auch für die Träger, die den weichen Boden nicht gewohnt waren und mit ihren Lasten kaum vorwärts kamen. Außerdem wurde durch die Leute an der Spitze des Zuges der Sand aufgewirbelt, so daß man weiter hinten die ganze Zeit Staub und Sand einatmete.

Unser Leutnant verzweifelte fast, weil wir nur so langsam vorankamen. Später bekamen wir etwas zu essen, aber es war so wenig, daß wir nachher mehr Hunger hatten als vorher. Kaum waren wir fertig, mußten wir wieder laufen, laufen, laufen ...

10

Wenn der Urwald brennt ...

Die Landschaft wurde immer trockener. Wir liefen durch eine Gegend, in der fast die ganze Savanne verbrannt war. So ein Brand entsteht dort schnell, wenn Soldaten ein Feuer machen, um etwas zu kochen oder um sich aufzuwärmen. Wenn nur ein ganz leichter Wind geht, springt schon ein Funke über, und dann breitet sich das Feuer mit rasender Geschwindigkeit aus.

Einmal saßen wir unter einem Baum und bekamen gerade unser Mittagessen, als ich eine Frau aus unserer Gruppe beobachtete, die ein Stück von uns entfernt ein Feuer machte. Im nächsten Augenblick fing es neben uns schon an zu brennen. Wir hätten nie geglaubt, daß das so schnell gehen kann. Ein Soldat schrie: „Machen Sie sofort das Feuer aus!“ Schnell versuchten alle, mit grünen Zweigen das Feuer zu ersticken, damit es nicht in die Richtung sprang, in der wir weiterlaufen mußten. Auf die andere Seite breitete es sich mit großer Geschwindigkeit aus, und dann merkten wir plötzlich, daß es trotz ihrer Bemühungen auch auf uns zukam. Einen Augenblick standen wir alle wie gelähmt, aber dann packten wir so schnell wie möglich unsere Sachen und liefen davon. Kaum waren wir von dort weg, als das Feuer auch schon den Baum erreicht hatte, unter dem wir gerade noch gesessen hatten.

Immer wieder konnten wir jetzt unterwegs große Strecken sehen, wo ein Feuer die Savanne oder den Wald vollkommen verwüstet hatte. Danach bildeten sich immer ganz seltsame Figuren am Horizont, die das Feuer noch zu vergrößern schienen.

Am Abend nach unserer Flucht vor dem Feuer übernachteten wir wieder im Freien. In der Ferne konnte man es überall brennen sehen. „Hoffentlich holt es uns nicht ein; das könnte peinlich werden“, dachte ich noch, aber dann schlief ich vor lauter Müdigkeit ganz schnell ein. –

Gott sei Dank erwachten wir am nächsten Morgen heil und unversehrt. Nach den Worten des Leutnants sollten wir am 15. Juli auf die Lastwagen treffen, und nun hatten wir den 13. Ronaldo war an diesem Morgen sehr schlecht gelaunt. Er stand ganz langsam auf und brauchte eine Ewigkeit, um seine Sachen zu packen. Dabei wußten wir alle genau, wie eilig es die Soldaten immer hatten, morgens aufzubrechen. Doch heute wurde und wurde er nicht fertig. „Ich bin eben schlecht gelaunt!“ klärte er uns auf.

„Das geht aber nicht. Jetzt müssen wir guten Mut behalten, denn in drei Tagen sind wir ja am Ziel“, versuchten wir ihm gut zuzureden.

„Heute brauchen sie mir gar nichts zu erzählen. Wenn die wieder mit ihrem ‚twendi, twendi‘ kommen, werden die mal von mir etwas zu hören kriegen!“ knurrte er. Wir gaben es auf. Irgendwie konnten wir ihn auch verstehen. Er und Rosmarie hatten oft Mühe, bei dem schnellen Tempo Schritt zu halten. Ungeduldig trieb Bombassa, unser Bewacher, dann das Mädchen, das André trug, zur Eile an. So blieb den Eltern nichts anderes übrig, als hinterherzurennen, wenn sie ihr Kind nicht verlieren wollten.

Um neun Uhr konnten wir endlich losmarschieren, und das war sehr spät, weil man dann so sehr in die Mittagshitze hineinkam. Der Weg war wieder sehr schlecht. Auf dem sandigen Weg kamen wir immer mühsamer voran. Wir konnten nur staunen über die Kinder, die mit uns marschierten. Sie hatten anscheinend keine Schwierigkeiten mit dem Laufen, während uns jeder Schritt schmerzte. Besonders die beiden fünf- und sechsjährigen Buben unserer Köchin fielen uns immer wieder auf; sie liefen ganz mühelos voran und sangen dabei stundenlang revolutionäre Lieder, ohne müde zu werden. Für uns war das einfach ein Rätsel, irgendwie aber auch lustig.

Die Gegend war extrem trocken. Es herrschte ein eigentümlicher Gasgeruch, und wir erfuhren, daß es hier Erdöl und andere Bodenschätze gab. Uns wäre eigentlich Wasser lieber gewesen, aber das war hier am rarsten.

Ich machte mir Sorgen, weil Oliveiras so weit hinten waren, daß man sie schon gar nicht mehr sah. Das Mädchen, das André trug, ging neben mir. Sie wollte natürlich schnell laufen, weil ihr das leichter fiel und sie dadurch Zeit gewann. Ich wußte, daß Rosmarie immer unglücklich war, wenn sie ihr Kind nicht neben sich hatte.

Nach langem Marsch kamen wir schließlich an einen schönen Fluß, wo wir uns endlich wieder satt trinken konnten. Das Wasser war wunderbar klar. Ein Soldat schöpfte mit einem schwarzen Topf daraus und bot mir zu trinken an. Ich schaute in den Topf und sah, daß er unwahrscheinlich schmutzig war. Aber ich dachte: „Hauptsache, ich habe etwas zu trinken." Anschließend fühlte ich mich gleich etwas besser. Wir mußten noch ein Stück laufen, bis wir in einen Wald kamen, wo unser Marsch für diesen Tag zu Ende war. Das Mädchen setzte sich mit André neben mich, der ganz ruhig und brav war. Nach einer Weile kamen Sabatés und eine halbe Stunde später Oliveiras. Sie waren ganz verzweifelt, weil sie ihr Kind schon viele Stunden nicht mehr gesehen hatten.

Rosmarie war in heller Aufregung und fuhr den Leutnant an: „Das darf nicht mehr geschehen. Sie haben mir versprochen, daß mein Kind immer in meiner Nähe bleibt. Ich bin die Mutter und verzweifle, wenn ich das Kind nicht sehen kann. André ist krank, und jetzt ist es kalt. Der Junge hat stundenlang keine Jacke angehabt. Sie und Ihre Leute nehmen wichtige Dinge auf die leichte Schulter."

Das war, als ob sie die Lunte an einer Bombe angezündet hätte. Der Leutnant explodierte fast: „So dürfen Sie mit mir nicht sprechen. Wir wissen selber, was wir zu tun haben. Das Kind war ganz ruhig, und wenn Sie es bei sich haben wollen, dann müssen Sie eben schneller laufen. Nehmen Sie sich in acht, was Sie sagen!"

Er war so erregt, daß wir alle erschraken und Angst bekamen. Seine schönen großen Augen blitzten vor Wut, und man sah, daß er Mühe hatte, nicht ganz die Beherrschung zu verlieren. Wir blieben alle ganz still, keiner sagte mehr ein Wort. Wieder einmal merkten wir, wie vorsichtig wir sein mußten.

Nachts schliefen wir unter freiem Himmel, und am nächsten Morgen waren unsere Decken eiskalt und starr von Rauhreif. Oliveiras gaben sich an diesem Tag unterwegs große Mühe, den heftigen Wortwechsel vom Vortag wiedergutzumachen. Obwohl der Weg extrem schlecht war, versuchten sie, unter allen Umständen mit unseren Wachsoldaten Schritt zu halten. Mir fiel es auch leichter, über die reinen Sandstrecken einfach zu rennen, weil ich dann nicht so tief einsank. Aber an diesem Tag waren Rosmarie und Ronaldo noch schneller als ich.

Nach unbeschreiblich mühseligem Marsch durch öde Wüstenlandschaft kamen wir ganz unvermittelt in ein fruchtbares Gebiet mit schöner schwarzer Erde. Auf riesigen Plantagen sah man Männer bei der Arbeit, und überall waren Kanäle mit glasklarem, köstlich schmeckendem Wasser, wie wir schon lange keines mehr getrunken hatten. Auf den Feldern wuchsen Kohl, Karotten und alles mögliche andere Gemüse. Wir erfuhren, daß die Landarbeiter dabei waren, noch mehr Kanäle zu bauen, um eine optimale Bewässerung zu gewährleisten.

Nachdem wir uns etwas erfrischt hatten, ging es weiter, und bald waren wir wieder in einer Gegend, wo es nichts gab als verdorrte Bäume und Sand, Sand, Sand ... Hier war er weiß und damit noch heißer als der gelbe, den wir schon gewohnt waren. Ich fiel allmählich zurück. Sabatés kamen mit ihrem Kind noch weit hinter mir. Auch die Träger wurden allmählich müde. Schon mehr als drei Wochen war diese Gruppe mit uns unterwegs, die letzten zwanzig Tage fast nur durch Sand. Dabei waren die meisten Träger barfuß, was für sie alles noch mühseliger machte. Je tiefer wir in die Wüste hineinkamen, um so schlimmer wurde es für uns alle.

Neben mir ging an diesem Tag ein alter Soldat, der ununterbrochen auf mich einredete. Ich konnte es fast nicht mehr hören, was er mir alles erzählte, und wäre am liebsten davongelaufen, aber wohin? Und er war auch ein netter Mann, den ich nicht kränken wollte.

Gegen vier Uhr am Nachmittag kamen wir wieder einmal in einem richtigen Lager an. Ein Mädchen brachte jedem von uns ein Glas Wasser auf einem schönen Teller. Das Geschirr stammte wohl noch aus der Kolonialzeit; wir hatten in Bongo ähnliches im Krankenhaus gehabt. Man merkte schon, daß dieses Lager nur drei Tagereisen von dem Standort entfernt war, wo die Lastwagen der UNITA regelmäßig hinkamen und Sachen mitbringen konnten. Zum erstenmal erhielten wir hier auch in jede Hütte so ein großes Gefäß mit Wasser, in

Durch Unachtsamkeit können gewaltige Brände entstehen, die ganze Strecken Wald oder Steppe vernichten.

dem ursprünglich Material zum Bau von Bomben geliefert worden war. Wir hatten uns schon drei Tage nicht waschen können und von all dem Staub dicke Schmutzkrusten am ganzen Körper. Auf dem Kopf „trug" jeder von uns eine richtige Kappe aus Erde und Sand. Weil auch meine Kleidung unwahrscheinlich schmutzig war, wollte ich die Gelegenheit nutzen und alles waschen.

Vor zwölf Tagen hatte ich meine Seife vollends aufgebraucht, aber auf meine Bitte hin erhielt jetzt jeder von uns ein kleines Stückchen, ganz grün und stark duftend. Für uns war es wie ein Wunder, sich wieder einmal mit Seife waschen zu können. Zuerst reinigte ich mich gründlich von Kopf bis Fuß und dann anschließend meine Kleidung. Wie man sich denken kann, wurde das Wasser ziemlich schnell schwarz. Zum Schluß war es so dick, daß man es zu nichts mehr gebrauchen konnte. Um Seife zu sparen, wusch ich die Jeans und meine Tennisschuhe zunächst mit Sand, womit sie auch recht sauber wurden. Aber dann mußte ich darum bitten, daß jemand meine Sachen am Fluß ausspülte, weil es uns nicht erlaubt wurde, selbst dorthin zu gehen. Die Wachsoldaten versprachen, daß bald jemand kommen und das für mich erledigen würde, aber wie so oft wurde aus dem „bald" ein „nie". Am nächsten Tag sollte das für mich sehr unangenehme Folgen haben. –

Für den Abend war uns ein gutes Essen angekündigt worden. Die Mädchen, die kochten, hatten von der Lagerleitung Büchsenfleisch erhalten, und jetzt sollte es Maisbrei mit Fleisch geben. Wir hatten schon seit einer Ewigkeit nichts anderes mehr als Hirse pur gegessen, ohne Salz und ohne Öl. Mit der Zeit hatten wir uns fast schon an die salzlose Kost gewöhnt, aber weil wir so viel schwitzten, fehlte unserem Körper dringend Salz, und deshalb bekamen wir auch so oft Wadenkrämpfe.

Wir freuten uns also sehr auf das Essen und waren noch mehr überrascht, als es statt Maisbrei Nudeln als Beilage gab. Obwohl ich sonst nie so fettes Fleisch essen würde, war es für mich an diesem Abend ein Festmahl. Wie immer hatte ich als erste meinen Teller leer und bekam so diesmal noch einen kleinen Nachschlag.

Wie überglücklich aber waren wir erst, als ein Mädchen jedem von uns eine Feldflasche mit etwas zu trinken brachte, das ich erst für Wasser hielt, dann aber sich als Maracujasaft herausstellte! „Ein Engel ist vom Himmel gekommen und hat uns etwas gebracht!" rief ich außer mir vor Glück. Ich trank den Saft ganz langsam, um ihn bis zum letzten Tropfen auszukosten.

Später bekamen wir dann noch einen Krug mit Kakao. Es war für uns nicht zu fassen, einfach unbegreiflich, daß wir plötzlich so herrliche Dinge bekamen, von denen wir fast schon vergessen hatten, wie sie schmeckten. Wir wußten aber auch, daß Gott unsere Gebete erhört hatte.

In den Tagen zuvor hatten wir so hungern müssen, daß uns oft schon wenige Stunden nach dem Mittagessen die Beine vor Schwäche kaum noch trugen. Gerade einen Tag vorher hatte ich unterwegs einen Schwächeanfall erlitten und mich auf den Boden legen müssen, weil ich einer Ohnmacht nahe war. Zum Glück hatte Dr. Sabaté noch ein klein wenig Honig als eiserne Reserve bei sich. Er gab mir etwas davon, so daß mein Blutzuckerspiegel wieder anstieg und ich mich langsam erholte. Aber man konnte daran merken, wie weit es mit uns schon gekommen war. –

Die Lagerbewohner und die Soldaten veranstalteten an diesem Abend ein Fest. Man hörte sie singen und trommeln. Doch wir waren so sehr erschöpft von den Strapazen der letzten Tage, daß wir bald schlafen gingen. Gegen Mitternacht wachte ich mit furchtbaren Bauchschmerzen auf. Mir war sterbenselend zumute. Nach der entbehrungsreichen Zeit hatte ich viel zuviel gegessen. Jetzt bekam ich einen Durchfall wie noch nie in meinem Leben.

Am nächsten Tag erlebten wir das gleiche mit André. Wir hatten am Morgen gerade unsere Andacht beendet und machten uns zum Abmarsch fertig, als unser Wachsoldat jedem einen Riegel Erdnußschokolade brachte. Das waren Militärrationen, die sie von Südafrika erhalten. Überall, wo die Lastwagen hinkamen, waren die Lagerbewohner mit solchen Dingen versorgt. Man konnte mit so einem Riegel Schokolade versehen viele Stunden marschieren, ohne Hunger zu verspüren.

Als in den Tagen zuvor unsere Lebensmittelvorräte zu Ende gegangen waren, hatte der Leutnant wohl gemerkt, daß jetzt etwas geschehen mußte. Er änderte deshalb mit uns die Marschrichtung, damit wir wieder in ein Gebiet kamen, wo es zu essen gab. Wir hätten sonst leicht verhungern können, wie es mit anderen Gefangenen schon geschehen war.

Wir aßen also voller Begeisterung die Schokolade, und der arme kleine André bekam davon später einen solchen Durchfall, daß wir dachten, er würde noch sterben.

Nachdem meine Jeans vom Vorabend noch voll Sand waren, mußte ich an diesem Tag einen Rock anziehen.

Bald war ich vom Laufen ganz verschwitzt; hinzu kam noch Sand und Staub, der von den vielen Menschen aufgewirbelt wurde, so daß meine Haut nach kurzer Zeit völlig verklebt war. Meine Beine wurden wund und brannten wie Feuer. Gegen Mittag konnte ich vor Schmerzen kaum noch einen Schritt weitergehen. Sogar Bombassa, unser Bewacher, wurde jetzt auf mich aufmerksam und wollte wissen, was mit mir los sei. Das war mir sehr unangenehm. Ich sagte zu ihm: „Das kommt davon, weil ihr mir nicht erlaubt habt, zum Fluß zu gehen und meine Sachen auszuspülen. Sonst könnte ich jetzt meine Jeans tragen und hätte diese Probleme nicht."

„Wenn wir heute Abend anhalten, wird das für Sie erledigt werden", versprach er mir.

„Gut. Ich werde Sie aber beim Wort nehmen und daran erinnern."

Nach ungefähr sechs Stunden Fußmarsch hielten wir in einem Wald an. Es zeigte sich, daß wir diese Nacht wieder im Freien schlafen mußten. Die Mädchen, die mit uns gingen, waren auch ganz erschöpft, aber Bombassa bestand darauf, daß sie noch meine Kleidung auswuschen. Ich bat unsere freundliche Köchin um etwas warmes Wasser, damit ich von meiner wunden Haut den Sand und Staub abwaschen konnte. Sie brachte mir nur ganz wenig, weil sie selbst nicht viel hatte, aber mir war damit schon geholfen.

Dann kamen die Mädchen mit meinen ausgewaschenen Sachen zurück, und alles war noch triefend naß. Das brachte uns auf eine gute Idee. Zusammen mit Ronaldo wrang ich nacheinander meine Jeans und meine Bluse aus; Sabatés und Rosmarie wuschen sich, die Kinder und ein paar Kleidungsstücke mit dem Wasser, das wir herausdrückten. So nutzten wir das kostbare Wasser buchstäblich bis zum letzten Tropfen. Anschließend spannten wir aus ein paar Schnüren eine Wäscheleine zwischen zwei Bäume und hängten die Sachen zum Trocknen auf. Weil es sehr kalt war, machten wir ein großes Feuer, und ich schlug mein Strohbett ganz in seiner Nähe auf, um nicht so sehr frieren zu müssen.

Ganz früh am anderen Morgen stand ich auf. Das Feuer war fast ausgegangen; ich legte noch ein wenig Holz nach und dachte an

Unterwegs trafen wir diese Frauen, die wir um etwas Wasser baten. Aber wir bekamen nichts. Hatten sie selbst keins? ● Etwa hundert zusätzliche Soldaten begleiten uns. Wir gehen in der Mitte zwischen den beiden Kolonnen.

nichts Böses, weil nur ein ganz leichter Wind ging. Einige Kleidungsstücke waren schon trocken. Damit sie vom Morgentau nicht wieder feucht würden, nahm ich sie von der Leine, rollte sie zusammen und legte sie unter meinen Kopf, als ich zurück ins Bett ging.

Es war wohl erst kurze Zeit vergangen, als mich ein Schrei aus tiefstem Schlaf riß: „Victoria!" Ich sprang hoch und – sah mein Bett in Flammen! Instinktiv warf ich meine Decke darüber, um das Feuer zu ersticken. Vor Schreck zitterte ich am ganzen Leib. Im nächsten Augenblick schrie Ferrán: „Paß auf, das Feuer kommt wieder!" Die Strohmatte brannte lichterloh und auch die Schnüre, auf die wir die Kleidungsstücke zum Trocknen aufgehängt hatten. Ich fühlte mich wie benommen und wußte nicht mehr, wer und wo ich war.

Später, als ich mich wieder ein wenig erholt hatte und das Feuer gelöscht war, schaute ich nach meiner Kleidung und mußte feststellen, daß an meiner Windjacke ein Ärmel verbrannt und eine meiner wenigen Blusen völlig verkohlt war. Ein Babyhemdchen des kleinen Ferrán war ganz voll Ruß, aber heil geblieben, und eine meiner Dekken war am oberen Ende ein wenig angebrannt. Mein Kopf hatte Gott sei Dank so gelegen, daß mir das Feuer nicht die Haare ansengen konnte. Wie leicht hätte sonst mein ganzer Kopf brennen können!

„Was für ein Wunder, daß nicht mehr passiert ist!" mußte ich immer wieder denken. Conchita empfand das gleiche. Ihr Baby weinte jeden Morgen gegen fünf Uhr. Dann stillte sie das Kind im Bett, und anschließend schliefen beide noch einmal ein. Weil es immer so kalt war, schaute sie nie weit unter der Decke hervor – nur an diesem Morgen. Dabei hatte sie das Gefühl, daß neben dem von uns gemachten Feuer noch ein zweites brannte. Aufgeregt weckte sie ihren Mann, und er war es dann gewesen, der so laut meinen Namen gerufen hatte.

Später am Tag sagte der Leutnant zu mir: „Heute morgen habe ich die Minina schreien gehört."

„Ja, vielen Dank, daß Sie mir geholfen haben, vor dem Feuer in Sicherheit zu kommen."

„Oh, ich dachte, Sie haben einen Arzt dabei, da brauche ich mich nicht darum zu kümmern."

„Hunderte von Soldaten marschieren mit uns, aber wenn es darauf ankommt, ist keiner bereit, mich zu retten."

Ich muß dazu sagen, daß wir von dem Lager davor noch hundert Soldaten zusätzlich dabeihatten. Wir gingen in drei Kolonnen, und ungefähr zweihundert Soldaten hatten in dieser Nacht um uns herum geschlafen, aber keiner hatte sich gerührt, als ich schrie. So gut wurden wir also „bewacht"!

In der Andacht an diesem Tag dankte ich Gott ganz besonders dafür, daß er mich so wunderbar beschützt hatte. Dann neckten wir uns noch ein bißchen gegenseitig. Dr. Sabaté und ich hatten während unserer gemeinsamen Arbeit in Bongo des öfteren heiße Diskussionen und Wortgefechte miteinander gehabt. Auf fachlichem Gebiet hatten wir eine hervorragende Zusammenarbeit, aber ansonsten war ich oft anderer Meinung als er.

Jetzt sagte er scherzhaft zu mir: „Du bist so böse, daß dich nicht einmal das Feuer ertragen kann."

Ich warf ihm den Ball gleich zurück: „Und du bist so schlimm, daß kein Feuer bei dir brennen kann."

Er tat so, als mache er Anstalten, mich ins Feuer zu werfen, aber ich sagte ihm: „Dazu bist du zu schwach." Tatsächlich hatte er sehr stark abgenommen. Er sah aus wie ein Skelett mit Kleidern. Wir hatten zwar alle an Gewicht verloren, aber Ferrán und ich waren ganz besonders abgemagert.

An diesem Tag waren wir recht fröhlich, weil wir wußten, daß unser Fußmarsch bald zu Ende sein würde. Wir mußten bis zum Abend noch eine schlimme Strecke hinter uns bringen, aber nach ungefähr sieben Stunden zeitweiligem Dauerlauf trafen wir schließlich in dem Lager ein, wo uns die Lastwagen abholen sollten. Zum Glück ahnten wir nicht, welche Strapazen damit noch auf uns zukamen.

11

Ein Lkw und siebzig Passagiere

In meinem Tagebuch steht unter dem 16. Juli: „Wir sind in einem Militärlager angekommen, wo wir seit gestern auf die Lastwagen warten, die uns abholen sollen. Ende des Fußmarsches!!!“

Hier hatten wir nun auch einmal Gelegenheit, in solchen Bombenschutzhütten zu wohnen, die in Erdlöcher hineingebaut waren. Das war sehr interessant.

Bald kamen wir mit Soldaten ins Gespräch, die gerade vom Hauptquartier zurückgekehrt waren. Sie sagten uns, daß es gar nicht mehr weit bis zur Grenze sei, und so stieg unsere Hoffnung wieder, bald in Freiheit zu sein. Allmählich merkten wir aber aufgrund verschiedener Andeutungen, daß geplant war, uns noch einige Zeit im Hauptquartier zu behalten, bis wir uns ein wenig erholt haben würden. Außerdem war von bestimmten Papieren die Rede, die erst noch ausgefertigt werden müßten.

Während wir nach den Lastwagen Ausschau hielten, kam ein junger Mann auf uns zu und begrüßte uns höflich. Er trug eine schöne neue Uniform und stellte sich als Unteroffizier vor. Wahrscheinlich war er ein sehr guter Soldat, weil er für sein Alter schon einen Unterführer-Dienstgrad erreicht hatte. Er erzählte uns von den Erfolgen der UNITA im ganzen Land und meinte, daß der Bürgerkrieg bald gewonnen sei. Nach seiner Ansicht war es kein Problem, die kommunistische Regierung zu stürzen und die Kubaner aus dem Land zu jagen. „Kein Problem“ – das war schon ein geflügeltes Wort bei den Guerilleros. Schwierigkeiten gab es für sie nie. Wir wußten allerdings inzwischen, daß die Wirklichkeit sich nicht immer mit ihrem Wunschdenken deckte. –

Am nächsten Morgen mußten wir sehr lange auf das Frühstück warten. Es war schon zehn Uhr, und wir hatten immer noch nichts gegessen, als ich Sabatés mit einem jungen Soldaten auf meine Hütte zukommen sah. Ich ging ihnen entgegen, und Conchita rief: „Was meinst du, wer dieser Mann ist?! Ein Bruder von F.!“

F. hatte im Jahr zuvor bei uns in Bongo seine theologische Ausbildung abgeschlossen. In der Gemeinde war er als rechte Hand des Bibelschulleiters tätig. Er war immer auffallend gut und geschmackvoll angezogen. Während meines Europaurlaubes im Dezember 1981 hatte er geheiratet, und ich brachte ihm aus der Schweiz ein Geschenk mit. Ungefähr ein oder zwei Wochen vor unserer Entführung besuchte er mich mit seiner jungen Frau. Er arbeite jetzt in Malanje, einer Stadt im Norden Angolas, erzählte er damals. Wenige Stunden, bevor uns die Guerilleros aus den Betten holten, erfuhr ich noch, daß die UNITA in Malanje einen Überfall gemacht hatte. Ich fragte mich damals, ob F. wohl in diese Sache verwickelt war.

Und nun lernten wir seinen Bruder kennen! Er hatte ebenfalls die Missionsschule besucht und dort auch seinen Sekundarschulabschluß gemacht. Danach war er in die UNITA eingetreten.

Wir erzählten ihm von seiner Schwester, die erst vor kurzem noch als Patientin im Krankenhaus bei uns gewesen war, und was wir alles unterwegs erlebt hatten. Von seiner Familie hatte er schon lange nichts mehr gehört. Da die Regierung die Häuser aller Leute bewachen läßt, die Angehörige bei der UNITA haben, kann kein Guerillero Kontakt zu seinen Verwandten haben. Der junge Mann war deshalb sehr glücklich, als wir ihm einiges über seine Familie berichten konnten.

Dann kamen wir auf den Glauben zu sprechen, und jeder versuchte, seinen Standpunkt darzulegen. Der Unteroffizier meinte schließlich, wenn der Krieg erst einmal vorbei sei, würde er wieder Frieden mit dem lieben Gott schließen.

Inzwischen war es elf Uhr geworden, und wir bekamen endlich unser Frühstück. Zwei Stunden später gab es dann schon das Mittagessen. Ungefähr gegen 15.30 Uhr hörten wir plötzlich in weiter Ferne Motorengeräusch von Lastwagen langsam näher kommen. Wir fielen uns vor Freude in die Arme und waren ganz aus dem Häuschen. Nur André bekam es mit der Angst zu tun; weinend suchte er Schutz bei seiner Mutter, denn er hatte vergessen, wie sich ein Kraftfahrzeug anhört.

Jetzt erschien der Leutnant bei uns und sagte, wir sollten alle unser Gepäck fertig machen. Ich fotografierte schnell noch meine unterirdische Hütte, und dann konnte es losgehen. Unsere Überraschung war groß, als wir feststellen mußten, daß nur ein einziger Lastwagen gekommen war, auf dem schon dichtgedrängt eine ganze Menge Soldaten saß. Zwar wußten wir, daß nicht alle der rund 200 Personen unserer Gruppe mitfahren würden, aber es war trotzdem nicht vorstellbar, wie wir auf diesem Wagen noch Platz finden sollten. Wir Geiseln hatten ja noch einiges an „Begleitpersonal“, und dann gab es da außerdem eine Gruppe von Gefangenen – wahrscheinlich Leute, die gegen ein Gesetz verstoßen hatten –, die ebenfalls mitfahren sollten. Sorgen machten wir uns vorerst aber nicht. Unsere Erleichterung darüber, endlich nicht mehr laufen zu müssen, war einfach zu groß.

Dann wurde mit dem Beladen begonnen. Zwei Stunden lang wurden sämtliche Möglichkeiten ausprobiert und einige Male alles auf- und wieder abgeladen, damit man soviel wie möglich mitnehmen konnte. Wir schauten zu, lachten und waren so fröhlich, als ob wir eine Ferienreise machen würden. Wochenlang hatten wir von diesem Lastwagen geträumt, und jetzt war er endlich da. Schließlich waren auch wir an der Reihe, einzusteigen. Man wies uns den Platz gleich hinter der Fahrerkabine zu. Conchita und Rosmarie durften mit ihren Kindern zusammen mit dem Leutnant vorn beim Fahrer sitzen. Es war sehr eng bei ihnen, aber wenigstens waren sie vor dem Fahrtwind geschützt. Immer mehr Leute stiegen zu. Ungefähr siebzig Personen saßen schließlich so dicht aneinandergepreßt um uns herum, daß sich keiner mehr rühren konnte. Wir kamen uns vor wie bei einem Viehtransport. Unten auf dem Boden war alles voll mit Gepäck, so daß man nicht wußte, wohin mit den Füßen, und neben uns standen noch Tanks mit Öl, Benzin und Wasser.

Wir konnten uns einfach nicht vorstellen, wie der Wagen unter diesen Umständen vorankommen sollte, aber dann setzte er sich

Eine der Schutzhütten, die wir im letzten Lager vor der Weiterfahrt mit dem Lkw bewohnten. ● Vor der Abfahrt beim Beladen des Lastwagens.

doch in Bewegung. Es gab keine richtige Straße, nur ausgefahrene Lastwagenspuren im Sand. Wenn der Fahrer irgendwo eine Mine vermutete, fuhr er einfach ein Stück außen herum, und dann ging es durch Schlaglöcher, über Felsstücke und kleinere Baumstämme. Oft wurden wir dabei regelrecht in die Höhe geworfen, und das war jedesmal sehr schmerzhaft für uns alle. Bald drehte sich mir der Magen um, und mir war sterbenselend zumute.

Abends gegen 20 Uhr erreichten wir eine Ortschaft, und es hieß, daß wir hier etwas Maisbrei bekommen sollten. Von Essen wollte ich nichts hören. Ich stieg vom Wagen und ging hinter einen Baum, um mich zu erbrechen.

Es war bitterkalt, und wir froren erbärmlich, obwohl jeder von uns eine Decke hatte, in die wir uns einhüllen konnten. An einem Feuer, das die Soldaten gemacht hatten, versuchten wir uns etwas aufzuwärmen. Dann sollten wir alle wieder einsteigen und weiterfahren. Mir war immer noch übel, und in dem eiskalten Wind fühlte ich mich hundeelend. Lieber wollte ich wieder zu Fuß gehen und Hunger leiden, als diese schreckliche Fahrt mit der fürchterlichen Übelkeit noch länger ertragen zu müssen. Doch was blieb mir anderes übrig, als mitzukommen ...

Bald erreichten wir einen Fluß. Der Leutnant sagte zu Rosmarie und Conchita, sie müßten die Beine hochheben, weil wir da durchfahren würden. Die beiden Frauen versuchten ihre Kinder so gut wie möglich zu schützen, aber es half alles nichts – sie wurden vollgespritzt von oben bis unten und zitterten noch stundenlang vor Kälte in ihren feuchten Sachen. Zu allem Ungemach kam noch hinzu, daß wir ständig aufpassen mußten, damit uns in dem offenen Wagen keine Zweige ins Gesicht schlugen. Ein Soldat bekam einmal von einem herunterhängenden Ast einen solchen Schlag, daß er fast ohnmächtig wurde. Zum Glück hatte er ihn in letzter Sekunde gesehen und konnte sich noch bücken, so daß er nicht direkt am Kopf getroffen wurde, sonst wäre er wahrscheinlich getötet worden. Aber stundenlang hielt er sich noch den Kopf. Hinlegen konnte man sich nicht. Wer nur versuchte, sich ein klein wenig zu rühren, kam gleich seinem Sitznachbarn ins Gehege.

Gegen Mitternacht hielten wir. Durch das Fahren im Sand war der Motor des Lkw heißgelaufen, und jetzt mußte ungefähr alle halbe Stunde Wasser nachgefüllt werden.

Die Soldaten und Zivilisten um uns herum schliefen allmählich ein, und bald sanken sie übereinander und lagen kreuz und quer da. Schließlich drückten einige von ihnen so gegen uns, daß ich dachte, ich würde diese Nacht nicht überleben. An Schlafen war für uns nicht zu denken.

Ich schaute mich etwas um und sah wieder den Soldaten mit dem weißen Eimer, der mir schon früher aufgefallen war. Er hatte darin zwei kleine schwarze Töpfe, in denen er wahrscheinlich sein Essen kochte. Bisher hatte dieser Eimer niemanden gestört. Aber nun wollten alle schlafen, und da war er im Weg. Man konnte ihn nirgends hinstellen, weil er dann gewiß irgendein Bein oder einen Fuß drückte. So war dieser Eimer nun die ganze Nacht im Umlauf. Wo er hingestellt wurde, nahm ihn ein anderer wieder weg, weil er ihn störte. Im hellen Mondlicht sah man den weißen Eimer ständig von einem zum anderen wandern. Schließlich hielt ein hochgewachsener Mann den Eimer in die Höhe und fragte laut nach dem Besitzer.

„Dieser Eimer stört hier“, sagte er. „Ich werfe ihn gleich auf die Straße.“

„Oh, bitte nicht!“ rief der Soldat, dem er gehörte, ganz erschreckt. „Meinen Eimer brauche ich noch. Er hat mir immer gute Dienste geleistet.“

„Gut, dann trage ihn auch selbst.“

Nach ein paar Minuten hatte der Soldat ganz klamme Hände von der Kälte, und so ging der Eimer wieder auf Wanderschaft. Als er bei dem großen Mann ankam, rief dieser: „Ich kann diesen Eimer nicht mehr sehen!“

Kurz danach mußte der Fahrer anhalten, um Wasser in den Lkw nachzufüllen, und als wir wieder losfuhren, ließ der Mann den Eimer einfach draußen stehen. Bald vermißte der Soldat seinen Eimer und klopfte an die Fahrerkabine: „Anhalten! Ich muß erst noch meinen Eimer holen!“

Als er zurückkam, fuhr der Wagen weiter, doch dann stellte er fest, daß nur noch *ein* schwarzer Topf in dem Eimer war. Wieder ließ er anhalten, um seinen zweiten schwarzen Topf zu holen. Bald war der Eimer wieder im Umlauf. Als er zum drittenmal bei dem großen Mann ankam, wollte dieser ihn vor Wut auf die Straße werfen. Ich konnte sowieso nicht schlafen, und so sagte ich jetzt: „Geben Sie mir den Eimer. Ich halte ihn auf meinem Schoß.“

Irgendwie nickte ich aber doch für ein paar Minuten ein. Als ich wieder aufwachte, sah ich, daß der Soldat neben mir eingeschlafen war und sich auf meine Beine gelegt hatte. Sein Kopf steckte in dem Eimer, so daß man im Mondschein nur seinen Rücken aus dem Eimer herausgucken sah. Dr. Sabaté und ich mußten laut lachen bei diesem Anblick. Ganz verwundert fragte uns der Unteroffizier, wie wir in dieser Lage noch lachen könnten. –

„Eine Frau ist ohnmächtig geworden!" hieß es plötzlich. Der Fahrer hielt an, und einige Männer, darunter auch ein Pfleger, trugen sie ins Gras und warteten darauf, daß sie wieder zu sich kommen würde. Als sie sich nach einer Weile immer noch nicht rührte, baten uns die Männer um Hilfe. Ich suchte unter unseren Medikamenten nach einem geeigneten Mittel. In der Dunkelheit dauerte das eine ganze Zeit. Schließlich fand ich etwas und gab der Frau eine Spritze. Wir kletterten alle wieder auf den Lkw zurück, nur der Pfleger verschwand kurz hinter ein paar Büschen. Als er zurückkam, hatte inzwischen ein Soldat seinen Platz eingenommen, und jetzt war nirgends mehr auch nur die kleinste Lücke frei. Vergeblich versuchte er irgendwo durchzukommen und sich hinzusetzen. Der Wagen fuhr bereits wieder an, und der Mann hatte immer noch keinen Platz gefunden. Jeder versuchte ihn abzuwehren, weil es sowieso schon so unbequem war, und so schwebte er schließlich, von sechs oder acht abweisend ausgestreckten Händen getragen, wie ein Luftballon über uns.

Dann sagte jemand, die Frau sei wieder ohnmächtig geworden. Irgendwie schaffte es der Pfleger nun doch, wieder auf den Boden zu kommen und sich zu der Bewußtlosen durchzukämpfen. Er bat den Fahrer, noch einmal anzuhalten, aber der sagte: „Das ist jetzt nicht mehr möglich. Wir haben ohnehin schon zuviel Zeit verloren. Tagsüber werden wir mit diesem Wagen nicht fahren können, weil er die Hitze nicht verträgt. Wenn es nicht besser wird mit ihr, dann werft sie auf die Straße! Ich halte jedenfalls nicht mehr an!"

So mußte der Pfleger die Frau unter den Armen stützen und hochhalten, damit sie atmen konnte. Die arme Frau! Sie war die Witwe eines Guerilla-Soldaten und unterwegs zum Hauptquartier, wo man den Hinterbliebenen von UNITA-Kämpfern die Möglichkeit gibt, sich ihren Lebensunterhalt zu verdienen.

Gegen vier Uhr am Morgen hielten wir im Wald an. Ganz steif

kletterten wir aus dem Wagen. Die Soldaten machten ein Feuer, und wir wärmten uns ein wenig auf.

Später hielten wir unsere Andacht und die Bibelbetrachtung. Der Bibeltext in meinem Andachtsbuch beschäftigte sich mit dem Ruhetag, und so wurden wir daran erinnert, daß Samstag war. Ich hatte mir eine schöne weiße Bluse aufbewahrt, die ich an diesem Tag tragen wollte, aber jetzt merkte ich, daß das sinnlos gewesen war. Von Kopf bis Fuß waren wir schwarz mit Öl verschmiert, und darüber war eine Kruste aus Staub und Sand. Todmüde, wie wir waren, legten wir unsere Decken in den Sand und versuchten ein wenig zu schlafen. Wie beneideten wir Rosmarie und Ronaldo! Sie hatten die ganze Nacht auf dem Lkw geschlafen, und auch jetzt schliefen sie gleich wieder ein, während wir anderen einfach nicht zur Ruhe kommen konnten.

Gegen elf Uhr gab es endlich das Frühstück, das wir schon heißhungrig erwartet hatten. Jeder von uns bekam vier kleine Biskuits aus den Militärrationen und etwas Trinkschokolade. Davon wurde natürlich niemand satt. Wir fanden es merkwürdig, daß es nicht mehr gab, nachdem es geheißen hatte, mit dem Lkw sei auch eine größere Ladung Lebensmittel gekommen.

Zum Mittagessen allerdings gab es ganz sauberen Reis – ohne Steine! Solch guten Reis hatten wir während unserer ganzen Zeit in Angola nicht zu Gesicht bekommen. Dazu reichten sie uns getrocknetes Gemüse, das in Wasser eingeweicht worden war und sehr gut schmeckte. Dieses Gericht war sogar mit Öl und Salz zubereitet worden und schmeckte ausgezeichnet. Lange schon hatten wir nicht mehr so etwas Gutes gegessen.

Am späten Nachmittag fuhren wir weiter und erreichten etwa gegen 20 Uhr ein kleines verlassenes Lager. Man wies uns zwei schöne Hütten zu, in denen wir einige Stunden schlafen sollten. Wir waren während der Fahrt mehrmals sehr stark hochgeworfen worden, und davon hatte ich jetzt fast unerträgliche Rückenschmerzen. Noch nicht einmal zum Essen konnte ich mich hinsetzen, so sehr tat mir alles weh.

Um ein Uhr in der Nacht ging die Fahrt weiter. Es war bitterkalt, und wir hüllten uns fest in unsere Decken ein. Sieben Stunden später hielten wir an einem Fluß an. Es hieß, daß wir hier warten sollten, bis am anderen Ufer ein Lkw erscheine und über Funk die Anweisung käme, den Fluß zu überqueren. Das war am 18. Juli, und wir warteten den ganzen Tag. Mir ging es sehr schlecht; mein Magen war immer noch in Aufruhr, und ich konnte den ganzen Tag nichts essen. Es gab ohnehin kaum etwas. Das Frühstück fiel aus, und aus dem Mittagessen wurde auch nur ein kleiner Imbiß: Maisfladen und ein wenig Schokolade.

Wir waren sehr schmutzig und baten die Mädchen, uns doch etwas Wasser aus dem nahe gelegenen Fluß zu holen, weil wir selbst nicht dort hingehen durften. Es sollte wieder einmal Stunden dauern, bis wir uns endlich waschen konnten. In der Zwischenzeit holten wir unser Gepäck, das bereits abgeladen worden war. Bald mußte ich feststellen, daß ein Sack fehlte, in dem einige Kleidungsstücke und ein Paar bequeme Schuhe von mir gewesen waren. Der Lkw war inzwischen wieder abgefahren, und damit besaß ich abermals ein paar Sachen weniger.

André war sehr unruhig und ließ seine Eltern nicht zur Ruhe kommen. Ich ging ein wenig mit ihm spazieren, um ihn abzulenken. Da sah ich unterwegs etwas, das mir doch den Atem verschlug. Der Leutnant saß ganz gemütlich da und badete seine Füße in der Schüssel, die sonst immer als Teigschüssel für das Maisbrot diente! Ein spanisches Sprichwort fiel mir ein: „Was das Auge nicht sieht, braucht das Herz nicht zu kränken", und so erzählte ich niemand davon.

Immer noch hatte ich sehr starke Rückenschmerzen und konnte mich nur mühsam bewegen. Der Leutnant fragte anteilnehmend, was mit mir los sei.

„Wissen Sie", sagte ich, „wenn wir noch lange auf diese Weise fahren müssen, können Sie uns vom Hauptquartier in Einzelstücken per Post zu unseren Angehörigen schicken."

Natürlich hörte er das gar nicht gern, aber das war mir gleich. Wir fühlten uns alle ganz zerschlagen. Auch war die Hitze, die tagsüber herrschte, fast unerträglich, so daß man nicht schlafen konnte.

Wir warteten noch den ganzen nächsten Tag, ohne einen Befehl zu erhalten. Erst am Dienstag, dem 20. Juli, hieß es am Nachmittag: „Jetzt müssen wir weitergehen."

Wir marschierten ungefähr zwei Kilometer am Fluß entlang, durch beschwerliches Sumpfgebiet. Der Cuito ist ein wunderschöner, breiter, tiefer Fluß. Mit Schlauchbooten wurden wir ans andere Ufer gebracht. Wir nutzten die Zeit, bis alle über dem Fluß waren, um unsere Kleidung zu waschen und auf den Wiesen zum Trocknen auszubreiten. Wenigstens die paar Sachen, die uns geblieben waren, wollten wir sauber und gepflegt halten.

Ich ging dichter an den Fluß heran, um noch ein paar Photos zu machen. Aber der Leutnant rief mich zurück. Er sagte mir, daß die Nilpferde und Krokodile hier nur auf Beute warteten. Besorgt beobachtete er die Schlauchboote, die hin- und herfuhren, um den Rest unserer Gruppe herüberzuholen. An dieser Stelle waren bei früheren Gelegenheiten schon einige Menschen ums Leben gekommen. Wenn ein Krokodil das Bein eines Menschen schnappt, zieht es ihn sofort in die Tiefe, und er kann nicht mehr gerettet werden. –

Schließlich waren alle über dem Fluß, und wir gingen den Hang hinauf bis zum Wald. Ein wunderschöner Sonnenuntergang ließ uns an diesem Abend wieder einmal besonders deutlich den krassen Gegensatz zwischen all den Strapazen und Leiden, die wir durchzustehen hatten, einerseits und der Harmonie und Schönheit, die Gott in die Natur gelegt hat, andererseits bewußt werden. Jetzt, da wir das Ende unserer unfreiwilligen Reise absehen konnten und auf unsere baldige Freilassung hofften, waren wir Gott dankbar, daß niemand von uns ernstlich krank geworden und alles doch recht glimpflich verlaufen war.

Der Wagen, der uns fortbringen sollte, war noch nicht angekommen, und so holten die Soldaten für uns getrocknetes Gras, damit wir uns eine Bettstelle bauen konnten. Sie gaben uns auch eine kleine Axt, um die vielen Baumwurzeln abzuschlagen und den Boden etwas zu ebnen. Ronaldo machte sich mit Begeisterung an die Arbeit und baute ein großes, schönes Nachtlager. Jeder machte seinen Schlafplatz fertig und stellte sich auf eine Übernachtung im Freien ein. Dabei waren wir gut gelaunt und machten noch Spaß miteinander. Weil ich bis jetzt noch kein Gras bekommen hatte, ging ich zum Leutnant, der sich immer in unserer Nähe aufhielt, und fragte ihn, ob seine Leute mir noch etwas bringen würden.

Jetzt erst sah ich das große Erdloch hinter dem Leutnant. Es war ungefähr zwei Meter lang und einen halben Meter tief. Ein Feuer brannte darin. Ganz dicht daneben hatte der Leutnant sein Bett aufgeschlagen. Auf diese Weise wurde die Erde um das Feuer herum viel wärmer als bei üblichen Lagerfeuern, wie er mir erklärte.

Ich sagte zu ihm: „Aber Herr Leutnant, Sie werden in der Nacht ins Feuer fallen."

„Das glaube ich nicht. Und wenn doch, dann werden Sie mich sicherlich retten."

„Also wenn ich heute Nacht höre, daß Sie im Feuer rösten, dann komme ich sicher, um mir das anzuschauen."

So alberten wir noch ein wenig herum, und dann legten sich alle schlafen. Kaum hatten wir die Augen zugemacht, als wir in der Ferne einen Lastwagen kommen hörten. Wir konnten es einfach nicht glauben. Da hatten wir zwei Tage lang auf diesen Wagen gewartet, und ausgerechnet jetzt, wo wir es so schön gemütlich hatten, tauchte er auf!

Es half alles nichts. Wir mußten uns wieder anziehen und unsere Sachen zusammenpacken. Wie schon gewohnt, dauerte es wieder einige Stunden, bis alles aufgeladen war. Man konnte schon merken, daß es wieder unerträglich eng werden würde.

Während die Soldaten noch mit dem Gepäck beschäftigt waren, kamen wir mit Bombassa, unserem Bewacher, ins Gespräch. Bald kam auch die Rede auf unsere Entführung und was wohl der Grund für sie sei. Ich sagte zu ihm: „Ihr seid wirklich mutige Leute, daß ihr Familien mit kleinen Kindern entführt und einfach wegschleppt."

„Ja, das sind wir."

„Und wenn nun einem dieser Kinder etwas passiert wäre, dann würde euer guter Ruf im Ausland doch sehr leiden."

„Ja", meinte er, „unsere Kinder müssen auch im Krieg sterben. Und das Kind von euch wäre dann eben auch im Krieg umgekommen."

„So einfach ist das also", entgegnete ich und merkte, wie der Ärger in mir hochstieg. „Dabei haben wir mit diesem Krieg doch überhaupt nichts zu tun. Das ist schließlich euer Krieg. Wenn ihr kämpfen wollt, müßt ihr damit rechnen, daß dabei Leute von euch umkommen."

„Ihr Ausländer seid letztlich schuld daran, daß wir diesen Krieg führen müssen."

„Wir nicht! Es stimmt zwar, daß das östliche wie das westliche Ausland versuchen, sich in eure Angelegenheiten zu mischen. Aber wir hier haben damit nichts zu tun."

„Ihr Weißen seid überhaupt schuld daran, daß wir so viele Probleme haben."

Ich sagte: „Wir haben ein portugiesisches Sprichwort: ‚Jeder versucht, seinen Fisch aus dem Feuer zu holen ohne Rücksicht darauf, ob die anderen Fische verbrennen.‘ Aber wir hängen keiner politischen Richtung an. Wenn andere nur an ihren eigenen Vorteil denken, ohne Rücksicht auf eure Interessen zu nehmen, dann kann man uns das nicht vorwerfen."

So diskutierten wir ungefähr eine halbe Stunde lang. Ich war sehr wütend und mußte aufpassen, daß ich nicht zuviel sagte. Wenn uns während dieser Zeit unserer Gefangenschaft etwas zustoßen sollte, würde es also heißen, wir seien im Krieg umgekommen. Niemand könnte dann etwas anderes beweisen.

So sind wir Gott heute sehr dankbar, daß er uns jeden Tag beschützt hat und auch die Soldaten meist guter Stimmung waren. Später erfuhren wir, daß nicht alle Gefangenen immer so gut behandelt wurden wie wir. –

Endlich war der Lastwagen fertig beladen. Weil die Fahrerkabine kleiner war als bei dem ersten Lkw, mußte Rosmarie mit André hinten bei uns sitzen. Das tat uns so leid für sie, denn es war sehr kalt und windig.

Direkt vor unseren Knien standen jetzt zwei große Tanks mit Wasser und Benzin. Schräg unter meinen Füßen lag ein Ersatzreifen. Ich versuchte, darauf einen Halt zu finden, aber durch das Rütteln des Wagens während der Fahrt rutschten meine Füße immer wieder zur Seite in das Reifenloch hinein.

In der Fahrerkabine war kein Platz für den Korb des kleinen Ferrán, und so mußte der auch noch bei uns untergebracht werden. Bald wanderte der Korb hin und her wie der weiße Eimer ein paar Tage zuvor. Dr. Sabaté legte ihn mir auf die Knie, aber das war auch keine Lösung, weil ich mit der Nase ohnehin schon fast an die Tanks stieß, wo sich mittlerweile zu allem Überfluß noch ein paar Soldaten niedergelassen hatten und ihre Beine vor meinem Gesicht baumeln ließen. Der Wagen war vollkommen überladen. Auch unsere Köchin kämpfte mit ihren fünf Kindern um etwas Platz und schimpfte so laut, daß wir lachen mußten. So ging das die ganze Nacht, und einer schimpfte auf den anderen. Ich sah, daß Ferrán etwas mehr Platz hatte als ich, und gab ihm den Korb zurück. Er stülpte ihn sich schließlich über den Kopf!

Auch Conchita war mit ihrem Baby in der Fahrerkabine äußerst eingeengt. Sie mußte die Füße anziehen, weil vor ihr das Funkgerät lag, das immer besonders gut verwahrt sein mußte. Es war für sie sehr schwierig, ihr Kind richtig festzuhalten und dabei nicht das Gleichgewicht zu verlieren. Eine Windschutzscheibe gab es nicht, so daß sie von vorn gegen den Wind ganz ungeschützt waren. Wir gaben Conchita eine Decke, damit sie es wenigstens ein bißchen wärmer hatten.

Auf der Motorhaube saß der Leutnant, zusammengerollt wie eine Katze. Für ihn war ebenfalls kein Platz im Fahrerhaus gewesen. Von dem Rütteln und Schaukeln des Wagens wurde es André so übel, daß er sich erbrechen mußte. Ich gab ihm ein Handtuch, das ich mir um den Hals gewickelt hatte, um besser vor der Kälte geschützt zu sein. Der arme kleine Junge! Immer wieder mußte er sich übergeben, so schlecht war ihm. Ich konnte so gut mitfühlen. Mein Magen war auch ständig in Aufruhr, und dazu saß ich so eingezwängt da, daß mir die Beine einschliefen. Meine Füße waren seitwärts in das Reifenloch gerutscht, und nach und nach sanken schlafende Soldaten darauf. Es war so schrecklich, daß ich dachte, man würde mir später sicherlich die Beine amputieren müssen. Vor Schmerz schossen mir Tränen in die Augen, und ich weinte hilflos.

Die ganze Zeit hatten wir das Gefühl, daß entweder mit dem Wagen etwas nicht in Ordnung war oder der Fahrer verrückt spielte. Er fuhr sehr schnell, so daß der Wagen hin und her schwankte, und bremste ganz plötzlich, wenn eine Kurve kam. Ein paarmal wurde auf diese Weise fast jemand herausgeschleudert. Die Soldaten, die keinen Sitzplatz mehr gefunden hatten, schwankten von einer Seite zur anderen, und man dachte jeden Augenblick, gleich würden ein paar von ihnen herunterfallen. Wir fanden es auch merkwürdig, daß der Fahrer sich mit fadenscheinigen Begründungen immer wieder weigerte, anzuhalten, wenn es eigentlich erforderlich gewesen wäre.

Gegen vier Uhr erreichten wir ein Militärlager. Schon von weitem sah man die Feuer, und die Bewohner kamen aus der Dunkelheit uns entgegen. Unsere Soldaten sprangen vom Wagen, begrüßten sie recht freundlich und unterhielten sich dann in ihrer Stammessprache miteinander. Es war immer ein eigenartiges Gefühl für uns, nachts in einem solchen Lager mitten im Wald anzukommen. Zwar hatten wir nicht direkt Angst, daß uns etwas zustoßen würde, aber ein Gefühl der Beklommenheit beschlich uns doch, wenn dunkle Gestalten lautlos umherhuschten und wir nicht verstehen konnten, was gesprochen wurde.

Als es ans Aussteigen ging und ich aufstehen wollte, spürte ich zuerst meine Beine gar nicht. Erst allmählich kehrte wieder Leben in sie zurück.

Zitternd vor Kälte knieten wir uns vor ein großes Feuer. Die Lagerbewohner schauten uns mißtrauisch an. Nach einer Weile brachten die Mädchen, die immer für uns kochten, uns einen Schokoladentrunk. Sie hatten dazu etwas Schokolade aus den Militärrationen in heißem Wasser aufgelöst. Nachdem ich davon getrunken hatte, mußte ich mich erbrechen, bis mein Magen völlig leer war. Dann bekam ich auch noch Durchfall und mußte die Toilette aufsuchen. Sie war zur Waldseite hin offen, und ich fühlte mich ständig beobachtet. Es ging mir aber so schlecht, daß ich keine andere Wahl hatte, als sie zu benutzen.

So ging das bis sieben Uhr. Dann sollten wir wieder auf den Lastwagen steigen. Ich wandte mich an den Leutnant: „Wenn wir wieder so zusammengepreßt sitzen müssen wie heute Nacht, dann bleibe ich lieber hier." Einige Soldaten hörten das und erzählten ihm, daß ich vor Schmerzen geweint habe. Auch Dr. Sabaté beklagte sich. All das zusammen verfehlte nicht seine Wirkung, und so gab der Leutnant die Anweisung, daß die Hälfte der Soldaten im Lager bleiben und auf den nächsten Lastwagen warten sollte. Auf seinen Befehl wurde außerdem der Fahrer durch einen anderen ersetzt. Später erzählte mir der Leutnant, daß der Fahrer vom Tag zuvor zum erstenmal in seinem Leben einen Lkw gesteuert habe. Er meinte, manches Mal habe er gedacht, sein letztes Stündlein sei gekommen, wenn der Fahrer den Wagen über dicke Baumstämme lenkte. Es war schon ein Wunder, daß es auf diese Weise keinen Unfall gab.

Jetzt konnten wir wenigstens die Beine ausstrecken und hatten es doch ein bißchen bequemer. Die Fahrt ging auch weiterhin durch Wald, bergauf und bergab über Wurzeln und Stämme. Rosmarie und ich überspielten unsere Müdigkeit, indem wir Volkslieder aus unseren Heimatländern sangen. Sie hat eine sehr schöne Stimme, und wir sangen laut und kräftig. Ronaldo ließ sich dadurch nicht stören; er schlief tief und fest und hatte ganz offensichtlich ein besonderes Talent zum Schlafen. Seine Frau hielt ihn und das Baby fest, damit sie nicht hin- und hergeschleudert wurden.

Wie beneideten wir Ronaldo! Von der ganzen Fahrt mit all den Strapazen bekam er so gut wie nichts mit, denn meist war er schon nach fünf Minuten eingeschlafen. Uns anderen war das leider nicht möglich. So sangen wir und erzählten einander von unseren Heimatländern.

Der Weg war so sandig, daß der Wagen streckenweise nur noch dreißig Stundenkilometer fahren konnte. Immer wieder mußten wir den Kopf einziehen, um nicht von herabhängenden Ästen gestreift zu werden.

Vor mir saß der Soldat, der für das Funkgerät verantwortlich war. Nur einmal paßte er nicht auf, und schon riß ihm ein Ast den Hut vom Kopf. „Kein Problem“, meinte er und holte aus seinem Rucksack einen zweiten. Kaum hatte er ihn aufgesetzt, raubte ihm ein Ast auch diesen. Wie gut, daß wir doch immer wieder etwas zu lachen hatten! Jetzt erst fiel uns auf, daß auch Bombassa, unser Bewacher, keinen Hut mehr besaß.

Gegen zwölf Uhr machten wir wieder halt. Die Soldaten versuchten mit Hilfe einer langen Schnur, die sie aus Baumrinde gedreht hatten, ein Feuer zu machen. Im allgemeinen schafften sie das damit immer sehr schnell, aber heute wollte es ihnen nicht gelingen. Zum Glück hatte Conchita noch eine Schachtel Streichhölzer in ihrem Gepäck, die sie ihnen jetzt geben konnte.

Bis das Mittagessen fertig war, machte ich einen Spaziergang um das Lager herum. Dabei entdeckte ich drei große Bäume mit tropischen Früchten, die ich aus Bongo kannte. Sie sind grün und rund, etwas größer als ein Tennisball und haben eine ganz harte Schale. Weil ich wußte, daß sie gut schmecken, wollte ich mir gern ein paar davon pflücken. Die Bäume hatten lange Dornen, so daß ich beim Hinaufklettern aufpassen mußte, um mich nicht zu stechen. Ferrán und ich aßen begeistert, soviel wir konnten. Oliveiras waren sie zu sauer. Die Einheimischen warnten uns, daß man Durchfall davon bekommen könne, aber wir ließen es uns trotzdem schmecken.

Zum Mittagessen gab es Reis, und gleich danach mußten wir wieder in den Lastwagen steigen. Wir waren an diesem Tag so schmutzig, daß wir lachen mußten, weil wir uns fast nicht mehr erkennen konnten. Eine klebrige Mischung aus Öl, Schweiß und Sand hatte unsere Haut und Kleidung völlig überzogen, so daß die echte Hautfarbe nicht länger sichtbar war.

Wir fuhren den ganzen Nachmittag, und es wurde so heiß, daß jede halbe Stunde Kühlwasser nachgefüllt werden mußte. Gegen Abend blieb der Lkw plötzlich stehen. Der Leutnant und ein anderer Mann stiegen aus, um nach dem Rechten zu sehen. Der ältere Fahrer vom Tag zuvor war ärgerlich, weil er ausgewechselt worden war, und setzte sich jetzt hinter das Steuer. Er trat auf das Gaspedal, daß der Motor aufheulte.

Der Leutnant schrie ihn an: „Steig sofort aus! Was machst du auf dem Wagen? Wer hat dir gesagt, daß du fahren sollst?!"

Der Mann blieb einfach sitzen. Der Leutnant wurde noch lauter: „Aussteigen! Sofort! Du verstehst überhaupt nichts vom Fahren. Du bist ein Esel. Ich habe noch nie einen solchen Esel wie dich gesehen, der einen Lastwagen fahren will. Du bildest dir ein, fahren zu können, aber davon träumst du doch nur."

Dann merkte ich auch, warum der Leutnant oft so besorgt war. „Wenn einem dieser Leute etwas zustößt", schrie er, „kostet es mich den Kopf. Du spielst hier mit Menschenleben. Steige aus, oder es ist das letztemal, daß du einen Wagen gefahren hast." Kleinlaut verließ der Mann den Fahrersitz.

Schließlich konnten wir weiterfahren, doch nach einer Weile streikte der Wagen erneut. Die Räder steckten tief im Sand, und das Kühlwasser kochte. Alle versuchten den Wagen wieder flottzumachen, und nach einer Weile sprang er tatsächlich an. Zwei Stunden fuhren wir, und dann stand der Wagen erneut! Die Männer versuchten noch einmal den Lkw zu reparieren, und als sie gerade alle um die Motorhaube standen, kam plötzlich aus der Dunkelheit heraus ein großer beladener Lastwagen mit aufgeblendetem Licht auf uns zu.

Wir erschraken fast zu Tode. Was sollten wir tun, wenn das Regierungssoldaten waren? Wenn es zu einer Schießerei käme, würden wir das wohl nicht überleben.

Der Leutnant beruhigte uns: „Schauen Sie einmal genau hin. Der Wagen hat nur einen Scheinwerfer. Bei uns ist es strenge Vorschrift, daß bei jedem Lkw sofort ein Scheinwerfer entfernt werden muß. Daran erkennen wir, daß das Leute von unserer Seite sind." Tatsächlich fuhr der Wagen kurz darauf an uns vorbei, ohne uns zu behelligen. Trotzdem blieb bei uns ein Gefühl des Unbehagens zurück. Ob die MPLA-Leute dieses Mittel der Verständigung nicht inzwischen auch kannten und einmal versuchen würden, ihren Feind damit zu überrumpeln?

Zeit zum Nachdenken blieb uns nicht lange. Schon tauchte in der Ferne wieder ein Wagen auf – mit zwei hellen Scheinwerfern, die beide aufgeblendet blieben. Wie erstarrt stand der Leutnant da und schaute tief erschrocken dem Wagen entgegen, der direkt auf uns zukam, ohne seine Geschwindigkeit zu verringern. Der Leutnant lief ihm mit erhobenen Händen entgegen und rief: „Halt! Anhalten!"

Doch der Fahrer sah uns erst, als er ganz dicht vor uns war, und machte eine Vollbremsung, während der Leutnant mit einem gewaltigen Satz zur Seite sprang. Zu unserer Erleichterung begrüßten sich die beiden freundlich, nachdem der Fahrer ausgestiegen war. Er hatte Lebensmittel und Waffen geladen. Da es kein Militärfahrzeug war, hatte er keinen Scheinwerfer zu entfernen brauchen – so erklärte man uns wenigstens.

Unser Wagen war inzwischen wieder fahrbereit. Zwei Stunden später, ungefähr um Mitternacht, hieß es dann: „Der Wagen ist endgültig kaputt. Wir müssen über Funk Hilfe anfordern."

Es war sehr kalt. Wir versammelten uns um das Feuer, das die Soldaten schnell gemacht hatten. Lange mußten wir warten, bis sie jemand gefunden hatten, der uns einen Ersatzwagen schicken konnte.

Dies war nun schon die zweite Nacht, die wir schlaflos verbringen mußten. Wir lagen im Sand neben dem Feuer, doch vor Müdigkeit und Kälte konnten wir keine bequeme Stellung finden. Wir standen auf, setzten uns neben das Feuer, gingen wieder ein paar Schritte – und träumten von einem bequemen warmen Bett in sicherer Umgebung!

Die Mädchen kochten Kaffee, und weil wir keinen haben wollten, lösten sie für jeden von uns eine Schokoladentablette in etwas heißem Wasser auf.

Oliveiras schliefen trotz der Kälte seelenruhig auf dem Lastwagen. Schließlich kam der Fahrer angelaufen und meinte: „Der Wagen ist wieder in Ordnung. Alles einsteigen, wir fahren weiter."

Ungefähr eine Stunde waren wir unterwegs, als der Wagen endgültig stehenblieb. Nach einer Weile kam ein anderer Lastwagen, um uns abzuschleppen. Er zog uns ein kurzes Stück, doch schon an einer leichten Steigung gab es einen lauten Knall, und jetzt hatten wir zwei kaputte Lkw's! Wieder stiegen wir aus und setzten uns zitternd vor Kälte um ein Feuer. Wie beneidete ich Rosmarie und Ronaldo, die von alledem nichts mitbekamen, weil sie bis zum anderen Morgen tief und fest schliefen!

Ich hatte das dringende Bedürfnis, mein Gesicht mit kaltem Wasser zu waschen, um mich wieder sauber zu fühlen und die bleierne Müdigkeit zu vertreiben. Seit wir mit den Lastwagen unterwegs waren, hatte man uns nie erlaubt, uns an einem Fluß zu waschen. So waren wir immer darauf angewiesen, daß uns das Wasser gebracht wurde.

Als es jetzt Morgen wurde, bat ich unsere Köchin, mich doch zum Fluß mitzunehmen. Der Leutnant und unser Bewacher hätten das bestimmt nicht erlaubt, aber zum Glück schliefen sie. Schnell holte ich mir aus meinem Gepäck das winzige Stückchen Seife, das ich noch besaß, und dann gingen wir in die Richtung, in der wir den Fluß vermuteten.

Von einem Hügel ging es hinunter ins Tal, doch unten fanden wir nur Sumpf vor, in den wir knietief versanken. Wir überlegten, ob wir nicht lieber umkehren sollten, doch dann dachten wir, daß es eigentlich nicht mehr weit sein konnte, und gingen weiter. Nach einer halben Stunde kamen wir aus dem Sumpfgebiet heraus. Ein schmaler Weg führte durch eine Savanne, und bald lag vor uns ein Fluß mit wunderschönem klarem Wasser. Es war kalt, aber herrlich erfrischend.

Ich fragte Senhora Isabel, unsere Köchin, von welchen Tieren wohl die vielen Spuren am Flußufer stammten. Von Elefanten, Löwen, Nashörnern, Nilpferden und dergleichen, meinte sie. Ich hatte einmal gelesen, daß Elefanten sehr gereizt sein können, wenn sie unvermutet auf Menschen treffen. Und nicht auszudenken war es, wenn erst ein Löwe hier aufkreuzen sollte ...

Auch Senhora Isabel war es jetzt nicht mehr geheuer hier, und so wuschen wir uns so schnell wie möglich. Immer wieder schaute ich in die Ferne, ob auch kein „großes Tier" in unsere Richtung kam. Ganz oben auf dem Hügel, ziemlich weit weg von uns, sah man unsere Lastwagen und die Soldaten. Ob sie uns hören würden, wenn wir jetzt um Hilfe riefen? Auf alle Fälle würden sie bei Gefahr nicht schnell genug bei uns sein können, das war klar. Scherzhaft sagte ich zu Senhora Isabel: „Oh, da kommen ja Elefanten!" Aber innerlich hatte ich doch wirklich Angst, die Tiere könnten gleich kommen, um Wasser zu trinken, denn es war ja früh am Morgen.

Rasch machten wir uns fertig. Senhora Isabel füllte ihren Eimer mit Wasser, hob ihn auf den Kopf, und dann traten wir den Rückweg an. Wir hatten es eilig, doch in dem Sumpfgebiet kamen wir nur langsam voran. Wenn jetzt ein wildes Tier auftauchte, würden wir noch nicht einmal weglaufen können ...

Ich ging voraus, weil ich nicht so beladen war, und versuchte eine Abkürzung zu finden. Doch wir gerieten immer tiefer in den Sumpf hinein. Senhora Isabel sackte noch mehr ein als ich, denn sie hatte ja den schweren Eimer auf dem Kopf. Ich entdeckte einen kleinen Weg, der ein wenig höher gelegen und mit Gras bewachsen war. Wir folgten ihm, weil er besser zu begehen war und ein wenig sicherer aussah. Doch bald entdeckten wir auch hier zahlreiche Spuren, von Löwen beispielsweise ...

Ich betete ununterbrochen zu Gott, daß er uns helfen möge, damit uns nichts passierte. Wie leid tat es mir jetzt, daß ich so unvernünftig gewesen war, mich ohne Militärschutz derart weit von der Gruppe zu entfernen!

Wir hatten keine Waffe dabei, und kein Soldat konnte für uns schießen, wenn uns jetzt ein Raubtier angreifen sollte. Ich zitterte vor Angst, und mein Herz klopfte so stark, daß ich es fast hören konnte. Auch Senhora Isabel wurde beim Anblick der großen Fußspuren von Nashörnern und Nilpferden immer verzagter. In Sumpfgegenden passiert es gar nicht selten, daß plötzlich Nilpferde auftauchen. Normalerweise greifen sie nicht an, aber sie sind unberechenbar, wenn sie erschreckt werden.

Plötzlich sah ich vor mir in gebückter Haltung ein kleines Löwenkind. Es schaute mich ganz ängstlich an, und ich hatte das Gefühl, daß es in dem hohen Gras nicht allein war. Vorsichtig machten wir kehrt, und ich schaute immer wieder zu der Stelle hin, ob sich dort etwas bewegte. Die arme Senhora Isabel war in Todesangst. Sie wußte, daß sie mich nicht hätte mitnehmen dürfen. Es würde sie den Kopf kosten, falls mir etwas zustoßen sollte.

Voller Angst betete ich: „Lieber Gott, ich bin unvernünftig gewesen. Verzeih mir doch und hilf, daß wir wieder heil zurückkommen." Ich mußte immer daran denken, wie gefährlich Löwinnen sein können, wenn es um ihre Jungen geht.

Endlich konnten wir in der Ferne die Lastwagen sehen, und wir fingen an, laut zu schreien. Bald kamen uns ein paar Soldaten entgegen, und einer nahm Senhora Isabel den Eimer ab. Ganz aufgeregt kamen wir schließlich bei den anderen an, doch wir erzählten niemandem von unserem Ausflug.

12

Am Ziel unserer Reise

Zum Frühstück sollte es Kartoffeln mit Fisch geben. Die Einheimischen machten immer alles sehr langsam. Ich half beim Kartoffelschälen, denn es war schon zehn Uhr, und wir hatten großen Hunger.

Immer wieder fragten mich Leute von der UNITA, ob ich nicht bei ihnen bleiben wolle. Sie boten mir allerlei Möglichkeiten an und hätten es gern gesehen, wenn ich als Krankenschwester für sie gearbeitet hätte. Schon während des Fußmarsches hatten die Soldaten manchmal gemeint: „Diese Minina ist eine von uns. Sie ist eine UNITA." Das hing damit zusammen, daß mir das Laufen nicht so schwerfiel. Dann boten sie mir immer an, ich solle doch bei ihnen bleiben, doch ich lehnte dankend ab.

An diesem Morgen fragte mich auch Senhora Isabel, ob ich nicht Lust hätte, bei ihnen zu bleiben. Die UNITA könnte mich gut gebrauchen. Mir machte diese Frage immer etwas Angst, denn es konnte ja sein, daß man mich zum Dienst bei der UNITA zwingen und gar nicht mehr freilassen würde ...

Jetzt hatten wir alle aber erst einmal großen Hunger, denn seit fast 24 Stunden war nichts mehr in unseren Magen gekommen. Jeder bekam eine große Portion Kartoffeln, und als wir sie gerade vertilgt hatten, hielt plötzlich ein Lastwagen vor uns. „Alles umsteigen. Schnell, schnell, wir müssen uns beeilen", hieß es.

Ich hatte die Hände voll wilder Früchte, die ich mit einem Kind unserer Köchin im Wald gesammelt hatte. Das war für unterwegs wenigstens noch eine leckere, vitaminreiche Nachspeise. Nach ungefähr einer halben Stunde Fahrt erreichten wir ein Lager mitten in der Savanne. Senhora Isabel bekam Anweisung, hier mit ihren Kindern und den Mädchen, die ihr beim Kochen immer zur Seite gingen, auszusteigen. Wir wußten, daß das Hauptquartier, wo wir freigelassen werden sollten, noch eine Tagesreise entfernt lag. Jetzt schaute uns die Köchin ganz erstaunt an, und wir alle fragten uns, wo wir wohl hingebracht würden. Wer sollte jetzt für uns kochen? Wir sahen, wie alle Lebensmittel ausgeladen wurden, und das machte uns noch mißtrauischer. Warum gab man uns keine Erklärung? Es tat uns leid, Senhora Isabel Lebewohl sagen zu müssen, denn sie war immer sehr freundlich zu uns gewesen und hatte für uns gesorgt, so gut es ihr möglich war. Zudem bedrückte uns die Ungewißheit über unser weiteres Schicksal.

So fuhren wir weiter und trafen in einem anderen Lager auf einen Lastwagen, der uns entgegenkam. Alle Soldaten, die nun schon seit über drei Wochen mit uns unterwegs waren, bekamen Anweisung, auszusteigen. Auch der Leutnant und Bombassa verabschiedeten sich von uns. Ratlos schauten wir einander an. Hatte man uns nicht gesagt, daß diese Gruppe von Soldaten uns bis zum Hauptquartier begleiten würde? Wir wurden mit Major Melgasso bekanntgemacht, einem großen Mann mit einer langen Narbe auf einer Wange. Zusammen mit einem Begleiter stieg er in unseren Lkw ein, auf dem sonst nur noch wir fünf Missionare zurückgeblieben waren. Der Major erzählte uns, daß wir bald am Ziel unserer Reise seien, und wieder wunderten wir uns. Die Fahrt ging an gutangelegten Gemüseplantagen vorbei, durch die Savanne und am Fluß entlang.

Plötzlich bogen wir von der Straße ab und fuhren in den Wald hinein. Vor uns erschienen Dornenbüsche, die ganz undurchdringlich, wie zusammengesponnen, aussahen. Der Lastwagen hielt, und jetzt erkannten wir – gut getarnt – kleine Hütten hinter den Büschen.

Als man uns sagte, daß wir hier am Ziel seien, bekamen wir doch einen gewaltigen Schreck. Wohin hatte man uns gebracht? Warum sollten wir hierbleiben und nicht ins Hauptquartier kommen? Man wies uns drei Hütten zu und sagte uns, daß wir hier eine oder zwei Wochen bleiben würden.

Wir kamen uns vor, als hätte man uns zum zweitenmal entführt. Als wir uns ein wenig umschauten, sahen wir noch mehr Hütten, ganz versteckt im Wald. Überall gingen Soldaten umher.

Unsere Hütten waren nur mit dem Notwendigsten eingerichtet. Das Bett bestand aus Baumzweigen, die mit in Wasser aufgeweichter Rinde zusammengebunden waren. Die solcherart gebildete Liege war an der Hüttenwand befestigt und wurde auf der anderen Seite von zwei in die Erde gerammten Stöcken gestützt. Darauf lag noch eine weitere Schicht zusammengebundener Baumzweige in Querrichtung, und das Ganze war schließlich mit viel Stroh gepolstert. Ich legte mir eine Decke darauf und konnte so einigermaßen bequem schlafen. Der Tisch war nach dem gleichen Prinzip gebaut, nur ohne die Strohpolsterung natürlich. So sah der ganze Einrichtungskomfort in unseren Hütten aus! Aber wir konnten schon von Glück sagen, daß wir nicht auf dem Boden schlafen mußten. Weil es keine Tür gab, hängte ich eine alte Tischdecke, die ich unter meinen Sachen gefunden hatte, vor den Eingang. Sie war aber so kurz, daß oben oder unten immer ein Stück offenblieb. Mit der Zeit gewöhnte ich mich daran, daß ich immer damit rechnen mußte, beobachtet zu werden. –

In mein Tagebuch schrieb ich am ersten Abend unter anderem: „Bald stellte uns der Major den spanischen Priester Fernandez vor, der schon acht Monate gefangengehalten wurde. Ich kämpfte gegen die Verzweiflung an."

Mir fiel ein, daß ich am 6. April in Bongo zufällig eine Sendung der UNITA im Radio gehört hatte. Darin war die Freilassung von sechzehn entführten Portugiesen verkündet und ein Interview mit einem katholischen Priester namens Fernandez gesendet worden. Als ich diesen Mann jetzt traf, erkannte ich ihn gleich an seiner Stimme wieder.

„Wie kommt es, daß Sie noch hier sind? Damals hieß es doch im Radio, Sie seien freigelassen worden?" wollte ich von ihm wissen.

„Am 5. April", erzählte er nun, „wurde ich mit sechzehn Portugiesen zu einem Treffen mit dreißig Journalisten mitten in den Urwald gefahren. Nach meinem Interview fuhren die anderen Geiseln in Richtung Freiheit, und ich mußte ins Lager zurückkehren. Warum – das hat man mir nie gesagt. Inzwischen sind schon wieder vier Monate vergangen, und ich weiß überhaupt nicht, was sie weiter mit mir vorhaben."

Uns allen sank der Mut, als wir das hörten, und wir hätten am liebsten geweint. Wie lange würden wir wohl noch festgehalten werden? Was hatten wir noch alles zu erwarten?

Dann kam der Major mit einem großen Formular und stellte uns eine Menge Fragen. Wann und woher wir kamen, wohin wir gingen, wo wir gearbeitet hatten, wann und wie wir entführt wurden. Er interessierte sich auch dafür, wie wir von den Soldaten unterwegs behandelt worden waren und ob wir während unserer Zeit in Bongo Kubaner gesehen hatten. Zum Glück waren auf unserer Missionsstation nie welche aufgetaucht, und wir wußten auch nicht so genau, was sie überhaupt in Angola machten. Der Major wies uns darauf hin, daß wir alles sagen müßten, was wir wüßten; lügen könnte für uns gefährlich werden. Als Christen waren wir immer darum bemüht, die Wahrheit zu sagen, und hatten auch jetzt ein reines Gewissen. –

Am nächsten Tag war ich gerade beim Holzsammeln, um in meiner Hütte ein Feuer machen zu können, als ich einen mir unbekannten weißen Mann in Begleitung zweier Soldaten sah. Er kam auf mich zu, und wir begrüßten uns.

„Ich bin Victoria Duarte aus Argentinien, von Beruf Krankenschwester. Und wer sind Sie?“

Keine Antwort.

„Sprechen Sie Portugiesisch?“

„Ja“, sagte er nach einigem Zögern, und fragte dann schnell: „Wie lange sind Sie schon hier?“

„Wir sind erst gestern angekommen. Entführt wurden wir vor sechs Wochen.“

„Das ist ja noch nicht lange her. Ich bin schon fast zwei Jahre hier.“ Sein gebrochener Akzent verriet mir, daß er wohl einer der beiden gefangenen Russen sein mußte, die ebenfalls in diesem Lager sein sollten.

Einer der Soldaten, die neben ihm standen, ging in seine Hütte hinein und rief ihm zu, er solle kommen. Jetzt erst merkte ich, daß die Bewacher schon die ganze Zeit ziemlich unruhig gewesen waren. Ich nahm mein Holz und ging. Als ich mich nach ein paar Metern noch einmal umdrehte, sah ich den Mann in gebückter Haltung einen Finger auf seinen Mund legen. Es war also verboten, mit ihm zu sprechen.

Zum Frühstück, das erst sehr spät kam, gab es Reis mit Spiegelei.

Es war so appetitlich zubereitet, daß wir fast glaubten, schon in der Zivilisation zu sein. Wir wurden gefragt, ob wir uns in Zukunft gern selbst das Essen kochen wollten. Das war uns sehr recht, denn so hatten wir wenigstens eine Beschäftigung und konnten uns die Mahlzeiten selbst einteilen. Allerdings mußten wir uns erst einmal wieder beschweren, denn man hatte uns allen zusammen nur einen winzigen Topf, ganz wenig Reis und eine kleine Dose Fleisch gegeben. Es dauerte eine Weile, bis ich den Mädchen, die uns betreuen sollten, klarmachen konnte, was wir wollten. Schließlich brachten sie mir einen größeren Topf zum Kochen, einen zum Essen, eine Gabel und einen Becher.

Jeden Tag bekamen wir nun einen halben Becher mit Reis, ein wenig Öl und Maismehl. Zum Frühstück gaben sie uns eine Tafel Schokolade, weil wir keinen Kaffee haben wollten. Wir bekamen auch getrockneten Fisch und Büchsenfleisch, das ich sehr schlecht vertrug. Mir wurde richtig übel davon. Zum zweitenmal seit unserer Entführung bekam ich eine schwere Kolik und verlor stark an Gewicht.

Am schlimmsten war der Gedanke, noch lange hier in diesem Lager bleiben zu müssen, wo man zur Untätigkeit verurteilt war. Oft saß ich allein in meiner Hütte und las unter Tränen in meiner Bibel. Ich nahm mir vor, jeden Tag gründlich einen Psalm zu studieren, um mir aus den göttlichen Verheißungen Kraft und Mut zum Durchhalten zu holen.

Gleich am zweiten Tag kam der Major noch einmal mit einem Formular zum Ausfüllen. Er war ein wenig verärgert, weil sich Dr. Sabaté bei ihm über die Strapazen während unseres Fußmarsches und einige negative Vorkommnisse beschwert hatte. Ich versuchte ihn zu beschwichtigen, und als er weg war, lief ich schnell zu Oliveiras, die nicht weit von mir wohnten, und warnte sie, bei allem, was sie sagten, sehr vorsichtig zu sein. Wir mußten ja ständig Angst haben, durch ein unvorsichtiges Wort unsere Freilassung aufs Spiel zu setzen.

Als ich den Major das nächste Mal traf, fragte ich ihn, ob es nicht möglich sei, mir eine Beschäftigung zu geben, weil es für mich fast unerträglich war, die ganze Zeit allein in meiner Hütte zu sein. Eigentlich hätte Marie-José, die Schweizer Krankenschwester vom Internationalen Roten Kreuz, schon längst hier im Lager sein müssen, denn sie war ja einige Zeit vor uns entführt worden, und unterwegs auf dem Marsch hatte ich mehrmals gehört, daß sie dort schon vorbeigekommen sei. In ihrer Gruppe waren noch einige gefangene Portugiesen, von denen einer so krank war, daß er getragen werden mußte. Das hatten mir Soldaten in verschiedenen Lagern erzählt.

„Wo ist eigentlich die Schweizer Krankenschwester?“ wollte ich jetzt wissen.

„Sie muß wohl noch unterwegs sein. Bis jetzt ist sie noch nicht angekommen“, behauptete der Major. Das kam mir merkwürdig vor, aber ich fragte nicht weiter.

Ich erfuhr noch, daß in unserem Lager zwei Kubaner lebten, die übergelaufen waren. Im Hauptquartier von Präsident Savimbi hatte ein großer UNITA-Kongreß, der vierte seit Gründung der Partei, stattgefunden, und deshalb waren alle Gefangenen, die normalerweise dort festgehalten wurden, hierhergebracht worden. Außer dem Russen und dem spanischen Priester hatten wir aber noch niemanden zu Gesicht bekommen.

Am Sonntag, dem 25. Juli, kam der Major wieder und sagte, ich müsse mit ihm kommen. Journalisten seien da und wollten uns interviewen. Dann ging er zu Sabatés und Oliveiras, die er gleich mitnahm. Mich holte er erst etwas später ab und ging mit mir in eine andere Richtung. Wir liefen eine Weile, bis er vor einer Hütte stehenblieb und etwas hineinrief. Gleich darauf kam eine weiße junge Frau heraus, und ich wußte sofort: Das ist sie! Die Beschreibung, die mir die Großmutter des verletzten Kindes damals in Bongo von Marie-José gegeben hatte, traf auf diese Gefangene genau zu.

Ohne den Major um die Erlaubnis zum Sprechen zu fragen, redete ich sie an: „Wann sind Sie denn hier angekommen?“

„Oh, ich bin schon seit 15 Tagen hier.“

Der Major wurde recht verlegen und gab kleinlaut zu: „Ja, ich habe Sie angelogen.“

„Das habe ich schon gemerkt“, sagte ich nur.

Dann führte er uns weiter hinauf in den Wald hinein, wo sie einen Tisch und zwei Bänke grob zusammengezimmert hatten. Hier sollten wir auf die Journalisten warten. Ein Soldat hielt hinter uns Wache. Der Major war unruhig und wollte den Journalisten entgegengehen, weil er dachte, sie würden den Weg nicht finden. Wir nutzten die Gelegenheit, um schnell miteinander zu sprechen. Marie-José erzählte mir, daß sie große Angst vor diesem Interview habe. Am Mor-

Marie-José Burnier

Ich heiße Marie-José Burnier und wurde vor 27 Jahren in La Chaux-de-Fonds im Schweizer Kanton Neuchâtel geboren. Nach dem Abitur ließ ich mich am Universitätskrankenhaus in Lausanne zur Krankenschwester ausbilden und arbeitete dort anschließend ein Jahr lang auf der Intensivstation der chirurgischen Abteilung. Mein Interesse für die dritte Welt und meine Reiselust waren ausschlaggebend dafür, daß ich danach einen Kurs für tropische Medizin in Antwerpen absolvierte. Drei Monate später ging ich im Auftrag des Internationalen Komitees des Roten Kreuzes* für ein knappes halbes Jahr in den Libanon, um für die dortige Bevölkerung zu arbeiten.

Nach meiner Rückkehr schickte mich das IKRK Ende Januar 1982 ins Hochland von Angola, wo man eine Hilfsaktion für die Flüchtlingsbevölkerung organisiert hatte.

Zusammen mit einer Begleitperson besuchte ich regelmäßig rund 17 Dörfer des Gebietes um Kathiungo. Wir beobachteten die Ernährungssituation, organisierten und überwachten die Verteilung von Nahrungsmitteln für Kinder, Schwangere und stillende Mütter und schulten einheimische Gesundheitsbeauftragte, damit sie die Grundprinzipien der Körperpflege und Hygiene in ihrem Gebiet weitergeben konnten. Am 25. Mai 1982 waren wir gerade zu einem dieser Dörfer unterwegs, als unsere Kolonne mit drei Wagen Nahrungsmitteln des Roten Kreuzes in einen Hinterhalt einer Gruppe UNITA-Guerilleros geriet. 118 Tage war ich in Gefangenschaft.

* Das Internationale Komitee des Roten Kreuzes (IKRK) ist eine humanitäre Privatorganisation in der Schweiz. Es gehört dem Roten Kreuz an und bietet Schutz und Hilfe für zivile wie militärische Opfer aus Kampfhandlungen und ihren direkten Folgen an. Es ist auf der ganzen Welt im Einsatz und hilft überall ohne Unterschiede hinsichtlich der Staatszugehörigkeit, der Rasse, des Geschlechts, der Religion, der politischen Meinung oder des sozialen Standes. Das IKRK unterstützt die Verträge von Genf aus dem Jahre 1949, die von fast allen Staaten der Welt unterzeichnet wurden.

gen waren bereits einige wichtige Leute der UNITA bei ihr gewesen und hatten ihr nahegelegt, sich sehr genau zu überlegen, was sie den Journalisten erzählen wollte. Ihre Freiheit würde davon abhängen. Jetzt war sie sehr nervös, und ich versuchte ihr Mut zu machen.

Dann kam der Major mit den Journalisten, die zuerst Marie-José und dann mich fragten.

„Was können wir für Sie tun? Wie werden Sie hier behandelt?" wollten sie von uns wissen.

„Danke, wir werden anständig behandelt. Sie sind nicht böse zu uns."

„Können wir etwas tun? Sollen wir Ihre Familien benachrichtigen?"

„O ja, das wäre schön."

Wir gaben einem von ihnen unsere Telephonnummern von zu Hause und die Adressen unserer Angehörigen. Er versprach, unsere Familien über dieses Treffen zu informieren. Wir waren jetzt schon 45 Tage gefangen, und allmählich wurde es Zeit, daß unseren Angehörigen ein Lebenszeichen von uns übermittelt wurde.

Dann holte der Journalist aus seiner Tasche Papiertaschentücher, Toilettenpapier und Erfrischungstücher, die er uns gab. Später kamen noch Reporter vom amerikanischen Fernsehen, die uns ebenfalls interviewten. Schließlich verabschiedeten sich alle von uns, und wir wurden wieder zurückgebracht.

Marie-José hatte mir in dem kurzen Gespräch vorher erzählt, daß sie mit zwei Mädchen von der UNITA zusammenwohnen mußte, die nicht sehr freundlich zu ihr waren. Sie wollte den Major fragen, ob wir nicht vielleicht zusammenziehen dürften, aber dann hatte sie doch nicht den Mut dazu.

Auf dem Weg zurück zu meiner Hütte bat ich den Major um die Erlaubnis, mit Marie-José wenigstens sprechen zu dürfen.

„Ich werde es mir überlegen", sagte er.

Ich wartete einen ganzen Tag auf seine Antwort – vergebens. Schließlich sprach ich ihn deswegen noch einmal an, und er meinte: „In Ordnung, Sie dürfen zu ihr gehen. Aber die Schweizerin darf Sie nicht besuchen."

Wir waren sehr glücklich darüber, daß wir uns wenigstens treffen konnten. Es war so schwer, einsam und untätig herumsitzen zu müssen. Conchita und Rosmarie waren viel mit ihren Kindern beschäf-

Gefangenschaft

Gefängnis, Untätigkeit, Gift,
Gift dieses Lebens.
Die Worte fliegen mir zu in Fülle,
um mein Gefangensein zu beschreiben.

Glut, Schein des Feuers, Schein des Mondes,
Silhouette eines Baumes, den der Blitz zerstört hat.
In der Nacht denke ich an meine unglückselige Lage –
Einsamkeit und Gefangenschaft.

Der Hahnenschrei bei Sonnenaufgang.
Was kündigt er an?
Einen neuen Tag, einen weiteren?
Ach, und wofür?

Lachen, Freundlichkeit und Geborgenheit –
mich umgeben mit Sicherheit nur die Schranken,
aber sie brechen nicht meine Hoffnung,
eines Tages fortzugehen, bald.

Marie-José Burnier, 20. 7. 1982

tigt. Sie mußten immer Sorge tragen, daß ihr Wasser zum Trinken und Waschen reichte. In jede Hütte wurde täglich ein Gefäß mit ungefähr sechs Litern Wasser gebracht, das mit Lastwagen geholt werden mußte. So hatten wir immer frisches Wasser, mußten aber sehr sparsam damit umgehen, denn bei der Hitze trank jeder von uns täglich zwei bis drei Liter. Schon während des Marsches hatten wir lernen müssen, mit wenig Wasser auszukommen, und jetzt konnten wir darüber schon Witze machen: „Wenn wir nach unserer Befreiung eine ganze Badewanne voll Wasser sehen, werden wir Angst haben, darin zu ertrinken." –

Um meine Einsamkeit zu überspielen, sang ich oft laut, während ich kochte oder Holz sammelte. Einmal schaute ich dabei in die Richtung, wo der eine Russe gefangengehalten wurde, und da sah ich, wie er mir in Zeichensprache riet, lieber still zu sein, weil man mich sonst einsperren würde.

Jedesmal, wenn ich diesen Mann sah, wurde mir das Herz schwer. Wir waren zwar auch gefangen, durften aber wenigstens miteinander sprechen. Ihm war es nicht erlaubt, mit irgend jemandem ein Wort zu wechseln, außer mit seinen Bewachern. Meist lief er vor seiner Hütte hin und her wie ein eingesperrter Löwe. Tagelang war ich sehr niedergeschlagen und deprimiert, weil ich dem Mann auch nicht helfen konnte.

Gleich am ersten Morgen, nachdem es der Major erlaubt hatte, ging ich zu Marie-José hinüber. Ihre Hütte war gleich neben der des Hauptmanns. So konnte er immer mithören, wenn wir uns unterhielten. Das Mittagessen bereitete ich in meiner Hütte zu. Abends besuchte ich noch einmal Marie-José. Lange saßen wir am Feuer und unterhielten uns. In dieser Nacht schlief ich seit langer Zeit wieder einmal richtig gut. –

Am nächsten Tag bekam ich von dem fetten Büchsenfleisch eine Kolik und fühlte mich sehr elend. In mein Tagebuch notierte ich: „Den ganzen Tag fühle ich mich krank. Die seltsamen Wege unseres Herrn. Wer wird sie erkennen?"

Auf ganz schmutziges Kartonpapier schrieb ich einen langen Brief an Monica Braun, Sekretärin bei der Euro-Afrika-Division, den ich aber nicht abschicken konnte. So habe ich ihn noch heute. Unter anderem steht dort: „Ich träume davon, daß die anderen etwas über uns wissen können. Ich schreibe und träume. Stille und Einsamkeit.

Und ich frage: Warum, warum?“ Es war sehr belastend, sich bei niemandem aussprechen zu können, weil ja alle dieselben Probleme hatten.

Später schrieb ich auch an meine Schwester in der Hoffnung, den Brief den nächsten Journalisten, die uns besuchen würden, mitgeben zu können:

„Seit unserer Entführung sind nun schon 55 Tage vergangen, und wir leben immer noch in völliger Ungewißheit ... Wir sind hier ungefähr zwanzig Gefangene, alles Ausländer und alle mit demselben Schicksal. Die Stimmung ist sehr gedrückt ... Untergebracht sind wir in kleinen Hütten mitten im Urwald. Nachts habe ich oft Angst, wenn Wölfe, Hyänen, Löwen oder Elefanten zu hören sind. Sie kommen manchmal in ganzen Rudeln hier in der Nähe vorbei. Der Hauptmann meint, in unser Lager würden sie sich wohl nicht hineinwagen, aber vorsichtshalber lasse ich immer die ganze Nacht mein Feuer in der Hütte brennen ...“

Ich bat meine Schwester, Kontakt mit einem Vertreter der UNITA in Genf aufzunehmen, doch der Brief, den ich dem Hauptmann gab, wurde nie abgeschickt. –

Ende Juli erhielten wir endlich die Erlaubnis, im Fluß zu baden und unsere Kleidung zu waschen. Es war höchste Zeit dafür! Unsere Sachen waren noch schwarz von der Reise auf dem Lkw. Gleich nach unserer Ankunft im Lager hatten sie mir unter anderem einen Badeanzug gegeben, und ich hatte lachend gefragt: „Wozu werde ich den wohl brauchen?“ Jetzt war ich froh, daß ich ihn hatte, und genoß das Bad ausgiebig.

Plötzlich tauchte vor uns ein großes Nilpferd auf. Vor Schreck schrien wir alle laut. Da verschwand es wieder im Schilf. Wir genossen noch eine Weile das schöne, klare Wasser und kehrten dann zurück. –

Allmählich bildete sich für unser Lagerleben ein fester Tagesablauf heraus. Morgens nach dem Frühstück trafen wir Missionare uns gegen neun Uhr zur gemeinsamen Andacht. Danach war ich meist mit Marie-José zusammen, und abends traf ich mich dann noch einmal mit Oliveiras und Sabatés zum gemeinsamen Bibelstudium.

Manchmal saßen wir auch zusammen und sprachen über unsere Probleme. Immer noch konnten wir nicht verstehen, warum man uns entführt hatte. Wahrscheinlich gab es mehrere Gründe dafür. Trau-

Im Lager. Marie-José röstet Maismehl als Kaffee-Ersatz.

rig dachten wir daran, wieviel wir in Bongo aufgebaut hatten, und wir konnten nur hoffen, daß jetzt nicht der ganze Krankenhausbetrieb zusammenbrechen würde.

Gern spielte ich auch mit den Kindern. Der kleine Ferrán war ja noch ein richtiges Baby, aber mit André konnte man schon herrlich im Sand buddeln oder die Militärübungen der Soldaten nachmachen. Er stellte sich stramm hin, hob die Hand an den Kopf zum militärischen Gruß, und dann schrie ich: „Ye, ye, ye!“, so wie das die Soldaten bei ihren Festen immer machten. Und der Kleine antwortete mir: „Ye, ye, ye!“ Bald nannte er mich nur noch „Yeyeye“. Für ihn hieß ich so.

Wir waren alle sehr froh, daß André sich jetzt, da wir nicht mehr marschieren mußten, beruhigt hatte und sich wieder ganz normal verhielt. Mit seinen Eltern sprach ich manchmal darüber, was wir machen würden, wenn wir erst wieder zu Hause wären. Wir schmiedeten Pläne und unterhielten uns über alles mögliche.

Wie gut war es doch, daß wir alle miteinander sprechen durften. Ganz allein in meiner Hütte wäre ich wohl verzweifelt.

„Wenn Sie mir nicht bald eine Beschäftigung besorgen“, drohte ich dem Major, „werde ich auf das Dach der Hütte klettern, um hier nicht länger untätig herumsitzen zu müssen.“

Er versprach zu fragen, ob ich im Krankenhaus des Hauptquartiers arbeiten könne, aber ich hörte nie mehr etwas davon.

13

. . . und was ist der Sinn?

Eines Tages hatte Marie-José Besuch, als ich zu ihr kam. Ein junger Portugiese war da, der mit fünf gefangenen Landsleuten auf der anderen Seite des Lagers wohnte. Weil sie zusammen unterwegs gewesen waren, durften sie miteinander sprechen. Einer von ihnen war Priester, und Marie-José gab ihm Französischunterricht. Jetzt stellte sie mich dem jungen Mann vor, der Botelho hieß.

„Wie lange sind Sie schon gefangen?“ fragte ich ihn.

„Drei Jahre“, sagte er leise.

Ich stellte ihm noch einige Fragen, aber er gab keine Antwort.

„Paß auf, was du sagst, wenn die Mädchen, die bei mir wohnen, dabei sind“, sagte Marie-José später zu mir. „Botelho wird schon seit drei Jahren festgehalten, und sie wollen ihn nicht freilassen. Wir müssen sehr vorsichtig sein, wenn wir mit ihm sprechen. Er weiß viele Dinge von der UNITA, und sie möchten nicht, daß wir etwas davon erfahren.“

Mit der Zeit entwickelten wir eine Art Geheimsprache. Wir brauchten uns nur anzuschauen, um genau zu wissen, was der andere sagen wollte. Besonders wichtige Botschaften schrieben wir auf die Hand und zeigten sie dem andern. So erfuhren wir nach und nach, was Botelho schon alles erlebt hatte. Auf ein kleines Stückchen Papier notierte er die Adresse seiner Mutter in Portugal und gab sie Marie-José, weil wir alle dachten, als Angehörige des Internationalen Roten Kreuzes würde sie sicherlich als erste freigelassen werden. Für alle Fälle lernte Marie-José die Adresse auswendig und verbrannte dann den Zettel.

Zwischendurch erlebte ich immer wieder Stunden tiefster Niedergeschlagenheit und Verzweiflung, und ich litt an starken Schlafstörungen. Einmal ging es mir während der Nacht besonders schlecht; stundenlang lag ich wach auf meinem harten Strohbett und versuchte, meine Nerven zu kontrollieren.

Plötzlich wurde die Stille durch das laute Heulen einer Hyäne unterbrochen. Ich zuckte zusammen. Mein Herz klopfte laut vor Angst und Anspannung. Ich hatte immer ein paar Holzscheite parat, und wenn ich etwas Verdächtiges hörte, warf ich eines davon ins Feuer, so daß eine hohe Flamme auflohte. Auf diese Weise hoffte ich, daß kein wildes Tier sich in meine Hütte wagen würde.

Durch das Dach meiner Hütte konnte ich ein Stück Himmel sehen. Der afrikanische Himmel erstaunte und verzauberte mich immer wieder. Die weiße, breite Milchstraße, übervoll von glänzenden Sternen. Das helle Firmament. Wenn wir dem Kreuz des Südens folgen könnten, kämen wir an die Grenze zu Namibia.

Der Mond war ganz hoch gestiegen, es mußte also Mitternacht sein. Neben ihm ein kleiner Stern, der ihn immer begleitete, aber jede Nacht sich ein klein wenig mehr entfernte.

Durch ein Loch in der Wand fiel mein Blick auf die Umgebung unserer Hütte. Der verdorrte Dornenbusch und die Wüstenlandschaft waren auf einmal in einen Zauberwald verwandelt. Das Mondlicht überzog alles mit silbernem Glanz. Leises Knacken und Tappen ließ kleine Tiere vermuten, die auf die Jagd gingen. Langsam sank der Mond wieder hernieder. Bald wird der Morgenstern aufgehen, dachte ich und nahm meine Bibel in die Hand. Ich schlug Psalm 16 auf und las:

„Bewahre mich Gott; denn ich traue auf dich. Ich habe gesagt zu dem Herrn: Du bist ja der Herr! Ich weiß von keinem Gut außer dir ... Der Herr ist mein Gut und mein Teil; du erhältst mir mein Erbteil. Das Los ist mir gefallen auf liebliches Land; mir ist ein schönes Erbteil geworden. Ich lobe den Herrn, der mich beraten hat; auch mahnt mich mein Herz des Nachts. Ich habe den Herrn allezeit vor Augen; steht er mir zur Rechten, so werde ich fest bleiben. Darum freut sich mein Herz, und meine Seele ist fröhlich; auch mein Leib wird sicher liegen. Denn du wirst mich nicht dem Tode überlassen und nicht zugeben, daß dein Heiliger die Grube sehe. Du tust mir kund den Weg zum Leben: Vor dir ist Freude die Fülle und Wonne zu deiner Rechten ewiglich."

Dieser Text war wie Balsam für mich. Ich bat Gott, mir zu helfen, in dieser Situation dankbar seine Führung erkennen zu können, und das sollte ich dann kurze Zeit später auch wirklich erfahren dürfen. –

Am nächsten Tag ging ich mit Sabatés und in Begleitung einiger Soldaten wieder zu unserem Badesee. Wir kamen an der Hütte des einen Russen vorbei, der uns traurig nachschaute. Er und sein Kamerad wurden in weit auseinanderliegenden Hütten besonders streng bewacht und durften nicht einmal miteinander sprechen. Sein leerer Blick aus traurigen Augen zog mir das Herz zusammen.

Unten am Wasser saßen zwei weiße Männer und angelten. Vom Typ her erkannte ich gleich, daß das die Kubaner sein mußten, von denen wir schon gehört hatten. Conchita und ich wuschen unsere Kleider und unterhielten uns dabei spanisch. Das Baby lag auf einem Tuch unter einem Baum; Ferrán wollte ein wenig spazierengehen. „Paß auf, daß dich kein Nilpferd auffrißt!" rief ich ihm nach. Schon war er hinter Büschen verschwunden. Bald wurden die Soldaten unruhig, und einer wollte nach Ferrán sehen, damit er sich nicht zu weit entfernte.

Der größere der beiden Kubaner kam auf mich zu und fragte auf spanisch, wo wir herseien.

„Ich komme aus Argentinien, und meine Freunde sind Spanier."

„Und was machen Sie hier? Wie kommt es, daß Sie gefangen sind?"

Ich erzählte ihm, daß wir als Missionare gearbeitet hatten und dann entführt worden waren.

„Was werden Sie nach Ihrer Freilassung tun? Wollen Sie in Ihre Heimat zurückkehren?"

„Ja, das möchte ich gern. Aber ich weiß nicht, ob sie uns überhaupt in die Freiheit entlassen werden."

In wenigen Worten erzählte er mir nun, wie er in Gefangenschaft geraten und auf die Seite der UNITA übergewechselt war. Traurig meinte er: „Ich werde wohl immer hierbleiben müssen. In mein Land kann ich nie mehr zurückkehren."

„Ihre Familie macht sich sicher Sorgen um Sie?" fragte ich.

„Ja, ganz bestimmt."

„Sind sie dort sehr streng mit sogenannten Reaktionären?"

„Das kann man wohl sagen. Wahrscheinlich hat meine Familie deshalb jetzt auch Schwierigkeiten."

„Ja, das tut mir leid für Sie."

„Ich finde, Sie sollten nicht nach Argentinien zurückkehren", meinte er plötzlich. „Bleiben Sie doch einfach hier bei mir, und wir können zusammen alt werden."

Ich mußte lächeln, weil ich mir schon denken konnte, was jetzt kommen würde.

„Wir könnten doch heiraten und hier zusammen unser restliches Leben verbringen."

„Ihr Lateinamerikaner seid doch alle gleich", lachte ich. Da stand er auf und ging davon.

Als Ferrán wieder da war, gingen wir zusammen zurück. Außerhalb des Lagers hatten wir immer ein bißchen Angst, einem Raubtier zu begegnen. Als wir jetzt ein Stück von uns entfernt den Kubaner unseren Weg kreuzen sahen, sagte ich zu Ferrán: „Oh, ein Löwe! Aber vor solchen Löwen habe ich wirklich keine Angst."

Am Nachmittag besuchte ich Marie-José und erzählte ihr von dem Heiratsantrag. Sie wurde ganz ernst und meinte: „Schau, denk doch mal ein wenig nach. Für ihn ist das wahrscheinlich nicht so lustig. Er ist nun schon zwei Jahre bei der UNITA, und plötzlich sieht er eine junge Frau, die seine Sprache spricht und in der gleichen Situation ist wie er. Da muß er doch denken: jetzt oder nie! Vielleicht meint er es sogar ernst."

Nun, ich vergaß das schnell wieder. Der nächste Tag war ein Samstag, und wir hatten uns vorgenommen, Gottesdienst zu halten. Ronaldo sagte zu mir: „In Bongo warst du Leiterin der Bibelschule. Also leitest du auch heute unser Bibelgespräch."

Für die Eröffnung wählte ich ein Lied aus, das von Jesus als unserer Zuflucht spricht. Er ist der große Fels, der uns Schatten bietet, wenn wir in der heißen Wüste wandern müssen. Mit seiner wunderbaren Liebe versteht er mich, und seine Hände schenken mir Geborgenheit.

Dieses Lied mochte ich immer besonders gern. Es erinnerte mich an meine Kindheit, als ich oft auf dem Bauernhof bei den kleinen Küken war. Immer gab es einige, die keine Mutter mehr hatten; sie

Diese Hütte diente uns sonnabends als Kapelle. Dritter von links ist Tiago
ganz rechts steht Fernandes, der Priester

nahm ich mit nach Hause und legte sie in mein Bett. In meiner warmen Hand piepsten sie dann ganz zufrieden, und ich konnte spüren, daß sie sich bei mir geborgen fühlten. Wir waren auch durch die heiße Wüste gewandert. Oft sah man über weite Strecken hinweg keinen grünen Baum, nur verdorrte und vertrocknete Dornenbüsche. Als Gefangene waren wir der Willkür unserer Entführer ausgeliefert. Aber wir hatten doch einen Gott, der uns beschützte, so wie ich damals die kleinen Küken in meiner Hand hielt.

Zu unserem Gottesdienst luden wir auch den spanischen Priester und Tiago, einen einheimischen Seminaristen, ein, der mit ihm zusammen in einen Hinterhalt geraten und gefangengenommen worden war. Wir gaben ihnen eine Bibel, damit sie an unserem Gespräch teilnehmen konnten.

Wir waren sehr glücklich an diesem Tag. Nach dem Gottesdienst nahm Marie-José eine Bibel mit für den portugiesischen Priester, der darum gebeten hatte. Von nun an brachte ich jeden Morgen nach meiner Andacht Marie-José die Bibel, und sie gab sie an den Priester weiter. Zwar kannte ich ihn nicht, aber ich freute mich doch für ihn, daß er auch seine Messe halten und in der Heiligen Schrift lesen konnte. –

Unter Sonntag, dem 1. August, steht in meinem Tagebuch: „Langes Gespräch mit Botelho, dem jungen Portugiesen, und Marie-José über die Gerechtigkeit Gottes."

Die beiden hatten uns am Samstag singen hören und wollten nun wissen, was wir gemacht hatten. So kamen wir in ein Gespräch über den Glauben. Botelho hatte in den drei Jahren seiner Gefangenschaft viele traurige und teilweise schreckliche Dinge erlebt. Es war kein Wunder, daß ihm sein Kinderglaube verlorengegangen war.

„Und du?" wollte er von mir wissen. „Glaubst du etwa immer noch an Gott? Du bist für ihn in die Mission gegangen, aber offensichtlich hat er dich doch im Stich gelassen – sonst wärst du jetzt nicht hier."

Ich sagte: „Ja, ich glaube noch an ihn. Und ich bin froh, daß ich einen Gott habe, an den ich glauben kann, sonst wäre alles hier viel trauriger und schlimmer für mich."

Er ließ nicht locker: „Ja, wo ist denn dann dein Gott gewesen? Hat er dich beschützt und dir geholfen? An einen Gott, von dem man nichts merkt, wenn's darauf ankommt, kann ich nicht glauben."

Ich betete im stillen, daß Gott mir die richtigen Worte schenken möge. Wir sprachen lange miteinander. Immer wieder ging es um die Frage, warum es so viel Böses auf der Welt gibt; warum Gott es zuläßt, daß so viele unschuldige Menschen leiden und umkommen müssen.

Ich sagte: „Diese Frage kann ich auch nicht beantworten. Aber die Bibel erzählt uns, wie es Hiob ergangen ist. Er verlor nacheinander seinen ganzen Besitz, all seine Kinder und wurde schrecklich krank. Seine eigene Frau riet ihm: ‚Sage Gott ab und stirb‘ (Hiob 2, 9), seine frommen Freunde verdächtigten ihn, an allem selbst schuld zu sein, und er selbst ging durch eine schlimme Glaubenskrise, aber später konnte er doch zu Gott sagen: ‚Ich hatte von dir nur vom Hörensagen vernommen; aber nun hat mein Auge dich gesehen.‘ (42, 5.) Er hatte erlebt, daß Gott mit ihm war und mit ihm litt, daß all das Böse ihm vom Teufel angetan wurde, der Hiob in seinem Glauben irremachen wollte. Aber ich muß mir auch überlegen, wie man diese Frage noch besser beantworten kann. Dann können wir noch einmal darüber sprechen.“ –

Abends erzählte ich Oliveiras von diesem Gespräch. Ronaldo meinte: „Du mußt ihnen die Geschichte vom Sündenfall erzählen, und was sich seither hinter den Kulissen der ganzen Weltgeschichte abspielt. Wie es am Ende der Tage sein wird, wenn die Zeit reif ist und Gott allem Schmerz und Leid ein Ende bereitet.“

Ich dachte viel nach, las in der Bibel und betete. In der folgenden Zeit trafen wir uns jeden Tag bei einem umgestürzten Baum, der genau an der Grenze des Gebietes lag, in dem ich mich bewegen durfte und der auch für Botelho von der anderen Seite her die Grenze bildete. Marie-Josés Hütte lag gleich daneben.

Botelho interessierte sich für die Hintergründe des Libanonkrieges. Marie-José hatte im Libanon gearbeitet und kannte die Probleme der Bevölkerung dort recht gut. Sie erzählte ausführlich vom Konflikt zwischen Palästinensern und Israelis. So kamen wir auf die Geschichte Israels in biblischer Zeit zu sprechen. Die beiden baten mich, doch etwas ausführlicher davon zu erzählen.

Ich überlegte einige Tage und vermied in dieser Zeit dieses Thema, weil ich mich erst noch gut vorbereiten wollte. Mir fehlten die Kenntnisse über die letzten vierhundert Jahre vor Christi Geburt. Schließlich drängte mich Botelho: „Du wolltest uns doch einmal etwas über das Volk Israel zur Zeit des alten Testaments erzählen. Oder hast du es dir anders überlegt?" So begann ich also, und bald kam ich auch auf die Rolle der Engel zu sprechen.

„Das ist wieder so etwas, was ich nicht verstehe", meinte Marie-José. „Wer kann beweisen, daß es überhaupt Engel gibt?"

So diskutierten wir eine ganze Weile und landeten schließlich wieder bei unserer zentralen Frage, warum Gott das Leid in dieser Welt scheinbar tatenlos zur Kenntnis nimmt und wie ich da weiterhin an ihn glauben könne.

„Ich kann versuchen, euch die ganze Bibel gründlich zu erklären, aber das bedeutet noch lange nicht, daß ihr dann auch notwendigerweise daran glauben müßt. Wer sein Herz verschließt, wird nie an Gott glauben können. Ich bin jedenfalls der festen Überzeugung, daß es Gottes Wille war, daß ich jetzt hier in diesem Lager bin. Irgendeinen bestimmten Zweck verfolgt er damit schon."

„Aber wie kannst du das wissen? Welche Beweise hast du dafür?" warf Marie-José ein.

Da erzählte ich eine Geschichte, die ich einmal gelesen hatte: „Ein Mann fuhr im Auto eine Straße entlang und beobachtete, wie sich auf dem Feld zwei Hirten mit ihren Schafen entgegenkamen. Die beiden begrüßten sich und kamen in ein Gespräch. Unterdessen vermischten sich ihre Schafherden miteinander, so daß ein Außenstehender nicht mehr sagen konnte, welches Schaf nun zu welcher Herde gehörte. Der Mann im Auto hatte angehalten und wartete gespannt, was passieren würde, wenn jeder der Hirten wieder seines Weges ginge. Nach einer Weile verabschiedeten sich die beiden, und jeder rief kurz etwas zu den Tieren. Bald waren die beiden Herden wieder säuberlich getrennt, und jeder Hirt zog mit seinen Tieren weiter.

Jedes Schaf kennt die Stimme seines Hirten, und deshalb wird es auch nicht dem falschen folgen.

Jesus vergleicht sich einmal mit einem Schafhirten. Von seinen Nachfolgern sagt er: ‚Meine Schafe hören meine Stimme, und ich kenne sie, und sie folgen mir' (Johannes 10, 27.) Ich kann auch nicht erklären, wann etwas Gottes Wille ist und wann nicht. Aber ich weiß, wer mein Hirte ist, und ich kenne seine Stimme. Das ist eine Sache des Glaubens, die jeder nur für sich selbst erfahren kann." –

Am nächsten Tag schauten wir uns in meiner Bibel die Landkarten zum Alten Testament an. Ich erzählte, vom Sündenfall angefangen bis zum Erscheinen des Messias, was uns die Bibel über die Geschichte der Menschheit berichtet. In den Apokryphen lasen wir zusammen die Berichte über die Makkabäeraufstände. So bekamen wir ein abgerundetes Bild der Geschichte Israels zur damaligen Zeit.

Irgendwie spürte ich, daß Botelho durch unsere Gespräche etwas milder wurde. Zwar meinte er immer noch, es sei Zeitverschwendung, wenn ich in der Bibel lese, und als Marie-José ihm die Bibel für den portugiesischen Priester mitgeben wollte, machte er eine spöttische Bemerkung, doch man konnte merken, daß langsam eine Veränderung in ihm vorging.

Als ich einige Zeit später den portugiesischen Priester selbst kennenlernte, erfuhr ich, daß Botelho ihm alles erzählt hatte, worüber wir gesprochen hatten.

„Glauben Sie mir", meinte der Priester, „Ihre Gespräche sind nicht ohne Erfolg geblieben. Botelho hat sich verändert. Er ist wirklich ein anderer Mensch geworden." Der Priester kannte ihn besser als ich, weil sie fast den ganzen Weg bis zu diesem Lager zusammengewesen waren.

Bei unseren Andachten am Abend erzählte ich manchmal Sabatés und Oliveiras von diesen Gesprächen. Ronaldo war immer ganz begeistert und meinte: „Wenn nur ein Mensch hier im Lager den Weg zu Christus und zum Glauben findet, dann hat es sich gelohnt, daß wir all dies durchmachen mußten."

Ich war froh, daß ich mit ihm darüber sprechen konnte, denn manchmal hatte ich Mühe, die Fragen der beiden zu beantworten, und als Pastor konnte er mir manchen theologischen Hinweis geben.

Oft unterhielten wir uns aber auch über andere Dinge. Einmal saß der junge Soldat, Libertade, der uns jeden Tag die Lebensmittel brachte, auf dem umgestürzten Baum, als wir zu unserem Treffpunkt kamen. Nachdenklich hielt er den Kopf zwischen beiden Händen und machte einen ganz traurigen Eindruck.

„Bedrückt Sie etwas?" fragten wir ihn.

„Nein, nein, mich bedrückt nichts."

Wir sprachen eine Weile miteinander, und er wollte wissen, was wir vor unserer Entführung gemacht hatten. Ganz unvermittelt fragte er plötzlich: „Wissen Sie, was Liebe ist? Was verstehen Sie darunter?"

„Wie kommen Sie darauf?" wollte Marie-José wissen.

Im Lager

Es ist sehr heiß. Das dichte Gebüsch um das Lager läßt kaum einen Luftzug durch. Die Stunden verstreichen langsam, scheinen endlos. Nichts kann ich tun, nur nachdenken, immer wieder die gleichen Gedanken und Fragen in meinem Kopf bewegen. Die Untätigkeit bewirkt in mir eine Art Stumpfheit. Ich habe nicht einmal das Bedürfnis, die anderen Gefangenen näher kennenzulernen; der Kontakt zu meinen farbigen Bewachern ist auf ein Minimum beschränkt.

Was geht draußen vor sich? Wird etwas getan, damit ich bald freikomme? Ich möchte so gern meine Familie, meine Freunde sprechen, ihnen sagen, daß ich gesund bin, genug zu essen habe, daß ich gut behandelt werde!

Noch nie habe ich mich so gebrechlich gefühlt; die Grenze zwischen normal und anormal scheint mehr und mehr verwischt. Es bedarf nur wenig, um aus dem Gleichgewicht zu kommen ... Ich komme mir vor wie in einer anderen Welt, als ob ich im Irrealen schwimme. Nur Tag und Nacht, die Mahlzeiten auch, zeigen mir an, daß die Zeit nicht stillsteht. Die Landschaft dagegen, der Himmel, die Hütten verborgen zwischen den Bäumen, selbst die Menschen erscheinen mir wie erstarrt. Ich bin nicht verzweifelt oder traurig, aber „anders", als ob meine Persönlichkeit sich geteilt hätte.

Stundenlang betrachte ich die dürren Zweige und kleinen Sträucher um mich herum, die welken Blätter und Zweige auf der Erde; ich kenne jedes Merkmal des Baumstammes, auf den ich mich setze, jede Einzelheit der Umgebung, die ich mit hundert Schritten abschreite.

Meine Gedanken wandern umher, schweifen ab. Sie sagen, daß andere Gefangene angekommen sind. Vielleicht wird mich das aus dem gefährlichen Bann reißen, der mich festhält, und mich in die Wirklichkeit zurückholen.

Ich habe mich an eine Routine gewöhnt, ich habe mein Leben organisiert und Beziehungen zu anderen Menschen angeknüpft.

Ich spüre ein starkes Zurückgleiten in die Wirklichkeit, wie nach einem bösen Traum, in dem man hilflos schwimmt, ohne eine Möglichkeit, Einfluß auf die Gegenwart zu nehmen, die uns umfängt.

Marie-José Burnier,
Juli 1982

„Ja, es interessiert mich eben, was Sie dazu meinen.“

Marie-José sagte: „Oft denken die Leute, Liebe ist so, wie sie in kitschigen Romanen beschrieben wird. Aber ich glaube, sie ist etwas viel Größeres. Manche meinen, sie müssen sich selbst oder jemand anderen umbringen aus lauter Liebe. Aber da täuschen sie sich. Liebe ist etwas Mildes, Ruhiges. Sie schließt auch Verzicht mit ein.“

Ich erzählte ihm nun, was in der Bibel über die Liebe steht; daß sie Opferbereitschaft und Selbstlosigkeit zeigt, die bis zur Aufgabe des geliebten Menschen gehen kann.

Libertade war vollkommen überrascht von dieser Beschreibung der Liebe. Er schien etwas ganz anderes erwartet zu haben und wirkte auf einmal viel ruhiger und ausgeglichener. Von da an kamen wir noch öfter miteinander ins Gespräch. Immer wieder kam er auf sein Thema zurück. Er wollte von uns wissen, wie wir über die Ehe dachten und ob es wohl gefährlich sei, ein sehr junges Mädchen zu heiraten. Es war oft recht lustig mit ihm. Abends schrieb ich dann unsere Gespräche in meinem Tagebuch auf. –

In der Nacht träumte ich oft von meinem Haus in Bongo. Es war immer das gleiche: Ich war entführt worden, konnte fliehen und zurückkehren. In meinem Tagebuch steht:

„Es ist jedesmal wie ein Film. Ich sehe das Haus, in dem ich gewohnt habe, davor den Garten mit den Blumen. Im Haus fehlen einige Topfpflanzen, und ich vermisse auch ein paar Bücher. Meine Kleidung tragen jetzt andere Leute. Das Haus ist überhaupt ganz durcheinander, und ich möchte gar nicht darüber nachdenken, wo alle meine Sachen hingekommen sind. Wenn ich aufwache, bin ich sehr traurig.“ –

Bald begann nun Botelho uns von seiner Entführung und der langen Zeit im Lager zu erzählen. Er war der Sohn eines reichen Farmerehepaars und in Angola geboren. Zu Hause hatte er jeden Luxus gehabt: ein eigenes Auto, einen Schneider, ein Appartement in Luanda nahe bei der Universität ganz für sich allein. Als die Unruhen ausbrachen, kehrte seine Mutter mit der kleinen Schwester nach Portugal zurück und wollte ihn auch mitnehmen. Aber er blieb lieber mit seinem Vater auf der Farm, wo viele Eingeborene für sie arbeiteten. An einem Morgen im Juli 1979 überfielen Guerilleros das Anwesen und brannten alles nieder. Botelho selbst entging nur knapp dem Tod. Man ließ ihn leben, weil ihn die Schulen der UNITA im Busch als Lehrkraft brauchen konnten. Er erlebte schlimme Zeiten und litt oft großen Hunger. Wenn sie ein Rind schlachteten, so erzählte er uns, dann weichten sie die Haut ein, kochten sie und aßen sie mit auf. Auch bei der Maniokwurzel, die ähnlich wie Kartoffeln schmeckt, aßen sie die Schale mit, obwohl sie eigentlich giftig ist. Doch sie hatten sie vierundzwanzig Stunden in Wasser gelegt und gekocht, so daß sie genießbar war.

Botelho hatte außer dem Hunger noch viele andere schlimme Dinge erlebt. Wir mußten sehr vorsichtig sein, wenn er uns seine Erlebnisse erzählte. Ganz leise sprachen wir dann und achteten genau darauf, wer sich in unserer Nähe aufhielt. Sobald ein Soldat in Sichtweite kam, der eventuell mithören konnte, machte Botelho ein Zeichen, und wir wechselten im gleichen Tonfall zu einem belanglosen Thema über. Er war schon so lange im Lager, daß er gelernt hatte, sich mit uns zu unterhalten und gleichzeitig die Umgebung zu beobachten. Oft kamen Soldaten an unserem Treffpunkt vorbei, weil das Haus des Hauptmanns ganz in der Nähe lag. Wir waren immer sehr wachsam, und wenn etwas zu gefährlich war, es auszusprechen, schrieb Botelho es in die Hand. So schöpften sie nie Verdacht.

Als Sabatés und ich an diesem Abend zu Oliveiras kamen, um unsere Andacht zu halten, zeigte Ronaldo uns ein Blatt Papier. „Schaut mal, das hat mir der Hauptmann gegeben. Hier ist alles aufgeführt, was die UNITA in den letzten fünfzehn Tagen getan hat."

Wir lasen den Bericht, der fein säuberlich mit Schreibmaschine geschrieben war und ungefähr folgendermaßen lautete:

„17. Juli: Unsere tapferen Soldaten haben auf der Straße nach Lubango eine Mine gelegt. Bei der Explosion wurde ein LKW mit fünfzig Zivilisten in die Luft gesprengt. Auf unserer Seite alles o. k.

20. Juli: Überfall in Kalingua. Unsere Truppe hat fünfzehn Zivilisten aus den Händen der Feinde befreit und zehn schwere Waffen erbeutet. Verluste bei der MPLA: Zwanzig Mann. Bei uns alles in Ordnung. Viva UNITA!" usw.

Mir wurde elend zumute. Im Geist sah ich die verstümmelten, zerfetzten Leichen; die schreienden Verletzten; weinende Kinder, die ihre Eltern suchten; das Entsetzen auf den Gesichtern der Überlebenden. „Und dafür haben sie das Papier aus unserer Druckerei gestohlen", sagte Conchita leise.

Inzwischen war es dunkel geworden. Aus der Hütte des Hauptmanns konnte man das Radio spielen hören, wahrscheinlich „Gallo Negro" („Schwarzer Hahn"), den Sender der UNITA. Plötzlich sahen wir einen Soldaten rennen, der laut etwas auf Umbundo, der einheimischen Stammessprache, schrie. Ein anderer antwortete und wiederholte das Gesagte, bis das ganze Lager zu schreien schien. Die Soldaten kamen aus ihren Hütten gerannt, sprachen wild gestikulierend miteinander und riefen immer wieder: „Viva UNITA! Viva!"

„Sicher haben sie wieder irgendwo einen Sieg errungen", flüsterte Ronaldo.

„Wenn wir nur von hier wegkämen, bevor der Krieg noch mehr eskaliert", meinte Conchita besorgt.

Das Geschrei verlor sich allmählich in der Ferne. Als wieder Ruhe eingekehrt war, ging ich zu meiner Hütte zurück. Ich fröstelte und hatte Magenschmerzen. Die Grausamkeit dieses Krieges stand plötzlich wieder in aller Deutlichkeit vor mir. Erst wenige Stunden zuvor hatte ich einen Soldaten um ein Messer gebeten, weil ich eine Dose öffnen wollte. Er zog statt eines Messers sein Bajonett und gab es mir.

Als er außer Hörweite war, fragte mich Botelho: „Du benutzt dieses Mordwerkzeug? Weißt du nicht, daß sie damit Menschen umbringen?" Mir fiel das Bajonett aus der Hand.

Kurz darauf kamen wir mit dem Hauptmann ins Gespräch. Er erzählte uns, wie sehr er sich danach sehne, an der Front kämpfen zu dürfen, aber leider sei er zu alt dafür.

„Möchten Sie wirklich kämpfen und andere Leute umbringen?" fragte ich ganz entsetzt.

„Aber natürlich. Das ist unser Leben. Dafür sind wir da", antwortete er trocken.

An all dies mußte ich jetzt denken. Dieselben Leute, die zu so schrecklichen Grausamkeiten fähig waren, hatten uns in ihrer Gewalt. Sie waren freundlich zu uns, gaben uns zu essen, so gut es ihnen möglich war, und hatten uns sogar auf ihren Schultern getragen, wenn es durch tiefe Flüsse ging. Würden sie auch uns einmal ihr wahres Gesicht zeigen? Lange lag ich an diesem Abend noch wach. Schließlich stand ich noch einmal auf, nahm mein Tagebuch und schrieb: „Warum, Gott? Wie können Menschen so grausam sein? Was ist nur aus deiner Welt geworden? Hilf mir, das zu verstehen!"

14

„Der Präsident möchte Sie sprechen!“

Tagebucheintrag am 4. August: „Heute früh kam der Major zu mir und sagte: ‚Der Krieg ist bald zu Ende. Einige von Ihnen werden dann nach Hause geschickt. Wahrscheinlich werden Marie-José und die Brasilianer die ersten sein. Deshalb möchte ich nicht, daß Sie mit der Schweizerin zusammenziehen. Sie werden sonst sehr traurig sein, wenn sie freigelassen wird.

Übrigens erwarten wir hohen Besuch vom Hauptquartier, der Sie sprechen möchte.‘

Er wies mich noch darauf hin, daß wir keine Gefangenen seien.

‚Ja, was sind wir denn sonst?‘ fragte ich ihn ganz erstaunt. ‚Sagen Sie uns doch bitte, welches Wort wir dafür gebrauchen sollen, daß wir nicht gefangen sind, aber auch nicht frei.‘

‚Betrachten Sie sich einfach als evakuiert.‘

‚Ah, das ist ein Wort, das wir gut gebrauchen können – evakuiert.‘

Er mußte selber lachen.“

Marie-José und ich erfuhren, daß Botelho am 8. August Geburtstag hatte. Wir beschlossen, ihm eine kleine Überraschung zu bereiten. Wir würden ihm einen besonders leckeren Maismehlkuchen backen. Eigentlich war es nichts Besonderes, denn Maismehlfladen gab es jeden Tag – weil wir nichts anderes hatten. Aber wir baten den Hauptmann um einen kleinen Zuschuß, und so hatten wir schließlich drei Eier, zwei Militärrationen Schokolade, ein ganz klein wenig

Zucker und doppelt soviel Maismehl wie gewöhnlich beisammen. Wir gruben ein Loch in den Sand, wo das Feuer gemacht wurde, und steckten einen alten Topf mit dem Maismehlteig hinein. Alles wurde mit einem Blech zugedeckt, und darauf kam heiße Asche. Der Kuchen war ungefähr nach einer halben Stunde fertig. Das Ganze war immer eine recht heiße Angelegenheit, und bei uns floß der Schweiß in Strömen. Als die Kuchen – wir hatten zwei machen können – schön braun und knusprig waren, baten wir Libertade: „Gehen Sie doch bitte zum Major und sagen Sie ihm, daß wir ihn sprechen möchten."

Eigentlich war es uns nicht erlaubt, den Major in seiner Hütte aufzusuchen, aber wir nahmen uns so manche Freiheit heraus und gingen jetzt einfach hin. Freundlich begannen wir mit ihm ein Gespräch, erkundigten uns nach seinem Befinden und wie es seiner Familie gehe, und dann sagten wir:

„Der junge Portugiese, Botelho, hat heute Geburtstag. Wir möchten ihn gern überraschen und in seiner Hütte mit ihm feiern."

Großzügig meinte der Major: „Das geht in Ordnung. Bei einer besonderen Gelegenheit wie dieser kann man schon einmal eine Ausnahme machen. Gehen Sie nur hin, wir werden dann auch kommen und mitfeiern."

So kamen der Major, der Hauptmann und Libertade, unser „Migrosmann"*, wie wir ihn immer nannten, mit zu Botelhos Hütte. Der Krankenpfleger des Lagers, der auch dort wohnte, hatte alles schön geputzt und die Betten gemacht. Wir stellten die Kuchen auf den Tisch, die Männer machten Kaffee, und dann ging Marie-José, um Botelho abzuholen, der gerade bei dem portugiesischen Priester zu Besuch war. Als die beiden zurückkamen, sagten wir alle: „Herzlichen Glückwunsch zum Geburtstag!"

„Was macht ihr denn hier?", meinte Botelho ganz fassungslos. „Ihr seid wohl verrückt geworden."

„Nein, nein, wir wollen einfach mit dir deinen Geburtstag feiern."

So gratulierten wir ihm alle, auch die UNITA-Soldaten, und dann saßen wir zusammen, aßen Kuchen und erzählten uns Geschichten. Auch der Major und der Hauptmann erzählten etwas von den verschiedenen Stämmen in Angola und was sie mit wilden Tieren schon alles erlebt hatten.

* Migros ist eine Lebensmittelhandelskette in der Schweiz

Dann kamen wir darauf zu sprechen, daß es schon seit ein paar Tagen kaum noch etwas zu essen gab. Wir erhielten nur noch getrocknete Fische, Maismehl und Bohnen; Reis, Nudeln und auch die Militärrationen Schokolade hatten wir schon lange nicht mehr gesehen. So gab es dreimal am Tag das gleiche Essen – auf die Dauer eine mehr als eintönige Ernährung! Und weil uns die Soldaten gerade davon erzählt hatten, wie sie ihre Hinterhalte machten, sagte ich jetzt: „Wir werden für Libertade auch einmal einen Hinterhalt legen und ihn bedrohen: Schokolade her oder das Leben!"

Wir lachten alle sehr, und von diesem Tag an neckten wir Libertade öfter damit und sagten ihm, er solle sich auf alles gefaßt machen; eines Tages würden wir eine kleine Hütte angreifen, den Mann, der darin sei, fesseln und nicht eher wieder loslassen, bis wir Schokolade bekämen.

Er meinte: „Da muß ich ja richtig Angst haben. Aber bald wird ein Lastwagen kommen und etwas Gutes (dieses Wort gebrauchten sie immer) zum Essen bringen."

Das klang recht vielversprechend, aber leider kam kein Lastwagen, und unsere Lebensmittelvorräte gingen immer mehr zur Neige. Am 11. August notierte ich: „Unser Speisezettel besteht aus Maismehlbrei, Maismehlbrot, Maismehlbrei ... Wir haben einen Trimm-dich-Pfad angelegt, um etwas Bewegung zu haben." Etwa 50 Meter vor dem Lager war ein kleiner Platz mit zwei Bänken aus dicken Stämmen unter einem großen Baum. Wir baten den Hauptmann recht freundlich, ab und zu dorthin einen Spaziergang machen zu dürfen, und er erlaubte es uns. Wir freuten uns riesig über diese Abwechslung; da draußen fühlten wir uns nicht so eingesperrt, und es war auch viel schattiger. Wir beschlossen, ein bißchen Gymnastik zu machen und ein paarmal rundherum zu laufen, obwohl das in dem Sand recht mühsam war. –

Allmählich lernte ich jetzt auch die anderen Portugiesen kennen. Marie-José durfte sie ja besuchen, und ich ging immer ein Stück mit, bis ich merkte, daß der Major und der Hauptmann nichts sagten, und auf diese Weise war ich bald in der portugiesischen Siedlung drin. Der Priester dort war ein sehr netter Mann, der sich mit uns jungen Leuten gut verstand. Wir hatten ihn alle ins Herz geschlossen und saßen nun oft zum Gespräch beisammen.

Inzwischen warteten wir schon über eine Woche auf den angekündigten Besuch vom Hauptquartier. Wenn wir die Soldaten fragten, ob Präsident Savimbi selbst kommen würde, hieß es nur: „Wir wissen es nicht."

Diese Art von Antwort kannten wir schon. Deshalb sagten wir zu dem Hauptmann: „Aha, von Ihnen weiß es also niemand. Aber wir wissen es, daß auf alle Fälle der Präsident kommen muß. Bei unserer Entführung wurde uns nämlich gesagt, der Präsident wolle uns sprechen, und gerade heute wären wir bereit dazu. Wir sind 1200 km gelaufen, um ihm seinen Wunsch zu erfüllen; inzwischen sind wir schon einen Monat hier, und er hat uns immer noch nicht gesprochen."

Darauf sagte er überhaupt nichts mehr.

Plötzlich in der Nacht hörte man dann das Geräusch von Lastwagenmotoren, und am andern Morgen kam der Major und sagte, er habe uns etwas Gutes zu essen gebracht und außerdem sei Besuch gekommen. Wir wuschen uns und putzten unsere Hütten, so gut es eben ging.

Später wurden wir alle abgeholt und zu einem großen Yango gebracht, den wir noch nie gesehen hatten. Mehrere gut gekleidete Soldaten standen in strammer Haltung davor. Ein Mann kam uns entgegen, begrüßte uns und führte uns ins Innere des Yango. So saßen wir bald alle im Kreis: die Portugiesen, Marie-José, wir Missionare und der spanische Priester.

Dann fing der Mann zu reden an, und allmählich merkte ich, daß dies der Präsident sein mußte.

„Ah, Sie sind schon lange Zeit hier bei uns", wandte er sich als erstes an den spanischen Priester. „Wenn ich könnte, hätte ich Sie schon längst nach Hause geschickt, aber leider habe ich kein Flugzeug zur Verfügung. Was Sie den Journalisten gesagt haben, hat mir sehr gut gefallen."

Dann schaute er Marie-José an und sagte: „Sie sind ein zweiter sonderbarer Fall. Eigentlich wollte ich Sie so schnell wie möglich freilassen, aber was Sie dem Journalisten gegenüber geäußert haben, finde ich gar nicht gut. Sie behaupten also weiterhin, daß das Rote Kreuz recht hat."

Nun hielt er ihr eine lange Rede, in der er das Rote Kreuz massiv anklagte; wir wußten zuletzt wirklich nicht mehr, wer nun eigentlich recht hatte. Marie-José wollte sich verteidigen, aber er ließ sie kaum zu Wort kommen und schrie sie ungefähr eine halbe Stunde lang an.

Als er damit fertig war, wandte er sich an Dr. Sabaté: „Und Sie haben dem Journalisten gesagt, die UNITA hätte Sie aus Propagandagründen entführt."

Savimbi war sehr erregt und klagte in einer längeren Rede die politische Haltung der Spanier an. Sie seien schlimmer als die Russen, meinte er. Und wir Protestanten seien allesamt Heuchler, weil wir unter dem Vorwand, der Bevölkerung helfen zu wollen, die kommunistische Regierung unterstützten, ohne zu beachten, daß Bongo zum Gebiet der UNITA gehöre.

Dr. Sabaté wollte etwas zu unserer Entlastung sagen, aber er schrie ihn an: „Mit mir können Sie so nicht reden!"

Ich war innerlich ganz aufgewühlt und versuchte für Ferrán zu beten, damit er nichts mehr sagte. Wir mußten jetzt ganz still sein. Wenn einer von uns noch etwas sagte, würde das alles nur schlimmer machen. Ich betete und schrie fast innerlich: ‚Ferrán, halte den Mund! Unsere Freiheit hängt vielleicht davon ab!', und da war er tatsächlich still; nur der Präsident schrie noch eine Weile weiter.

Er sagte, wir seien Helfershelfer des Kommunismus und Pazifisten, die mit Krieg nichts zu tun haben wollten.

„Sie nennen sich Pazifisten", brüllte er, „solange die Kubaner nicht in Ihrem Land sind. Wenn die aber Ihr Land besetzt hätten, dann würden Sie die ganze Welt um Unterstützung angehen, um die Kubaner wieder loszuwerden. Aber natürlich interessiert Sie das nicht sehr, daß die bei uns in Angola sind und was sie da alles machen. Da sind Sie dann ganz pazifistisch und wollen mit dem Krieg nichts zu tun haben. Sie nennen sich Christen und mischen sich in die Probleme von Ländern ein, in denen Sie nichts zu suchen haben. Niemand hat Sie gerufen, hier in meinem Gebiet zu arbeiten. Sie kommen durch die Tür der Regierungspartei einfach in mein Gebiet herein, und ich soll das dulden. Sie können noch froh sein, wenn ich Sie überhaupt freilassen werde. Eigentlich hätte ich Sie Ihrem Schicksal überlassen sollen. Aber ich werde in Zukunft nicht mehr viel Zeit damit verlieren, Leute zu entführen. Ich werde einfach jeden, der in mein Gebiet kommt oder sich in der Feuerlinie in meine Angelegenheiten mischt – seien es Missionare oder Leute vom Roten Kreuz – seinem Schicksal überlassen, und wenn ihn eine Kugel tödlich trifft, dann ist das nicht mein Problem. Ich habe niemanden in meine Gebiete gerufen."

Endlich beruhigte er sich ein wenig und wandte sich den Portugiesen zu. Ich zitterte von Kopf bis Fuß vor Aufregung und dachte: Meine Güte, wie wird das wohl noch für uns ausgehen.

Doch dann hörte ich, wie Savimbi mit den älteren der Portugiesen ganz freundlich sprach. Er wollte wissen, wo sie früher gearbeitet hätten und wie alt sie seien.

„Ja", meinte er dann, „es ist schade, daß alles so weit gekommen ist. Doch bald werden Sie frei sein und können dann nach Portugal gehen, um dort neu anzufangen. Es ist nicht alles verloren. Man kann immer wieder neu anfangen."

Und zu Botelho sagte er: „Ich habe von der guten Arbeit gehört, die Sie dort im Lager geleistet haben. Es freut mich, Sie kennenzulernen. Was haben Sie nach Ihrer Freilassung vor?"

„Ich möchte nach Portugal gehen. Meine Mutter lebt dort mit meiner kleinen Schwester. Mein Vater ist in Angola geblieben, weil er wußte, daß ich bei der UNITA bin."

„Wie alt sind Sie?"

„Sechsundzwanzig."

„Ah, das ist ja noch jung. Ich bin 38, und sehen Sie, was ich noch alles vor mir habe. Man darf nie die Hoffnung verlieren. Ich werde Sie bald freilassen; dann können Sie zu Ihrer Mutter gehen, damit sie sieht, daß sie ihren Sohn nicht verloren hat."

Zu Oliveiras sagte er: „Der allererste Lehrer in meiner Kindheit war ein Brasilianer. Er ist mehr als ein Vater für mich gewesen. Alles, was ich heute bin, habe ich diesem Mann zu verdanken."

Er lächelte versonnen und erzählte noch eine Weile. Ronaldo, der wegen des guten Verhältnisses der brasilianischen Regierung zur MPLA sich sehr vor diesem Treffen gefürchtet hatte, strahlte!

Dann wandte sich Savimbi noch einmal Marie-José zu und geriet wieder in große Wut. Er sagte, sie sei störrisch und eigensinnig, weil sie den Journalisten nicht ihre eigene Meinung gesagt habe, sondern die nach seinen Worten schlimmen Ansichten des Roten Kreuzes vertrete und verteidige. Marie-José regte sich so auf, weil er sie nur anschrie und kein Wort von ihrer Freilassung erwähnte, daß ihr die Tränen kamen.

Schließlich kam Savimbi zu mir und meinte: „Und Sie sind die

Argentinierin. Haben Sie von dem Krieg zwischen Ihrem Land und Großbritannien gehört?"

„Ja, bevor wir entführt wurden, habe ich schon davon erfahren."

„Wissen Sie auch, daß er zu Ende ist? Argentinien hat mit England Frieden geschlossen."

„Davon hat mir der Major, den wir unterwegs trafen, erzählt."

„Und wie denken Sie darüber?"

„Ich habe schon seit ein paar Jahren nicht mehr in Argentinien gewohnt, bevor ich nach Angola kam, und kenne mich in den politischen Verhältnissen nicht so gut aus. Ich weiß nur, daß die Regierung dort antikommunistisch ist." Gott sei Dank, dachte ich, denn wenn Argentinien kommunistisch wäre, könnte das mein Ende sein.

So unterhielten wir uns noch eine Weile, und dann sagte er: „Gut, ich werde euch bald freilassen."

„Darf ich eine Frage stellen?" sagte ich höflich.

„In Ordnung, schießen Sie los."

„Wie kommt es, daß wir freigelassen werden? Verdanken wir das unseren Heimatländern oder der Adventgemeinschaft?"

„Nun, eure Glaubensgemeinschaft hat sich sehr für euch eingesetzt. Sie haben nichts unversucht gelassen und sogar angeboten, ein Flugzeug zu schicken, um euch direkt von hier abzuholen. Ich bin ganz erstaunt, was sie alles für euch tun wollten. Sie wollten mir 12000 Dollar geben für euch, aber das hat mich geärgert, denn ich habe euch nicht entführt, um Geld zu bekommen."

Später erfuhr ich dann, daß das nicht stimmte, aber auf alle Fälle freute ich mich sehr, daß die Adventgemeinschaft alle Hebel in Bewegung setzte, um uns freizubekommen. Von meinem Land, das nach dem verlorenen Krieg andere Sorgen hatte, als sich um eine entführte Missionarin zu kümmern, konnte ich nicht viel erwarten.

Ich hatte immer Angst gehabt, daß ich wohl bis in alle Ewigkeit gefangen sein würde, falls die UNITA mit Argentinien um meine Freilassung feilschte. Die anderen zogen mich deshalb manchmal schon auf und sagten, sie würden mir nach ihrer Freilassung ab und zu ein Paket schicken, damit ich nicht so traurig sei. –

„Darf ich noch eine Frage stellen?" sagte ich jetzt.

„Ja, bitte."

„Wie sieht es jetzt in Bongo aus?"

„Ja, mit der Mission geht es weiter. Wie ich gehört habe, waren einmal Regierungssoldaten dort und haben einige Leute festgenommen, weil sie angeblich mit uns zusammenarbeiteten. Aber sonst ist alles in Ordnung."

„Darf ich noch etwas fragen?"

„Was haben Sie eigentlich vor, wenn Sie von hier weggehen? Wollen Sie Journalistin werden?"

Ich lachte und sagte: „Darf ich also noch etwas fragen?"

„Fragen Sie nur", meinte er ganz leutselig.

„Haben Sie die Absicht, noch einmal die Mission zu überfallen?"

„Vorläufig interessiert uns die Mission nicht mehr, und ich glaube, wir brauchen wohl nicht mehr dorthin zu gehen."

Dann sagte er etwas, das mich ein wenig beruhigte: „Die meisten von der UNITA sind in der evangelischen Donde-Mission aufgewachsen."

Das war einmal die größte Missionsstation in Angola, mit Mädchenschule, Knabenschule, Krankenhaus und einem Lazarett. Sehr viele junge Leute wurden dort ausgebildet, und wir hatten schon festgestellt, daß die meisten der UNITA-Soldaten, die wir danach fragten, uns sagten, daß sie einmal in der Donde-Mission gewesen seien. Auch Savimbis Vater und Geschwister hatten dort die Schule besucht, und er selbst war zwei Jahre dort gewesen.

„Wir haben diese Mission sehr geliebt", sagte er. „Das liegt einfach in unserem Blut. Diese Mission ist der Kern, das Leben von Angola; doch dann brach der Krieg aus, und die Kommunisten richteten dort ein Militärquartier ein. Weil das für uns unerträglich war, haben wir überall Bomben gelegt und die Donde-Mission in die Luft gesprengt. Es war einmal unser Traum, dort eine Universität zu gründen, aber als sich dann der Feind dort einnistete, wollten wir nur noch alles kaputtmachen."

Wir wußten, daß es wirklich so gewesen war, und schwiegen jetzt alle betroffen.

Schließlich war der Präsident mit seinen politischen Reden fertig, und wir gingen alle wieder nach draußen. Einer der Portugiesen fragte, ob es nicht möglich wäre, mit ihm ein Foto zu machen, und er meinte: „Ja, das ist kein Problem, aber wer hat eine Kamera?"

„Hier, die Minina hat eine."

„Also gut, Frau Journalistin, holen Sie schnell Ihren Apparat."

Nächste Seite: Gruppenbild mit Präsident Savimbi.

So machte ich ein paar Aufnahmen, und dann sagte er: „Jetzt muß einmal jemand anders fotografieren, und die junge Journalistin stellt sich hier neben mich."

So habe ich heute eine Erinnerung an diesen wichtigen Tag. Später sagte der Präsident dann zu uns: „Ich weiß, daß kaum noch etwas zu essen da ist, aber ich möchte nicht, daß meine Gefangenen Hunger leiden. Meine Soldaten verzichten zu euren Gunsten schon auf ihre gewohnten Rationen, und heute habe ich euch Nachschub mitgebracht."

Dann sagte er zu seinen Leuten, sie sollten alles abladen, was auf dem Lastwagen sei, und in Libertades Hütte tragen. –

Am andern Morgen kam unser „Migrosmann" beladen wie ein Nikolaus zu uns und brachte Dosenmilch, Dosenfleisch, Biskuits, Mais, Weizenmehl, Kartoffeln, Marmelade, Zucker, Öl und getrocknetes Gemüse. Wir konnten es fast nicht glauben; es war einfach zu schön, um wahr zu sein. In mein Tagebuch schrieb ich: „Was für einen schönen Samstag haben wir erlebt! Wie gut ist Gott zu uns!"

Lange Zeit sprachen wir noch über die Begegnung mit dem Präsidenten. Während Marie-José und Ferrán recht niedergeschlagen waren, erfüllte uns andere eher Zuversicht. Oliveiras waren besonders glücklich und hoffnungsvoll. In seiner Predigt am Samstag erzählte Ronaldo, daß er in den letzten Tagen viele Psalmen gelesen habe, in denen die Barmherzigkeit Gottes beschrieben wird. Er sagte: „Wir sehen Licht am Ende des Tunnels. Dafür wollen wir Gott preisen und loben."

Es wurde ein wunderschöner Gottesdienst. Besonders freuten wir uns auch darüber, daß Savimbi so deutlich gesagt hatte, wir würden durch die Bemühungen der Adventgemeinschaft freigelassen werden.

15

Wir lernen kleine Brötchen backen

Nachdem der hohe Besuch wieder abgereist war, erhielt Marie-José ganz überraschend die Erlaubnis, zu mir in meine Hütte zu ziehen. Sie stellten noch ein zweites Bett herein, so daß es ziemlich eng wurde. Aber wir waren doch sehr glücklich. Marie-José hatte sich bei den UNITA-Mädchen überhaupt nicht wohlgefühlt, weil diese keinerlei Rücksicht auf sie nahmen und ihr nicht erlaubten, für sich selbst zu kochen. Was die Mädchen ihr servierten, war oft fast ungenießbar.

Auch für mich war es wesentlich besser, nicht mehr allein wohnen zu müssen. Ich litt sehr unter Schlaflosigkeit – vor allem aus Angst vor den wilden Tieren, die man nachts immer hören konnte. Durch den Schlafmangel und die Ungewißheit über unser weiteres Schicksal wurde ich immer depressiver. Als nun Marie-José bei mir einzog, hellte sich meine Stimmungslage wieder auf.

Wir wohnten schon zwei Tage zusammen, als Libertade zu uns herüberkam und drei kleine Brötchen brachte. Überrascht schrien wir auf, denn es war für uns fast nicht vorstellbar, daß es hier im Lager so etwas wie Brot geben sollte. Er erzählte uns, daß sie die Brötchen selbst gebacken hatten. Mit Margarine und Marmelade bestrichen schmeckten sie köstlich.

Als uns der Major kurze Zeit später besuchte, erzählte ich ihm das Märchen von Hänsel und Gretel; wie die Kinder zuerst hungern mußten und der Junge dann in einem Käfig gemästet wurde, weil ihn die Hexe aufessen wollte. Auch wir hatten schon Hunger gelitten. Und jetzt gab uns die UNITA plötzlich so viel zu essen ...

Lachend meinte der Major: „Da brauchen Sie bei uns keine Angst zu haben. Aufessen werden wir Sie nicht."

An diesem Tag sprachen wir über nichts anderes als über diese Brötchen. Schließlich zeigte uns Libertade, wie sie gemacht werden: Man vermengt ein wenig Sauerteig mit Mehl, Wasser und Salz; dann kommt der Teig in Blechbüchsen, wird mit Blechen abgedeckt, obendrauf wird Asche gestreut und das Ganze dann einige Zeit im Feuer gebacken, bis es fertig ist. Wir wollten das auch einmal ausprobieren, und so gaben sie uns etwas Sauerteig. Am Nachmittag fingen wir damit an, doch der Teig wollte und wollte nicht „gehen". Wir machten ein Feuer und warteten ab. Schließlich hatten wir keine Geduld mehr, gaben den Teig in zwei Blechbüchsen und schoben das Ganze ins Feuer. Nach einer halben Stunde roch es verbrannt. Ich dachte: „Das kann nicht sein; so viel Asche haben wir doch gar nicht verwendet."

Kurz darauf später holte ich dann die Bleche heraus und machte sie auf. Es war schon Nacht, und das einzige Licht, das wir hatten, war die angezündete Spitze eines Strohhalmes. Von dem Brot war nichts zu erkennen. Offensichtlich war es so schwarz wie die Blechbüchse. Marie-José war bitter enttäuscht, aber ich mußte lachen. Die Brote waren hart wie Stein und schwarz wie die Nacht.

Am andern Morgen lieh ich mir ein Messer, um die verbrannte Kruste von den Broten abzuschneiden. Sie war ungefähr einen Zentimeter dick, und so blieb nur wenig übrig, was man noch essen konnte. Aber das schmeckte dann wenigstens gut.

Ein paar Tage später bekam einer der gefangenen Portugiesen, der von Beruf Bäcker war, die Erlaubnis, uns zu besuchen und ein wenig Nachhilfeunterricht im Brotbacken zu erteilen. So lernten wir bald, wunderschöne Brötchen zu backen, die ausgezeichnet schmeckten. Um Weizenmehl zu sparen, mischten wir es mit Maismehl, das vorher zu einem dicken Brei gekocht werden mußte. Wir merkten, daß wir nur ein ganz schwaches Feuer und nur sehr wenig Asche zum Backen brauchten. Wenn wir so ein Brötchen mit Marmelade essen konnten, vergaßen wir manchmal fast, daß wir Gefangene waren. –

So verging die Zeit, und auch nach dem Besuch des Präsidenten

Der kleine Ferrán, der sehr unter Insektenstichen zu leiden hatte. ● Unsere Küche: das Geschirr und die Brötchen, die wir im Sand gebacken hatten.

waren wir völlig im ungewissen darüber, wann und ob wir freigelassen würden. Ronaldo war sehr optimistisch und setzte sich immer Ziele, bis wann wir spätestens nach Hause zurückkehren könnten. Sabatés, Rosmarie und ich waren eher hoffende Realisten, während Marie-José völlig pessimistisch war. Sie richtete sich darauf ein, noch für sehr lange Zeit im Lager bleiben zu müssen. Die Portugiesen zeigten sich recht zuversichtlich, während der spanische Priester aufgrund seiner negativen Erfahrungen seine Erwartungen stark zurückgeschraubt hatte.

Am interessantesten war es bei Botelho. Aufgrund des Versprechens vom Präsidenten hoffte er nun wirklich, bald freigelassen zu werden. Er hatte sich immer als ein Mensch gegeben, der keine Gefühle hat und das Leben so hart und realistisch sieht, wie es ist.

„Wie fühlst du dich jetzt, wo du wahrscheinlich bald freigelassen wirst?“ wollten Marie-José und ich von ihm wissen.

„Ich spüre nichts Besonderes in mir, keine außergewöhnlichen Gefühle“, beteuerte er.

Wir drei kamen immer noch häufig zusammen, um über alles mögliche zu reden. Wenn Botelho von seinem Elternhaus erzählte, wo er verwöhnt gewesen war und jeden Luxus gehabt hatte, dann merkten wir doch, daß er sich wohl vorstellte, in Portugal seinen alten Lebensstil wieder aufnehmen zu können. Vorsichtig versuchten wir ihm klarzumachen, daß er wahrscheinlich eine Enttäuschung erleben würde, und dazu ergab sich für uns einmal eine gute Gelegenheit:

In der portugiesischen Siedlung kochten die Männer nicht selbst, sondern ein Soldat der UNITA, der dafür eine recht seltsame Methode hatte. In einem großen Eimer bereitete er den Maisbrei zu und in einem andern Eimer die Soße; zuletzt mischte er beides mit einem langen Stock zusammen. Das war dann das Essen. Gab es einmal Reis, dann mit so viel Sand, daß man ihn kaum essen konnte. Wie froh waren wir, daß wir uns selbst kochen durften!

Die Männer waren allerdings verpflichtet, ihr Geschirr selbst abzuwaschen. Und nun war die Woche, in der Botelho „Küchendienst“ hatte. Er erzählte uns, daß es für ihn das erste Mal in seinem Leben sei, daß er Geschirr abwasche. Da packten wir die Gelegenheit beim Schopf und sagten ihm: „Wie gut, daß du es hier lernen kannst! Jeder Mann in Europa muß das heutzutage können. Die Frauen dort wollen auch ihren Beruf ausüben und nicht nur den ganzen Tag waschen, spülen und putzen. Dann muß der Mann eben mithelfen im Haushalt."

Ganz entsetzt meinte er: „Nein, das ist wirklich nichts für mich. Ich könnte es nicht ertragen, den Haushalt zu machen."

„Aber in Europa wirst du keine Frau finden, die bereit ist, deine Dienerin zu sein. Und Dienstmädchen sind inzwischen viel zu teuer, das kannst du dir aus dem Kopf schlagen. In Europa ist die Ehe partnerschaftlich geworden; da geht der Mann auch einmal einkaufen oder paßt auf die Kinder auf."

„Nein, wirklich – einkaufen gehen, das würde ich bestimmt nicht machen."

Immer wieder sprachen wir mit ihm über dieses Thema und nahmen ihm jegliche Illusion, daß er in Portugal wieder so leben könnte wie früher auf der reichen Farm. Es war manchmal richtig lustig, wenn er anfing, sich selbst zu bedauern und zu behaupten, daß es für ihn zu spät sei, sich noch umzustellen. Manchmal neckten wir ihn auch deswegen. Einmal erzählte er, daß er in der Nacht nicht gut geschlafen habe, und da sagten wir zu ihm: „Das kommt von deiner Angst, in Portugal einmal Geschirr spülen zu müssen!"

Ein andermal hatte ich mir ein hellblaues Kleid angezogen, weil die anderen Sachen noch auf der Wäscheleine waren, und der portugiesische Priester meinte: „Victoria, wie bist du heute schön. Du siehst aus wie eine Braut!"

„Ja, wie eine Braut ohne Bräutigam!"

Er zeigte auf Botelho: „Da steht der Bräutigam!" Doch der meinte in komischer Verzweiflung: „Sie will mich ja nicht haben!"

Marie-José lachte: „Sie möchte keinen Mann heiraten, der nicht Geschirr spülen kann!" –

Marie-José und Tiago begannen an unseren Abendandachten teilzunehmen. Ronaldo kannte viele schöne portugiesische Lieder, und jede Woche lernten wir ein neues. Für uns war es immer der schönste Teil des Tages, wenn wir bei einbrechender Dunkelheit um das Feuer herumsaßen, sangen, in der Bibel lasen und für unsere Freilassung beteten. Eines unserer Lieblingslieder hieß: „Wir sind ein kleines Volk, doch sehr glücklich. Jesus kam, um uns zu retten, und bald wird er kommen, um uns zu sich zu holen ..."

Tiago las und sang begeistert mit. Manchmal lieh er sich auch mein Andachtsbuch und die Bibel aus, um allein darin zu studieren. Wenn er Wasser holen ging oder vor der Hütte für sich und den Priester das Essen kochte, sang er nicht selten laut und fröhlich ein christliches Lied. In solchen Augenblicken spürten wir Missionare: Gott wollte auch unsere Gefangenschaft dazu dienen lassen, daß Menschen den Weg zu ihm finden konnten.

Dann kam Marie-José eines Tages ganz aufgeregt und niedergeschlagen aus der Portugiesensiedlung zurück. Leise sagte sie zu mir: „Stell dir vor, Botelho soll nach Jamba ins Hauptquartier gebracht werden. Er hat es in die Hand geschrieben, damit wir Bescheid wissen. Natürlich ist er ganz deprimiert und hat fast geweint. Aber sprich zu niemandem darüber. Das muß unter uns bleiben."

Wir waren beide ganz geschockt und überlegten, was geschehen sein mochte. Keiner von uns konnte sich vorstellen, was der Grund dafür war. Wollte man Botelho einfach verschwinden lassen, nachdem er so viel über die UNITA wußte? Und wie stand es mit dem Versprechen des Präsidenten, daß er bald freikommen würde?

Am Nachmittag gingen wir wie gewohnt zu unserem Treffpunkt, und da kam Botelho ganz gemütlich daher, als ob er von nichts etwas wüßte. Leise begann er auf seine geheimnisvolle Art zu sprechen.

„Ich weiß nicht, warum sie mich dorthin bringen wollen. Ich habe solche Angst."

Auch uns beide drückten Angst und Traurigkeit. Ich merkte, wie mir der Mund trocken wurde vor lauter Aufregung. Konnte mit uns nicht dasselbe passieren? Vielleicht würde es eines Tages heißen: „Sie kommen in ein anderes Lager", und niemand würde danach je wieder etwas von uns hören ...

Wir überlegten hin und her und meinten: „Das ist doch unmöglich, daß sie dich nicht freilassen! Stell dir vor, sie schicken uns nach Hause, und wir erzählen dann dort von dir – das kann sich die UNITA doch gar nicht leisten!"

Natürlich wußten wir, daß dieser Gedanke nur ein schwacher Strohhalm für unsere Hoffnung war. Um uns nicht ganz so hilflos zu fühlen, versuchten wir alle Gründe aufzuschreiben, die die Führer der UNITA für diese Entscheidung haben mochten.

Vielleicht sollte Botelho im Hauptquartier als Lehrer an der Sekundarschule arbeiten. Oder wollten sie ihm eine Stelle als Vertreter der UNITA im Ausland anbieten?

Möglich war auch, daß er als Zeuge in einem Prozeß gebraucht wurde, in dem sich ein Lagerkommandant wegen Vergewaltigung eines einheimischen Mädchens verantworten mußte. Die UNITA ist sehr streng bei solchen Vergehen, und Botelho wußte ein wenig über die näheren Tatumstände.

Schließlich war es noch möglich, daß sie ihn einfach für immer bei sich behalten oder vielleicht sogar umbringen wollten, damit er im Ausland nichts mehr erzählen konnte. Diesen letzten Grund wagten wir allerdings vor Botelho nicht auszusprechen. Er war ohnehin fast am Boden zerstört und meinte:

„Das ist heute für mich noch viel schlimmer als der Tag meiner Entführung. Damals konnte ich mich nicht wehren, und alles geschah so schnell, daß keine Zeit zum Nachdenken blieb. Aber heute bin ich so unendlich traurig, weil ich von euch weg muß. In den ganzen drei Jahren, die ich im Busch zugebracht habe, gab es nie einen weißen Menschen, mit dem ich einmal sprechen konnte. Jetzt habe ich euch kennengelernt und muß euch auf so traurige Weise wieder verlassen.“ Dabei liefen ihm die Tränen herunter, und wir mußten uns zusammennehmen, um nicht auch noch laut zu weinen.

Und gerade, als wir noch so traurig dasaßen, kamen zwei Soldaten auf uns zu, und der eine rief: „Schwester Victoria, kommen Sie schnell! Der Hauptmann möchte Sie sprechen!“

Ich erschrak fast zu Tode, weil ich dachte, jetzt ist es bei mir so weit. Schnell sprang ich auf und ging mit den Soldaten. Mein Herz klopfte so laut, daß ich dachte, die andern könnten es hören. Und da sagte doch der eine UNITA-Mann ganz gemütlich zu mir: „Wir wollen nämlich ihr Bett reparieren.“

Und dafür die ganze Aufregung! In der Nacht zuvor war mein Bett auseinandergefallen, aber das war nichts Besonderes und kam öfters vor. Einige Äste des Bettgestells brachen, und man rutschte auf den Boden. Eigentlich war mein Bett schon einige Zeit nicht mehr in Ordnung gewesen, aber ausgerechnet jetzt in diesem Augenblick wollten sie es reparieren.

Es dauerte ein paar Minuten, bis ich mich von dem Schrecken erholt hatte und den beiden sagen konnte, daß sie nur die Decken wegzunehmen brauchten, um an das Bettgestell zu kommen. Schnell lief ich zurück zu meinen Freunden, um sie zu beruhigen, denn sie waren auch sehr erschrocken.

Botelho hatte Anweisung erhalten, jederzeit reisefertig zu sein, weil der nächste Lastwagen nach Jamba, der hier vorbeikäme, ihn mitnehmen würde. Wir waren noch im Gespräch vertieft, als wir plötzlich in der Ferne das Geräusch eines Lkw-Motors hörten. Wir wurden alle blaß und gingen schnell in unsere Hütten, ohne groß Abschied zu nehmen, weil keiner merken sollte, daß Botelho uns alles erzählt hatte. Nach einer Weile hörten wir, wie er gerufen wurde, und sahen ihn kurz darauf zu dem Lkw hinübergehen. Eine große Traurigkeit befiel uns, und wir spürten, wie hilflos und ausgeliefert wir im Grunde waren.

Am nächsten Morgen waren wir so niedergeschlagen, daß wir gar nicht aus unserer Hütte gingen. Verwundert kam der portugiesische Priester, um nach uns zu sehen und die Bibel abzuholen, die wir ihm sonst immer brachten. Weil wir ständig belauscht wurden, sagte er jetzt nur ganz beiläufig: „Einen schönen Gruß von Botelho, und ihr sollt nachher mal zu ihm hinüberkommen."

Wir zuckten regelrecht zusammen: „Botelho? Ist er denn nicht weggegangen?"

Der Priester sagte nur: „Geht nachher einmal zu ihm hinüber."

Da holte ich schnell mein Andachtsbuch und schlug die Seite auf, wo der Text aus Römer 8, 28 stand: „Wir wissen aber, daß denen, die Gott lieben, alle Dinge zum Besten dienen."

„Geben Sie das Botelho und zeigen Sie ihm dieses Bibelwort", bat ich den Priester.

Jedesmal, wenn ich heute diese Seite in meinem Andachtsbuch aufschlage, freue ich mich. Wahrscheinlich hat Botelho das Buch mit schmutzigen Händen gehalten, denn man kann deutlich seinen Fingerabdruck sehen. So weiß ich, daß er in jenen schlimmen Tagen darin gelesen hat.

Am Nachmittag trafen wir ihn an unserem gewohnten Platz, und er erzählte uns, daß der Wagen am Tag zuvor nicht nach Jamba gefahren war, so daß er noch warten mußte. Wir hatten den Eindruck, daß er nicht mehr ganz so niedergeschlagen war und wieder etwas Mut faßte. Von den Militärrationen Schokolade, die es schon lange nicht mehr gab, hatten wir eine kleine Tafel aufgehoben und überreichten sie jetzt Botelho, zusammen mit einem kleinen Brot, das wir in der Nacht zuvor gebacken hatten.

„Nein, nein", wehrte er ab. „Ich weiß genau, wie kostbar diese Schokolade für euch ist. Behaltet sie bitte."

„Wir möchten dir aber irgend etwas zur Erinnerung mitgeben, und wir haben nichts als die Schokolade und das Brot."

So nahm er es schließlich an.

Die folgenden Tage lebten wir in ständiger Spannung. Nachts hörten wir Lastwagen kommen und wieder abfahren und dachten jedesmal: Gewiß haben sie ihn jetzt abgeholt. Doch wenn wir dann zu unserem Treffpunkt gingen, kam er uns wie gewohnt entgegen.

Eines Morgens schließlich kam Libertade zu uns herüber und sagte nur: „Euer Freund ist weggegangen."

Wir blieben ganz still und sagten kein Wort. Am Nachmittag trafen wir den Hauptmann, und er meinte: „Jetzt seid ihr allein. Der junge Portugiese ist fortgegangen."

Nun war es also kein Geheimnis mehr, und so erzählten wir am Abend den anderen davon. Wir saßen alle um das Feuer. Uns war, als ob ein dunkler Schatten noch unbekannter Gefahr sich drohend auf uns senkte. Was stand *uns* noch bevor? –

Inzwischen hatten wir einen anderen Bewohner des Lagers näher kennengelernt. Er kam eines Morgens zu uns und fragte, ob er an unserer Andacht teilnehmen dürfe. Wie sich herausstellte, war er Adventist und mußte für die UNITA arbeiten, allerdings ohne Waffe. Wir sprachen lange mit ihm, und er erzählte von den Schwierigkeiten, seines Glaubens zu leben. Er hatte keine Bibel, kein Gesangbuch, keinen Kontakt zu anderen Adventisten. Immer wieder geriet er bei seinem Dienst für die Guerilleros in Gewissenskonflikte.

Wir baten den Hauptmann für den jungen Mann um Erlaubnis, regelmäßig zu uns kommen zu dürfen, und er gestattete es ihm. Aber immer, wenn wir unsere Andacht machen wollten, schickte ihn der Hauptmann mit einem Auftrag woanders hin, so daß er nicht teilnehmen konnte. Einmal kam Elias – so hieß der junge Mann – heimlich ganz früh morgens zu uns. Wir nutzten die Gelegenheit und lasen zusammen in der Bibel, beteten und sangen ein paar Lieder. Doch irgendwie erfuhr der Hauptmann davon und wachte fortan streng darüber, daß er mit uns kaum einmal ein Wort wechseln konnte.

Schließlich fanden wir einen Ausweg aus dem Dilemma. Tiago kam öfter mit Elias zusammen, und ihm gab ich nun abends immer mein Liederbuch und mein Andachtsbuch mit. So konnten die beiden zusammen singen und Andacht halten. Später, bei unserer Freilassung, schenkte ich Elias mein Liederbuch. –

Seit dem Besuch des Präsidenten hatten wir keine Lebensmittellieferung mehr erhalten, und so wurde das Essen allmählich knapp. Als uns Libertade eines Tages darauf hinwies, daß wir unsere Rationen sorgfältig einteilen müßten, sagten wir zu ihm: „Für uns ist das kein Problem; wir haben schon einen Ausweg gefunden."

Er war sehr neugierig und wollte unbedingt Näheres wissen, aber wir spannten ihn erst einmal ein paar Tage auf die Folter. Schließlich sagten wir zu ihm: „Es macht gar nichts, wenn wir nicht genügend zu essen bekommen. Wichtig ist nur, daß *Sie* nicht so sehr vom Fleisch fallen."

Ganz überrascht meinte er: „Aber warum denn ich?"

„Das ist doch ganz einfach. Wenn wir nichts mehr zu essen haben, dann werden wir mit Ihnen anfangen. Wir legen einen Hinterhalt und machen aus Ihnen einen knusprigen Braten."

Wir lachten alle, aber irgendwie schien ihm die Sache nicht geheuer zu sein. Immer wieder neckten wir ihn, wenn er uns morgens die Lebensmittel brachte und es jeden Tag weniger gab: „Das ist doch nicht so tragisch, wenn es bald kein Maismehl mehr gibt. Wir wissen schon, an wen wir uns zu halten haben."

Einmal hörte das der Hauptmann, und er meinte: „Wir müssen gut aufpassen auf unseren Libertade. Sie dürfen ihn nicht aufessen."

„Solange es genügend andere Sachen gibt, brauchen Sie gar keine Angst zu haben. Aber wenn wir hungern müssen, machen wir einen kleinen Überfall auf die Hütte nebenan und holen uns den jungen Mann."

Leider nützten unsere scherzhaften Drohungen nicht viel. Wir lebten fast nur noch von Bohnen. Auch der Wassermangel war ein Problem für uns. In meinem Tagebuch versuchte ich das zu beschreiben:

„Jeder von uns beiden darf pro Tag zwei Becher Wasser für sich verbrauchen. Es ist gar nicht einfach, mit so wenig auszukommen, aber inzwischen haben wir es gelernt. Wenn wir unseren Kochtopf, in dem wir eine Soße hatten, mit sauberem Wasser abwaschen, dann machen wir später aus diesem Wasser eine Suppe. Wenn wir wirklich einmal das ganze Geschirr, das wir haben, spülen, dann fangen wir mit dem an, das am saubersten ist. Danach schütten wir das Wasser in das etwas schmutzigere Geschirr, und so geht es weiter, bis alles abgewaschen ist. Zum Schluß ist das Wasser dann so dick und schmutzig, daß wir es weggießen müssen.

Als wir uns gestern die Füße wuschen, hatten wir plötzlich kleine Karottenstückchen zwischen den Zehen. Da fiel uns ein, daß wir mit diesem Wasser vorher schon die Blechdose mit dem getrockneten Gemüse ausgewaschen hatten. Wir mußten beide lachen und sagten: ‚Jetzt ist es schon so weit, daß wir aus Abwaschwasser eine Suppe kochen und im Abwaschwasser unsere Füße baden. Es darf nur nicht so weit kommen, daß wir uns die Füße waschen und dann aus diesem Wasser eine Suppe kochen.‘“ –

Um diese Zeit wurde es in Angola allmählich Sommer und damit immer heißer. Wir hatten oft großen Durst und mußten uns die sechs Liter Wasser, die wir zusammen pro Tag erhielten, genau einteilen, damit sie zum Trinken, Kochen, Spülen und Waschen – einschließlich der Kleidung – reichten.

Die Zähne putzten wir uns mit Asche, ebenso die Töpfe und das Geschirr. Unsere Kleidung wuschen wir mit Sand, weil wir nur noch ganz wenig Seife hatten.

Unser Geschirr bestand nach einiger Zeit des Sammelns schließlich aus zwei Töpfen – einem schwarzen zum Kochen und einem hellen zum Essen –, einer Marmeladendose, sechs alten Cornedbeef-Dosen, zwei Bechern, einer Gabel und einem Löffel, der Marie-José gehörte. Immer wieder hämmerten wir uns ein: „Es darf nichts verlorengehen!“ So lernten wir wirklich in jeder Hinsicht, kleine Brötchen zu backen.

16

„Guantanamera“

Der August ging allmählich seinem Ende zu. Fast zwei unendlich lange Monate wurden wir nun schon hier in diesem Lager festgehalten. Wenn man uns bei unserer Entführung gesagt hätte, wie lange wir gefangen sein würden – wir wären wohl verzagt und hätten keinen Fuß vor den anderen gesetzt. –

Für den 26. August war uns Besuch angekündigt worden. Wer kommen würde und weshalb, erfuhren wir nicht. Der Tag verging, und niemand erschien. Am 29. schließlich weckte uns der Hauptmann morgens um sechs Uhr: „Stehen Sie schnell auf und machen Sie sich fertig! Wir haben wichtigen Besuch vom Hauptquartier bekommen.“

Eine Stunde später betraten dann zwei Männer unsere Hütte, die sich als Dr. Valentin und Dr. Jakajamba vorstellten. Später erfuhr ich, daß beide in der Schweiz Wirtschaft und Politik studiert und dort auch promoviert hatten. Sie begrüßten uns freundlich und sagten, daß sie jeden von uns einzeln sprechen wollten.

Im Auftrag des Präsidenten hatten sie uns die baldige Freilassung anzukündigen. Sie sprachen zuerst mit Marie-José und sagten ihr, daß das Rote Kreuz sehr viel für sie tue. Nach ihrer Ankunft in der Schweiz würden viele Journalisten sie interviewen wollen; sie solle alle Fragen geduldig beantworten und die Lage so schildern, wie sie wirklich sei; das würde der UNITA helfen, das Land zu befreien. Die beiden sprachen so wunderschön und mit so viel Hochachtung von der Schweiz, daß Marie-José sich vorkam, als sei sie keine Gefangene, sondern ein Ehrengast.

Dann wurde ich gerufen. Mir war ein wenig mulmig zumute, denn nach dem Besuch des Präsidenten am 13. August hatte ich den Major, der kurz darauf ins Hauptquartier fuhr, um eine Unterredung gebeten. Ich sagte ihm damals, daß die Vorwürfe Savimbis gegenüber der Adventgemeinschaft jeder Grundlage entbehrten, weil wir auf unserer Missionsstation immer streng neutral gearbeitet hatten und gewiß keine Helfershelfer des Kommunismus waren.

Ich bat den Major, das dem Präsidenten auszurichten, denn diese Beschuldigungen konnte ich auf der Adventgemeinschaft nicht sitzen lassen. Später bekam ich dann aber doch Angst, ob ich durch meine offenen Worte nicht etwa meine Freilassung aufs Spiel gesetzt hatte.

Mit etwas gemischten Gefühlen sah ich deshalb jetzt der Begegnung mit den beiden Abgesandten Savimbis entgegen. Doch sie waren überraschend freundlich zu mir, und wir unterhielten uns lange, vor allem über das Thema Glaubensfreiheit – wie es jetzt damit bestellt ist in Angola, wie die UNITA einmal – ihren Worten zufolge – volle Religionsfreiheit gewähren will und wie wir – ihrer Meinung nach – die Sache der UNITA nach unserer Freilassung unterstützen könnten. Sie malten ihre heroischen Ziele sehr verlockend aus und entschuldigten sich fast dafür, daß wir Gefangene waren. Dann meinten sie: „Die Journalisten werden sich auch dafür interessieren, wie man Sie behandelt hat. Es ist ja nicht gerade die Regel, daß Guerilleros mit ihren Gefangenen so schonend umgehen. Es hat keine Vergewaltigungen gegeben."

„Natürlich werde ich das bei den Interviews sagen. Das rechne ich ihren Leuten auch hoch an. Überhaupt werde ich alles wahrheitsgetreu erzählen – vorausgesetzt, meine Glaubensfreunde in Angola werden dadurch nicht gefährdet. Schließlich gibt es 56000 Adventisten in Angola, und ich möchte nicht, daß sie in Schwierigkeiten kommen. Deshalb werde ich bei allen Aussagen sehr vorsichtig sein."

Schließlich wurden Oliveiras, Sabatés und der spanische Priester gerufen, und dann sagten die beiden Männer uns allen zusammen noch einmal, daß wir bald freigelassen würden, weil sich die Adventgemeinschaft so sehr für uns eingesetzt hätte. „Nur noch ein paar Tage, dann fliegen Sie in Ihre Heimatländer", versicherten sie uns.

Als sich die beiden verabschiedet hatten, waren wir in Hochstimmung. Nur noch ein paar Tage – das konnte schon morgen oder übermorgen sein, höchstens aber noch eine Woche ...

Zwei Tage nach diesem Besuch schrieb ich in mein Tagebuch: „Heute kam der Hauptmann und brachte mir einen Löffel – nach zweieinhalb Monaten Gefangenschaft! Ist das nun ein gutes Zeichen oder nicht?" Würde ich diesen Löffel noch lange benötigen?? Wir warteten und hofften ...

Am 1. September notierte ich: „Brief von dem Kubaner."

Plötzlich geschah etwas, das zumindest Marie-Josés und mein Leben im Lager veränderte.

In der Nacht zum Mittwoch hatte ich geträumt, wir seien freigelassen. Als wir gerade mit unserem wenigen Gepäck aus dem Lager hinausgingen, schaute ich noch einmal zurück und sah die beiden Kubaner, die uns traurig hinterherblickten. „Wie gut, daß sie dort bleiben müssen, denn sie haben mich geärgert", dachte ich, doch im nächsten Augenblick schämte ich mich sehr, weil ich so herzlos anderen nicht die Freiheit gönnen wollte, die mir und meinen Freunden nun endlich geschenkt wurde. Ich kam mir egoistisch und gemein vor. Mit diesem Gefühl der Beschämung wachte ich auf, schlief aber kurz danach wieder ein. Am andern Morgen wußte ich zunächst nur noch, daß ich etwas Merkwürdiges geträumt hatte.

Bald nachdem wir aufgestanden waren, kam der portugiesische Priester zu uns herüber, und wir unterhielten uns eine Weile.

„Heute nacht habe ich etwas Seltsames geträumt; ich glaube, es hing mit den beiden Kubanern zusammen", erzählte ich schließlich.

„Victoria, könnten Sie mir vielleicht einen Kugelschreiber und ein Stück Papier geben", sagte der Priester plötzlich ganz aufgeregt.

Ich gab ihm beides, und er schrieb: „Der Kubaner hat für Sie bei Guerrero, dem portugiesischen Bäcker, einen Brief hinterlassen. Holen Sie ihn bitte ab."

„Nein, das darf nicht wahr sein", entfuhr es mir. „Sagen Sie Guerrero, ich darf diesen Brief nicht lesen. Er soll ihn zurückgeben oder damit machen, was er will. Der Hauptmann hat uns jeglichen Kontakt zu den Kubanern strengstens verboten." –

Erst zwei Wochen zuvor hatte ich, auf dem Weg zum Fluß eine

Abkürzung nehmend, plötzlich und ganz unerwartet vor der Hütte der beiden gestanden. Ich hatte nicht gewußt, daß sie nur etwa hundert Meter von uns entfernt auf der anderen Seite des Wäldchens wohnten. Der Ältere war draußen; er grüßte mich und sagte etwas, das ich nicht verstehen konnte. So ging ich einfach mit einem knappen Gruß weiter. Schon kam mir ein Soldat entgegen, um mich wieder auf den „rechten Weg" zu holen, doch er sagte nichts.

Später, als ich wieder in meiner Hütte war, kam der Hauptmann ganz aufgeregt herein: „Haben Sie nicht verstanden, was Ihnen der Soldat gesagt hat?"

„Welcher Soldat?" wollte ich wissen.

„Ich habe Ihnen doch einen Soldaten geschickt, der Ihnen etwas Wichtiges sagen sollte", meinte er leicht ungeduldig.

„Mir hat niemand etwas gesagt", konnte ich ihm nur versichern.

„Also, die Sache ist die: Hier im Lager gibt es ein paar Leute, mit denen Sie absolut nicht sprechen dürfen."

„Ach, Sie meinen wohl den Kubaner, den ich gegrüßt habe? Er hat zwar etwas gesagt, aber ich konnte es nicht verstehen und bin weitergegangen."

„Die Kubaner sind zwar keine Gefangenen, aber ich rate Ihnen dringend, auf jeglichen Kontakt zu ihnen zu verzichten."

„Ja, schön, ich werde mich daran halten", beruhigte ich ihn.

Als der Hauptmann wieder weg war, meinte Marie-José: „Und wenn die Kubaner uns einmal nachts einen Besuch abstatten?"

„Dann müssen wir aus Leibeskräften schreien", sagte ich. „Wir müssen zeigen, daß wir keinen Kontakt mit ihnen haben wollen." –

Und nun kam also der Priester an diesem Septembermorgen und sagte mir, der Kubaner habe an mich geschrieben ...

Marie-José und ich waren sehr aufgeregt und überlegten hin und her, was zu tun sei. Am Nachmittag sprachen wir noch einmal mit dem Priester, diesmal in seiner Hütte, und da sagte er: „Guerrero hat den Brief immer noch. Wollen Sie ihn nicht lesen?"

Einen Augenblick lang kämpften in mir Angst und Neugier, und dann sagte ich: „Also gut, holen sie ihn bitte für mich." Kurz danach hatte ich den Brief in Händen und versuchte ihn zu lesen, während Marie-José Wache hielt.

Es war ein Liebesbrief. Der junge Kubaner schrieb mir, er habe meinetwegen in der letzten Zeit viel durchgemacht. Seit unserer Begegnung am Fluß könne er mich nicht mehr vergessen, weil er mich so sehr liebe. Er wollte wissen, ob ich bereit sei, ihn zu heiraten. Lange schon versuche er, mit mir in Kontakt zu treten, doch man erlaube es ihm einfach nicht.

Dann schilderte er, wie er schon vor einiger Zeit versucht hatte, mir einen Brief zu schicken. Er gab ihn dem jungen Soldaten mit, der ihnen jeden Tag das Essen brachte, doch der reichte ihn an den Hauptmann weiter. Der Hauptmann las den Brief und ließ dem Kubaner ausrichten: „Ich habe nichts zum Schreiben. Deshalb kann ich nicht antworten." So schrieb der Kubaner einen zweiten Brief, legte Papier und Bleistift bei, und dann kam die Antwort: „Ich muß es mir noch überlegen." Voller Erwartung schrieb er wieder, und auf dem nächsten Zettel, den ihm der junge Soldat brachte, stand verheißungsvoll: „In zwei Tagen wirst du meine Antwort in Händen haben."

Nun war er schon ganz gespannt und machte sich gewiß große Hoffnungen. Doch als die zwei Tage um waren, war sein „Briefträger" plötzlich in ein anderes Lager versetzt worden. Er wartete immer noch und überlegte hin und her, bis ihm plötzlich aufging, daß jemand ihn kräftig an der Nase herumgeführt haben mußte.

Wütend und enttäuscht ging er zum Hauptmann und sagte ihm, daß er alles gemerkt habe; er wüßte jetzt, daß ich seine Briefe nie erhalten hätte. Er wolle jetzt aber die Sache endgültig klären und unbedingt mit mir sprechen, denn er sei schließlich kein richtiger Gefangener.

Der Hauptmann meinte: „Ich kann Ihnen nicht erlauben, mit den Gefangenen in Kontakt zu treten. Ich habe dafür entsprechende Anweisungen vom Hauptquartier. Aber ich kann ja dort einmal anfragen, ob Sie mit der jungen Frau sprechen dürfen. Bis ich von dort Bescheid bekomme, müssen sie sich allerdings schon noch gedulden."

Mein Verehrer war damit einverstanden, lebte jetzt aber ständig in Angst, ich könnte eines Tages ganz schnell freigelassen werden, so daß ihm keine Gelegenheit mehr bliebe mit mir zu sprechen. Auch beunruhigte es ihn, daß Marie-José und ich nicht mehr wie früher zu unserem „Trimm-dich-Pfad" gingen, wo er uns, ohne daß wir davon wußten, immer gesehen hatte. Tatsächlich war uns vom Hauptmann ohne Begründung verboten worden, weiterhin unseren Lieblingsplatz aufzusuchen. Zwar hatten wir das damals nicht verstanden, aber als ich nun diesen Brief in Händen hielt, wurde mir alles klar.

Miguel – so hieß der Kubaner – bat mich in dem Brief noch, ihm einen Antwortbrief zu schreiben und ihn an unserem Platz unter den Bäumen in einem bestimmten Loch zu verstecken. Ich solle, so schrieb er, Sand darauf werfen, diesen festtreten und dann ein Kreuz darauf machen, damit er ihn gleich finden könne.

„Der Mann muß völlig übergeschnappt sein“, dachte ich. Er mußte doch wissen, daß wir an diesem Platz immer besonders gut überwacht wurden. Ein dort vergrabener Brief würde von einem unserer Aufpasser sofort wieder ausgebuddelt werden.

Nachdem ich alles gelesen hatte, gab ich den Brief dem Priester zurück mit der Bitte, ihn Guerrero wiederzubringen. „Er soll bitte dem jungen Mann ausrichten, daß ich mit ihm nicht in Kontakt treten kann. Ich bin Missionarin, und es ist für mich unmöglich, mich auf solche Sachen einzulassen. Nur mit ausdrücklicher Genehmigung des Hauptmanns bin ich bereit, mit ihm an einem Ort zu sprechen, wo jeder uns sehen kann.“

Daß ich seine Gefühle nicht erwidern konnte, wollte ich ihm nicht gleich so direkt sagen, weil ich mir dachte, daß er das in seinem aufgeregten Zustand vielleicht nicht verkraften würde. Der junge Mann tat mir leid, denn er war wirklich insgesamt in einer fast aussichtslosen Situation. Dem Brief nach zu urteilen schien er recht intelligent zu sein. Er konnte nicht mehr in seine Heimat zurückkehren und wahrscheinlich auch nie wieder seine Eltern sehen. Es war auch nicht richtig, daß die Soldaten ihn so mit den Briefen hinters Licht geführt hatten. Damit hatten sie bei ihm Illusionen geweckt und so die Sache nur noch schlimmer gemacht.

Ich hoffte sehr, daß Guerrero bei dem Gespräch mit ihm die richtigen Worte finden würde. Die beiden konnten sich auch nur heimlich in der Nacht treffen, denn die Kubaner durften ja mit niemandem Kontakt haben.

Bald stand das Warten auf unsere Freilassung für uns wieder ganz im Vordergrund und drängte alle anderen Probleme zurück. Am Freitag, dem 3. September, kam der Hauptmann früh am Morgen zu uns und sagte: „Nehmen Sie jetzt gleich ein Bad im Fluß und machen Sie sich dann bereit zur Abfahrt. Sie werden heute in ein anderes Lager gebracht.“

Schnell liefen wir zum Wasser und wuschen uns. Auf dem Rückweg vom Fluß tat ich vor dem uns begleitenden Soldaten so, als ob ich wieder die Abkürzung nehmen wollte, die bei den Kubanern vorbeiführte. Schnell sagte unser Bewacher: „Nein, hier nicht, wir müssen den anderen Weg nehmen."

Also gingen wir in die gewünschte Richtung und – stießen fast mit den beiden Kubanern zusammen. Sie saßen da an der Ecke und spielten mit einigen Soldaten Karten. Fast mußte ich lachen bei dieser Begegnung. Ganz aufgeregt meinte unser Bewacher: „Nein, hier können wir nicht gehen", und bog schnell in die Abkürzung ein, an der wir gerade vorbeigelaufen waren.

Diese Gängelung machte mich allmählich wütend. Wir spürten schon die ganze letzte Zeit, wie streng wir bewacht wurden, so daß wir uns wirklich keinen Augenblick mehr unbeobachtet fühlen konnten. Das stand uns allmählich bis zum Hals, doch wir konnten nichts dagegen tun.

So packten wir also an diesem Tag unsere Siebensachen und warteten darauf, abgeholt zu werden. Wir nahmen an, daß wir in ein Lager an der Grenze zu Namibia gebracht und von dort aus dann bald freigelassen werden würden.

Wir warteten, bis es Abend wurde. Als die Dunkelheit hereinbrach, holten wir unsere Decken wieder aus dem Gepäck und legten uns schlafen. Gegen Mitternacht wachten wir auf. Man hörte Geräusche von Lastwagenmotoren, doch niemand rief uns. Am andern Morgen erschienen plötzlich die Träger, um unsere Sachen zu holen, die auf dem Lkw transportiert werden sollten.

Es war Samstag, und wir beschlossen, noch unseren Gottesdienst zu halten. Als wir gerade damit fertig waren, sahen wir die Träger mit unserem Gepäck in Begleitung des Hauptmannes zurückkommen. Er meinte: „Wir fahren nun heute doch nicht mehr. Aber verlieren Sie nicht die Hoffnung, Sie werden ganz bestimmt freigelassen werden. Vom Hauptquartier hat man mir mitgeteilt, daß es sich nicht lohnen würde, Sie noch in ein anderes Lager zu bringen."

Tief enttäuscht saßen wir da und wußten wirklich nicht mehr, ob wir ihnen überhaupt noch etwas glauben sollten. Nach jedem neuen Rückschlag fiel es uns schwerer, an der Hoffnung festzuhalten. Manchmal hatten wir schon das Gefühl, nie mehr aus diesem Lager herauszukommen.

In der folgenden Nacht konnten Marie-José und ich vor Kummer und Enttäuschung nicht schlafen. So setzten wir uns vor die Hütte und sangen ein wenig. Marie-José kannte einige spanische Volkslieder. Als es schon ziemlich spät geworden war, hörten wir plötzlich von der anderen Seite des Waldes her jemanden auf spanisch singen. Es war ein Liebeslied. Da begingen wir den wirklich dummen Fehler, das gleiche Lied nun ebenfalls zu singen. Später sangen wir noch andere Lieder, und vor allem immer wieder „Guantanamera“, weil das auch Marie-José gut kannte. Schließlich kamen noch zwei Soldaten vorbei und erzählten uns von den Abenteuern, die sie mit Schlangen, Löwen und anderen wilden Tieren erlebt hatten.

Ganz aufgeregt legten wir uns später schlafen. Erst vor ein paar Tagen hatten die Soldaten in der Nähe des Lagers eine große, schreckliche Schlange getötet, und schon der Gedanke, daß ein solches Tier auch einmal in unsere Hütte hineinkommen könnte, ließ uns nicht zur Ruhe kommen. Angespannt lagen wir da und horchten auf die merkwürdigen Geräusche im Stroh. Schließlich muß ich doch eingeschlafen sein, denn plötzlich erwachte ich von einem großen Lärm, als ob Bäume umfallen würden. Marie-José saß zitternd auf ihrem Bett und sagte: „Victoria, ich habe dich schon zweimal gerufen, aber du hast so tief geschlafen. Hier in der Hütte bewegt sich etwas. Ich hörte vorhin, wie kleine Schritte bis zu meinem Bett kamen. Ich habe solche Angst und kann nicht mehr schlafen.“

Ich hatte diese merkwürdigen Schritte ebenfalls gehört, doch man konnte nichts sehen, obwohl der Vollmond durch ein Loch im Dach unsere Hütte erhellte. Wir gingen nach draußen auf die Toilette; der Wind heulte zwischen den Bäumen, sonst war alles still. Nichts bewegte sich. Drüben in Sabatés Hütte konnten wir das Feuer brennen sehen. Jedesmal, wenn ein Windstoß kam, flammte es hoch auf. Das konnte gefährlich werden. Nicht auszudenken, wenn es zu einem Waldbrand käme! Wir mußten einfach hinüberlaufen und das Feuer löschen, aber wir zögerten ein wenig, weil nur ein schmaler, von Dornen eingegrenzter Weg dorthin führte und uns so bei einer Begegnung mit einem Raubtier keine Fluchtmöglichkeit mehr bliebe. Schließlich nahmen wir doch allen Mut zusammen, liefen zu Sabatés Hütte, die ungefähr 30 Meter entfernt lag, löschten das Feuer mit Sand und kehrten in unsere Hütte zurück. Marie-José schlief gleich wieder ein, doch ich machte kein Auge mehr zu, bis es Morgen wurde.

Gleich nach Frühstück und Andacht machten wir uns auf den Weg, um dem portugiesischen Priester die Bibel zu bringen. Kurz vor seiner Hütte sahen wir zwei kriegsgefangene MPLA-Soldaten, bewacht von zwei Guerilleros, die mit den beiden Kubanern Karten spielten. Erschrocken sagte ich zu Marie-José: „Wir müssen hier so schnell wie möglich wieder weg. Der Hauptmann soll nicht denken, wir kämen hierher, um die Kubaner zu treffen."

So gingen wir rasch zu dem Priester, gaben ihm die Bibel und sagten leise: „Die Kubaner sind gleich da drüben beim Kartenspielen, und wir müssen sofort wieder zurückgehen."

Als wir dort wieder vorbeikamen, sah mein Verehrer mich, und sein Blick verriet Entschlossenheit. Irgendwie spürte ich, daß er bereit war, alles zu unternehmen, um mit mir Kontakt zu bekommen – und wenn er das ganze Lager auf den Kopf stellen müßte. Das machte mir Angst, und ich konnte den ganzen Tag an nichts anderes mehr denken. Ich fürchtete, daß etwas Schlimmes passieren könnte. Ich sprach mit Marie-José und den anderen darüber, und alle waren sehr besorgt. Am Abend sagte ich zu Marie-José: „Ich glaube, wir dürfen nicht mehr singen. Sonst denkt der Kubaner, das ist für ihn gedacht, und dann gibt es noch mehr Schwierigkeiten. Auf einmal haben wir ihn eines Nachts in unserer Hütte."

So gingen wir zu Bett, und Marie-José war bald tief eingeschlafen. Ich war so nervös und besorgt, daß ich einfach nicht zur Ruhe kommen konnte. Die Ratten hatten von draußen unter dem trockenen Buschwerk einen Tunnel bis unter unseren Tisch in der Hütte gegraben und machten einen Heidenlärm. Das war es, was uns schon in der Nacht zuvor hatte hochschrecken lassen; es klang manchmal tatsächlich so, als ob ein Mensch dort ginge. Man konnte hören, wie Blätter knisterten und Äste zusammenfielen, während die Ratten ihre Löcher gruben. Ich fröstelte vor Angst und Ekel.

Wieder mußte ich an den Kubaner denken. Irgend etwas hatte er vor, daran gab es keinen Zweifel mehr. Würde er uns alle in Gefahr bringen? Die UNITA ist sehr sittenstreng, und wer nur in den Verdacht gerät, dagegen verstoßen zu haben, wird äußerst hart bestraft.

Ich holte meine kleine Petroleumlampe, um ein wenig in der Bibel zu lesen, doch ich war so aufgeregt, daß ich mich nicht konzentrieren konnte. So betete ich: „Herr, hilf doch, daß der junge Mann nichts Schlimmes tut. Gib, daß sich für dieses Problem eine Lösung findet, ohne daß jemand in Schwierigkeiten kommt. Ich möchte doch als Missionarin kein schlechtes Beispiel geben."

Dann versuchte ich noch einmal, in der Bibel zu lesen. Draußen schien der Vollmond, und ich konnte die ganze Umgebung vor unserer Hütte überblicken. Niemand war zu sehen, kein Laut zu hören. Trotzdem drehte ich plötzlich instinktiv den Kopf in Richtung Türloch. Fast blieb mir das Herz stehen: Zwischen der Decke, die uns als Tür diente, und der Hüttenwand hatte der junge Kubaner seinen Kopf hereingestreckt! Ich gab einen unterdrückten Schrei von mir, sprang hoch und sagte: „Nein, nein, bitte nicht hereinkommen!"

Er trat einen Schritt vor und fragte: „Wer schläft dort in diesem Bett?"

„Nein, bitte nicht hereinkommen, das dürfen Sie nicht", stammelte ich nur.

„Wer schläft in diesem Bett? Ein Neger?"

„Nein, nein, meine Freundin."

Da kam er ganz in die Hütte herein und setzte sich auf mein Bett.

„Nein, bitte nicht", sagte ich wieder. „Warum sind Sie überhaupt hierhergekommen, noch dazu mitten in der Nacht, das ist doch viel zu gefährlich."

„Hast du den Brief von mir bekommen?" wollte er wissen.

„Ja, ungefähr vor einer Woche habe ich einen erhalten."

„Nein, ich meine heute. Ich habe doch dem Portugiesen gestern Nacht einen Brief für dich gegeben, den er dir aushändigen sollte."

Nun waren wir an diesem Morgen, als wir den Priester besuchten, nur ganz kurz bei Guerrero vorbeigegangen. In seiner Hütte waren gerade ein paar andere Leute gewesen, und da hatte der Mann wahrscheinlich nicht gewagt, mir den Brief zu geben. Jetzt fiel mir ein, daß er die Füße so bewegt hatte, als ob er mir etwas sagen wollte, sich aber nicht getraute.

„Heute habe ich nichts bekommen", erwiderte ich.

Er fluchte leise und sagte: „In diesem Brief habe ich dir angekündigt, daß ich heute Nacht kommen würde."

„Du bist völlig übergeschnappt. Du darfst nicht hierherkommen. Der Hauptmann wohnt hier ganz in der Nähe. Ich kann sogar hören, daß er sich gerade mit jemandem unterhält. Wenn er uns jetzt hört oder davon erfährt, daß du hier warst, ist es für uns alle aus. Du bringst dich und uns in Lebensgefahr."

„Keine Angst, niemand hat mich gesehen. Nur ganz ruhig bleiben." Er nahm die Petroleumlampe vom Tisch und stellte sie auf den Boden. In diesem Augenblick erwachte Marie-José. Sie setzte sich steil auf und warf erschrocken die Arme in die Höhe. Ganz erstaunt schaute sie mich an und legte sich lachend wieder hin. Schade, daß ich das nicht festhalten konnte. Die Szene war wirklich filmreif.

„Nein, das darf ja wohl nicht wahr sein", meinte sie, und auch ich mußte jetzt fast lachen, weil die Situation irgendwie doch komisch war.

„Habt ihr Angst gehabt?" fragte Miguel ganz naiv-anteilnehmend. „Deshalb habe ich dir doch in diesem Brief geschrieben, daß ich heute Nacht kommen würde. Die Sache ist nämlich die: Ich liebe dich und will dich heiraten. Und du?" fügte er erwartungsvoll hinzu.

„Du bist total verrückt", war mein einziger Kommentar.

„Warum?" lachte er. „Hör zu: Morgen werden Leute vom Hauptquartier, Führer der UNITA, hierher kommen, weil ich sie darum gebeten habe. Sie wissen schon, daß ich dich heiraten will und möchten deshalb mit uns sprechen. Dann werden wir beide gerufen, und du mußt mir beistehen."

„Was hast du nur für Vorstellungen! Ich kann dich unmöglich heiraten. Du kommst einfach hierher und bringst uns in Schwierigkeiten. Wenn man dich hier entdeckt, werden nicht nur wir Probleme haben, sondern vor allem du."

„Das weiß ich. Willst du mich nun heiraten oder nicht?"

„Wir sind Missionare und Gefangene dazu. Es ist doch gar nicht möglich, daß ich dich hier und auf diese Weise heirate."

„Aber warum denn nicht?"

„Du weißt doch selbst, daß wir in einer ganz anderen Lage sind als ihr. Wir können uns solche Geschichten nicht leisten. Geh jetzt bitte wieder und nimm zur Kenntnis, daß ich dich nicht heiraten kann."

„Warum geht das nicht? Morgen kommen diese Leute vom Hauptquartier, und dann mußt du mir beistehen."

„Ja, das kommt darauf an ..."

„... auf wen?" unterbrach er mich. „Auf dich oder auf die von der UNITA?"

„Nun, ich denke, daß immer noch meine Entscheidung ausschlaggebend sein muß."

„Ach, ich kann dich nicht verlieren“, sagte er plötzlich ganz heftig. Draußen erklangen Schritte, als ob ein Soldat vorbeiginge. Fast tonlos sagte ich: „Wenn sie dich jetzt hier entdecken, werde ich ihnen sagen, daß ich dich nicht gerufen habe.“

Er nahm die Petroleumlampe, schob sie unter das Bett, und wir blieben ganz still. Die Schritte kamen bis fast vor die Hütte und entfernten sich dann wieder. Kurz darauf hörte man den Hauptmann laut sprechen; anscheinend unterhielt er sich mit ein paar Leuten vor seiner Hütte.

Ich flüsterte Miguel zu: „Du mußt jetzt gehen, du mußt jetzt gehen; hier kannst du nicht länger bleiben.“

Noch einmal fragte er mich: „Wirst du morgen mit den Leuten sprechen, wenn sie dich rufen?“

„Natürlich werde ich das, aber hier im Dunkeln dürfen wir uns nicht weiter unterhalten. Es ist mir überhaupt verboten worden, mit dir zu sprechen, und jetzt bist du auch noch in unsere Hütte gekommen. Geh jetzt, schnell!“

„Gut, ich gehe. Aber morgen, wenn du gerufen wirst, kommst du und stehst mir bei.“

„Ja, ich komme. Dann werden wir weitersehen, wie alles gehen wird.“

„Dann werden wir heiraten“, meinte er noch einmal.

„Ja, das werden wir dann morgen sehen.“

Wenn er doch nur endlich gehen würde, dachte ich. Meine Nerven waren bis zum Zerreißen gespannt. Jeden Augenblick konnte ein Soldat oder gar der Hauptmann selbst in der Tür erscheinen.

„Gib mir ein Foto von dir“, bat Miguel jetzt noch. Wahrscheinlich wußte er von einem der Soldaten, daß ich ein Fotoalbum dabei hatte.

„Ich habe keines“, sagte ich wahrheitsgemäß.

Er stand auf. „Gut“, meinte er und reichte mir die Hand: „Gib mir einen Kuß!“

„Nein“, sagte ich kurz.

Da gab er noch Marie-José die Hand, verabschiedete sich und drehte sich beim Hinausgehen noch einmal herum: „Ich kann dich nicht verlieren, weißt du das?“

Endlich war er weg. Wir holten beide erst einmal tief Luft und seufzten vor Erleichterung.

„Mach die Lampe aus und laß uns auf die Toilette gehen“, schlug

Marie-José vor. „Wenn dann jemand in die Hütte kommt und keinen vorfindet, kann man uns nichts nachweisen."

So schlichen wir uns leise hinaus. Ich zitterte von Kopf bis Fuß wie Espenlaub, wie ich seit unserer Entführung nicht mehr gezittert hatte.

Später, als wir wieder im Bett lagen, überlegten wir zusammen, wie wir uns am nächsten Tag verhalten sollten. Wir waren beide sicher, daß niemand wegen Miguels Heiratswünschen hierherkommen würde. Aber wir hatten doch das Gefühl, etwas unternehmen zu müssen, um zu verhindern, daß der Kubaner noch einmal nachts bei uns auftauchte. Mit dem Hauptmann zu sprechen hielten wir allerdings für wenig sinnvoll. Er würde den jungen Mann nur sehr schwer bestrafen, obwohl er uns gar nichts getan hatte. Schließlich beschlossen wir, erst einmal abzuwarten. Wenn am nächsten Tag niemand etwas zu uns sagen würde, dann war Miguels Besuch bei uns höchstwahrscheinlich unbemerkt geblieben, und wir wollten keine schlafenden Hunde wecken.

Lange, nachdem Marie-José wieder eingeschlafen war, lag ich noch wach und zitterte am ganzen Leib. Jeder Schritt, den man draußen hörte, jedes Geräusch jagte mir aufs neue einen Schrecken ein, und ich sprang noch ein paarmal aus dem Bett, um nach draußen zu schauen. Ich betete zu Gott, daß er mir helfen möge, die Sache nüchtern zu sehen und mich richtig zu verhalten.

Mir graute vor dem Morgen. In Angola ist es Sitte, sich bei jeder Begegnung ausführlich zu begrüßen. Schon in Bongo war mir das manchmal auf die Nerven gegangen. Das klang dann am Morgen ungefähr so: „Guten Morgen! Wie geht's? Wie haben Sie geschlafen?" – „Danke, gut. Und Sie?" – „Danke, auch gut."

An jedem Morgen grüßten uns auf diese Weise die vielen Leute, die wir im Lager trafen. Bei uns kamen recht häufig Soldaten an der Hütte vorbei, und keiner ließ es sich nehmen, hereinzuschauen und ausführlich zu grüßen. Es gab einen, der mindestens einmal pro Stunde kam, um nach uns zu sehen, und jedesmal wollte er wissen, wie es uns ginge und was wir machten.

Jetzt hatte ich die ganze Nacht so gut wie nicht geschlafen, und kaum waren wir aufgestanden, als schon wieder die ersten Soldaten erschienen: „Guten Morgen! Haben Sie gut geschlafen?"

Ich konnte kaum antworten.

Gegen neun Uhr erschien dann der Hauptmann und erkundigte sich auch, wie wir die Nacht verbracht hatten. Wir wußten immer noch nicht, ob er von Miguels Besuch etwas mitbekommen hatte.

„Ich habe gar nicht gut geschlafen“, erzählte er uns. „Mitten in der Nacht kam ein Soldat zu mir und sagte, er höre die beiden Mininas weinen. Er habe schon seit einiger Zeit beobachtet, daß Sie beide immer so traurig seien und letzten Abend auch nichts mehr gegessen hätten. Ich überlegte, was mit Ihnen los sein könnte, und schickte schließlich jemanden hinüber, der nach Ihnen sehen sollte.“

So war also ein Soldat bis vor unsere Hütte gekommen und hatte gelauscht.

„Nein, sie weinen nicht, sie sprechen nur miteinander“, hatte er nach seiner Rückkehr dem Hauptmann gemeldet.

Das war wie ein Wunder für uns. Normalerweise kamen die Soldaten, wenn es irgend etwas gab, einfach mit einem kurzen „Entschuldigung“ in unsere Hütte, um nach dem Rechten zu sehen. Nur dieses eine Mal, als der Kubaner bei uns war, blieben sie draußen stehen! Als der Hauptmann uns all dies erzählte, merkten wir, daß er wirklich nichts von unserem nächtlichen Besucher wußte. Uns fiel ein Riesenstein vom Herzen, und ich dankte Gott, daß alles so glimpflich verlaufen war.

Am Nachmittag besuchten wir wie immer den portugiesischen Priester. Eigentlich hatte ich vorgehabt, auch ihm gegenüber nichts von Miguel zu erwähnen, doch als er uns so freundlich begrüßte und sich nach unserem Befinden erkundigte, kam die ganze Aufregung noch einmal in mir hoch, so daß ich kein Wort herausbrachte und wieder am ganzen Körper zu zittern begann. So konnte es nicht weitergehen! Irgend jemandem mußte ich mich anvertrauen. So schrieb ich auf ein Stück Papier: „Der Kubaner hat uns vergangene Nacht einen Besuch abgestattet.“

„Nein, das darf nicht wahr sein“, entfuhr es dem Priester. „Das ist doch viel zu gefährlich.“

„Kommen Sie nachher in unsere Hütte“, schrieb ich weiter. „Wir müssen mit Ihnen sprechen.“ Bei ihm standen immer so viel Soldaten herum, daß es unmöglich war, sich unbelauscht zu unterhalten.

So erzählte ich ihm später dann bei uns leise die ganze Geschichte. Als ich fertig war, meinte er: „Berichtet auf keinen Fall dem Hauptmann davon. Sonst wird Miguel nur schwer bestraft, und das Problem ist damit auch nicht gelöst. Sie würden ihn schlagen und einsperren; dabei ist der Hauptmann selbst an allem schuld, denn er hat ihm diese irreführenden Antwortbriefe geschrieben, so daß Miguel sich Illusionen machte und jetzt einfach in einem Zustand ist, wo er leicht Dummheiten begeht."

Dieser Meinung war ich auch, und am liebsten hätte ich dem Hauptmann all dies ins Gesicht gesagt, aber als Gefangene hatte ich kein Recht dazu und mußte einfach schweigen. Andererseits war die Gefahr nicht zu unterschätzen, daß der Kubaner wieder etwas anstellen konnte, was dann vielleicht nicht so glimpflich ausgehen würde.

Ich fühlte mich wirklich meines Lebens nicht mehr sicher. Lange überlegten wir hin und her, was wir deshalb unternehmen sollten. Schließlich meinte der Priester: „Warum bitten Sie den Hauptmann nicht einfach um eine Unterredung?"

„Aber wie kann ich das tun? Dann schöpft er doch sicher gleich Verdacht, daß die Briefe an mich weitergeleitet worden sind, und so bekommen Sie womöglich auch noch Schwierigkeiten, wenn alles herauskommt."

Schließlich hatten wir eine Idee, und gleich am Abend sprach ich mit dem Hauptmann.

„Wir fühlen uns in der letzten Zeit sehr stark in unserer Bewegungsfreiheit eingeschränkt", begann ich. „Für Marie-José und mich sieht es so aus, als seien Sie angehalten worden, auf uns beide besonders gut aufzupassen. Vor das Lager dürfen wir nicht mehr gehen; der Weg hinter unserem Haus wurde mit Ästen und Dornenzweigen zugemacht, so daß wir zum Holzholen weit außen herum laufen müssen; zum Fluß müssen wir jetzt immer einen Umweg machen ... All dies ist sehr lästig für uns, und wir fragen uns allmählich, was das zu bedeuten hat. Jetzt ist mir ein Verdacht gekommen. Vielleicht hängt das alles mit dem jungen Kubaner zusammen, der mich mal am Fluß angesprochen und mir einen Heiratsantrag gemacht hat. Möglicherweise haben Sie Angst, er könnte versuchen, irgendwie in Kontakt mit mir zu kommen, und bewachen uns deshalb so streng. Wenn das wirklich der Grund ist, wäre es doch am besten, ich könnte mit dem jungen Mann sprechen, damit er sich seine Illusionen aus dem Kopf schlägt. Dann braucht nicht jedesmal das ganze Lager in Panik zu geraten, wenn ich auch nur zwanzig Meter von meiner Hütte entfernt bin. In Ihrem Beisein werde ich ihm sagen, daß ich ihn nicht heiraten kann."

Dem Hauptmann war es sichtlich unangenehm, daß ich ihn so direkt auf dieses Thema ansprach. Wahrscheinlich wunderte er sich auch, wie ich mir das alles zusammengereimt hatte.

Er zögerte ein wenig, bevor er sagte: „Ich kann Sie nicht mit ihm sprechen lassen. Meine Anweisungen, die ich vom Hauptquartier bekommen habe, lauten, daß Sie keinerlei Kontakt zu den Kubanern haben dürfen. Aber ich verstehe Sie schon. Wir sind zwar Soldaten, doch wir haben auch ein Herz. Ich werde noch einmal anfragen, ob sich etwas machen läßt."

Eine Antwort in dieser Art hatte ich erwartet. Immerhin aber kannte der Hauptmann jetzt meine Einstellung, und wenn in Zukunft wieder etwas passieren sollte, war es nicht meine Schuld. –

Bisher hatte ich schon große Schlafschwierigkeiten gehabt, aber jetzt wurde es noch schlimmer. Jedes Geräusch vor unserer Hütte ließ mich hochschrecken. Auch Marie-José war an diesem Abend noch sehr aufgeregt und konnte nicht zur Ruhe kommen.

Schließlich kamen wir auf die Idee, in die Türöffnung unseren Wasserbehälter und darüber noch den Eimer zu stellen; wenn nun jemand leise in die Hütte hereinkommen wollte, würde das umstürzen und so einen Lärm machen, daß der Eindringling sicherlich die Flucht ergriffe.

Lange lagen wir noch wach und sprachen über die Geschehnisse des vergangenen Tages. Plötzlich hörten wir draußen Schritte, und dann sagte jemand: „Entschuldigung!"

Erschrocken fuhren wir hoch und blickten zur Tür. Zwei Soldaten schauten in unsere Hütte herein, und der eine sagte: „Stehen Sie bitte auf und kommen Sie mit! Ein Fotograf ist gerade da, der gleich wieder weiter muß. Er wird ein paar Aufnahmen von Ihnen machen."

Wir mußten beide lachen: „Ein Foto um Mitternacht! Das gibt es nur bei der UNITA. Um Mitternacht wird entführt, und um Mitternacht wird fotografiert."

Wir zogen uns rasch an und gingen mit ihnen bis vor das Lager, wo sie ein großes Feuer gemacht hatten. Dort standen schon all die anderen Gefangenen, und jeder wurde einzeln fotografiert. Dann durften wir wieder schlafengehen. –

Am nächsten Morgen kam der Hauptmann mit einer schlechten Nachricht zu uns: „Leider muß ich Ihnen sagen, daß Sie nicht mehr zu den Portugiesen gehen dürfen. Ich habe Anweisung erhalten, daß jeglicher Kontakt zwischen Ihnen zu unterbleiben hat."

„Aber warum denn nur? Was ist denn los?" wollten wir wissen.

„Haben Sie vielleicht Angst, daß der Priester sich in eine von uns verlieben könnte?"

„Nein, nein, das hat damit gar nichts zu tun, aber wir können Ihnen eben diese Besuche nicht länger gestatten."

Wir fühlten uns sehr niedergeschlagen. Jetzt war es schon wieder zehn Tage her, daß die beiden Männer vom Hauptquartier hiergewesen waren und uns die baldige Freilassung versprochen hatten. Seitdem hörten wir nichts mehr davon. Eine tiefe Mutlosigkeit befiel uns.

„Vor das Lager dürfen wir schon seit einiger Zeit nicht mehr gehen", sagten wir zum Hauptmann. „Jetzt wird uns auch noch der Kontakt zu den Portugiesen verboten. Womit sollen wir uns denn beschäftigen? Wir können doch nicht hier den ganzen Tag nur untätig herumsitzen, das ist ja nicht zum Aushalten."

Der Hauptmann wollte uns wohl ein kleines Trostpflaster geben, denn er meinte: „Ich weiß, daß der portugiesische Priester immer gern Ihre Bibel ausgeliehen hat. Wenn Sie möchten, werde ich sie ihm von jetzt an bringen und Ihnen abends zurückgeben."

Wir waren so traurig, daß wir uns über dieses Angebot gar nicht freuen konnten, und das sagten wir ihm auch. Als er weggegangen war, sagte Marie-José zu mir: „Wir müssen eine Möglichkeit finden, dem Priester die Bibel selbst zu geben. Der Hauptmann wird sie ihm bestimmt nicht bringen, und dem Priester wird sie sehr fehlen, gerade jetzt, wo er auch so isoliert ist."

So überlegten wir hin und her, wie wir das bewerkstelligen könnten. Uns fiel nur Tiago ein, der das sicherlich für uns tun würde, aber vielleicht würde man ihm auch bald verbieten, den Priester zu besuchen.

Am nächsten Tag fragten wir den Hauptmann, ob wir wenigstens vor unserer Hütte noch ein wenig Gymnastik treiben dürften. Das erlaubte er uns und zeigte uns die Richtung, die wir beim Laufen einschlagen sollten. Komischerweise war das der Weg, der bei den Portugiesen vorbeiführte. Das war für uns *die* Gelegenheit! Ich nahm meine Bibel, legte ein paar Zeilen für den Priester bei und sagte zu unseren Aufpassern: „Wir werden jetzt unsere Gymnastik machen."

Ganz leise schlichen wir uns an der Hütte des Hauptmanns vorbei, und dann rannten wir, so schnell es ging, bis zu der Portugiesensiedlung. Ich lief in Guerreros Hütte, sagte: „Guten Tag!", legte die Bibel auf den Tisch und ging schnell wieder hinaus. Er begriff sofort, worum es ging, brachte die Bibel dem Priester, und am Abend erhielt ich sie durch Tiago wieder zurück. So machten wir das mehrere Tage lang. Jedesmal legte ich ein paar Zeilen bei: einen Bibeltext und ein paar Notizen zu unserer Situation und dem Verhalten des Hauptmanns. Wir wußten, daß der Priester die Bibel erhielt, aber er schickte nie eine Antwort.

Deshalb schrieb Marie-José ihm einmal, er solle uns doch wissen lassen, wie es ihm gehe. Am Abend kam ein kleiner Brief von ihm: „Entschuldigt, Mädchen, daß ich nie geantwortet habe. Ich habe geschwiegen, und das Schweigen ist eine bittere Antwort. Aber was können wir in einer solchen Lage noch tun? Mir geht es gut, doch ich bin sehr deprimiert. Gott möge uns befreien."

Ich schrieb ihm zurück: „Psalm 68, 7: ‚... ein Gott, der die Einsamen nach Hause bringt, der die Gefangenen herausführt, daß es ihnen wohlgehe ...' Gewiß wird Gott unsere Gebete nicht unerhört lassen!" –

Am nächsten Tag hatten wir nichts zum Schreiben, und da wir ohnehin schon etwas später dran waren als sonst, nahm ich die Bibel unter den Arm, und wir liefen los. Gleich neben unserer Hütte stand der Hauptmann und grüßte. Schnell rannten wir weiter und lieferten die Bibel ab, aber wir wußten doch, daß der Hauptmann deswegen nachschauen und uns vielleicht zur Rechenschaft ziehen würde. Wie gut, daß wir gerade heute keinen Zettel hineingelegt hatten!

„Wir haben wirklich einen Schutzengel", stellten wir fest. „Jetzt, da kein Brief in der Bibel liegt, hat uns der Hauptmann gesehen."

Am nächsten Tag wartete Guerrero schon vor seiner Hütte und flüsterte uns zu: „Nichts mehr in die Bibel legen. Sie wird untersucht."

„Es ist nichts drin", erwiderte ich und lief weiter. –

Am Samstag dieser Woche machten wir gerade einen Spaziergang vor dem Lager, als wir schon von weitem Guerrero sahen, der uns entgegenkam.

Marie-José meinte: „Laß uns nicht mit ihm sprechen, wir bekommen sonst Schwierigkeiten."

Doch da war er schon bei uns und sagte hastig: „Möchten Sie einen Brief haben? Er ist schon etwas älteren Datums."

Er reichte mir die Hand, in der ein Brief ganz klein zusammengefaltet war. Ich nahm ihn schnell an mich und zitterte schon wieder vor Angst, daß einer der Soldaten etwas bemerkt haben könnte.

Später, in unserer Hütte, stellte ich fest, daß das der Brief von Miguel war, den er vor seinem nächtlichen Besuch an mich geschrieben hatte. Eigentlich hatte ich dem Portugiesen durch den Priester sagen lassen, er solle den Brief aus Sicherheitsgründen lieber verbrennen, aber das war offensichtlich nicht geschehen.

„Meine Liebe!" las ich. „Alle diese Abenteuer mache ich für Dich. Habe keine Angst. Heute Nacht werde ich zu Dir kommen. Wenn Du einverstanden bist, dann singe zweimal das Lied ‚Guantanamera', wenn das Kind weint (er meinte Sabatés Baby)."

Ich hatte in jener Nacht weder gesungen noch das Kind weinen hören, und trotzdem war er gekommen. Er wolle, so schrieb er weiter, mich sehen, damit wir Pläne machen könnten für unser zukünftiges Leben zu zweit.

Irgendwie amüsierte es mich, wie er ganz selbstverständlich davon ausging, daß ich ihn heiraten würde. Aber inzwischen kannte er ja meine Haltung, und da nun schon mehr als eine Woche verstrichen war, ohne daß er sich noch einmal bemerkbar gemacht hätte, fühlte ich mich ganz beruhigt. Offenbar hatte er sich mit meinem „Nein" abgefunden und würde wohl nicht mehr bei uns auftauchen.

17

„... da waren wir wie Träumende“

„Die Nacht ist dunkel, der Mond noch nicht aufgegangen; das Licht des Feuers wird von den trockenen Zweigen aufgefangen. Die üblichen Laute der Nacht: Rascheln von trockenem Laub, Rauschen der Zweige, der Appell des Tamtam, vermischt mit den melancholischen Stimmen der Soldaten, der entfernte Ruf von Hyänen ... 188, 189, 190 Schritte – von der Hütte bis zum großen Baum, der die Wegkreuzung abgrenzt in der Nähe der Hütte von Adelino, dem Koch.

Dahinter wohnen die Russen, für uns verbotenes Gebiet. Also umkehren und wieder zurück – 188, 189, 190 Schritte ... Wie Tiere im Zoo, die ihren Käfig emsig abschreiten.

Seit sechs Tagen haben wir nichts mehr zu essen außer Maismehl, etwas Reis, getrockneten Fisch und Büchsenfleisch. Seife gibt es schon seit zwei Wochen nicht mehr ...

Wie viele Tage, wie viele Wochen wird uns nun schon die Freilassung versprochen! Jeder weitere Tag ist eine neue Enttäuschung ... Werden wir bis Weihnachten hier sein oder gar bis Ostern? – Seit ein paar Tagen ist zunehmende Resignation zu spüren; alles ist so trostlos und bedrückend.

Wir fühlen uns wirklich von der Welt abgeschlossen, vergessen im tiefen Busch, wo die Zeit stillzustehen scheint. Ein Leben zwischen Gedankenstrichen.

Jeder scheint auf sich selbst bezogen zu sein; Kleinigkeiten werden aufgebauscht und die Lagerregeln für uns zur Schikane.

Ich schaue empor, zum Sternenhimmel über mir. Dort das Kreuz des Südens, das uns zu narren scheint, weil es uns unaufhörlich den Weg in die Freiheit anzeigt ..."

Am 13. September schrieb Marie-José diesen Text. Unsere Stimmung war auf einem Tiefpunkt angelangt. Wenn wir zusammenkamen, wußten wir oft nicht mehr, was wir reden sollten. Stumm saßen wir da und starrten aneinander vorbei. Marie-José hatte manchmal schon keine Lust mehr, mit mir zu laufen, obwohl es uns inzwischen wieder erlaubt worden war, vor das Lager zu gehen.

Am Sonntagabend machte ich gerade meinen Dauerlauf, als ich von der Hütte der Kubaner her jemanden singen hörte. Es war Miguel, und sein Lied klang sehr traurig: „Zum Teufel mit der Einsamkeit! Ich habe sie am Fluß getroffen, und sie hat dasselbe Herzeleid wie ich. Aber sie möchte nicht das Abenteuer mit mir eingehen. Laß alles liegen und komm zu mir. Wir laufen weg und vergessen diese traurige Einsamkeit." –

Auch von den Portugiesen hörte man, daß sie immer niedergeschlagener wurden. Der spanische Priester, der wieder mit uns sprechen durfte, fragte uns immer wieder, ob wir nichts über unsere Freilassung wüßten. Sooft wir den Hauptmann sahen, wollten wir von ihm wissen, ob es Neuigkeiten gäbe, aber er sagte jedesmal nur: „Nein, nichts Neues", und lief schnell davon.

In meinem Tagebuch notierte ich: „Es heißt, daß bald Besuch kommen soll. Wieder einmal hat man uns verboten, vor das Lager zu gehen ... Ich fühle mich wie ein Affe im Käfig. Wir laufen um unsere Hütte herum und singen, um nicht weinen zu müssen."

Weil Marie-José und ich merkten, daß die anderen noch niedergeschlagener waren als wir, überlegten wir zusammen, was man tun könnte, um die allgemeine Stimmung wieder etwas zu heben. Womöglich dauerte unsere Gefangenschaft noch einige Monate, und wenn wir weiterhin so deprimiert blieben, würden wir noch ganz krank davon werden. So beschlossen wir, einen bunten Abend zu organisieren, bei dem wir alle zusammen um das Feuer sitzen, Geschichten erzählen, vielleicht ein bißchen Theater spielen und auf alle Fälle lustige Sachen machen würden.

Doch dann kam alles ganz anders.

Auch das gehörte zum Lagerleben: die primitive Toilette. ● André wird gebadet. ● Wäsche am nahe gelegenen Fluß.

Wir waren gerade in unserer Hütte und versuchten uns ein wenig zu waschen, als Marie-José in der Ferne den Major sah. Uns stockte fast der Atem vor Aufregung. Man hatte uns gesagt, daß wir am Tag seiner Rückkehr freigelassen werden würden – und jetzt war er da! Schnell zogen wir uns an und stürzten nach draußen.

„Haben Sie Neuigkeiten für uns?" wollten wir von ihm wissen.

„Nun, ich habe gehört, daß Mademoiselle Burnier in den nächsten Tagen nach Hause fliegen kann, aber die Missionare werden noch warten müssen. Ihre Heimatländer haben sich noch nicht genug für sie eingesetzt."

„Nein, das glaube ich nicht, das ist unmöglich! Wenn der Präsident das macht, dann laufe ich zu Fuß zum Hauptquartier und spreche mit ihm. Er hat uns vor Zeugen zugesichert, daß wir aufgrund des Einsatzes der Adventgemeinschaft freikommen werden; von unseren Heimatländern war nicht die Rede."

„Ja, wir werden sehen", meinte der Major und ging schnell weiter.

Am Nachmittag wurden wir alle in den Yango zusammengerufen. Dr. Valentin und Dr. Jakajamba waren wieder da und verkündeten uns nun, daß sie aufgrund des bewundernswürdigen Einsatzes der Adventgemeinschaft beschlossen hätten, uns jetzt freizulassen.

„Um Ihnen zu zeigen, daß es uns wirklich ernst ist, werden wir hier bei Ihnen bleiben, bis Sie das Lager verlassen. Wir haben schon alle Vorbereitungen getroffen, damit Sie über Südafrika heimreisen können. Sambia hat sich geweigert, Sie aufzunehmen, und nach Zaire ist es zu weit – da wären Sie erst noch zwei Monate zu Fuß unterwegs."

Dr. Jakajamba schaute mich aus lustigen Augen amüsiert an und meinte: „Wir haben allerdings gehört, daß die Minina lieber hierbleiben wollte ..." Natürlich spielte er damit auf Miguel an, aber ich ließ mir nichts anmerken, und so sagte er auch nichts weiter dazu.

Wir erfuhren noch, daß eine ganze Reihe Journalisten uns interviewen wollte, und für den Abend luden sie uns zu einem gemeinsamen kulturellen Programm ein.

Dieser Tag war nun ausgefüllt mit Reisevorbereitungen. Alles war so überraschend für uns gekommen, gerade in dem Augenblick, als uns der Mut völlig zu verlassen drohte ...

Ganz plötzlich mußte ich an Botelho denken. Ich lief aus unserer Hütte zum Major hinüber: „Was ist eigentlich aus Botelho, dem jungen Portugiesen, geworden?"

„Oh, er ist mit mir hierhergekommen und wird auch freigelassen werden."

Das war eine Neuigkeit! Wir konnten es kaum noch erwarten, ihn zu sehen und uns gegenseitig zu erzählen, wie es uns in der Zwischenzeit ergangen war.

Am Abend versammelten wir uns alle um ein großes Feuer, dort, wo ich fast zwei Monate zuvor kurz vor dem ersten Interview mit den Journalisten Marie-José kennengelernt hatte. Jetzt gab es ein großes Fest, und zur Feier des Tages wurde uns sogar Milch angeboten. Die Guerilleros sangen revolutionäre Lieder; dann sollte jeder von uns etwas von seinem Land vorstellen – ein Lied, ein Gedicht oder einfach irgend etwas.

Der spanische Priester brachte ein paar schwierige Rätsel, und dann erzählte Botelho etwas. Auf der einen Seite neben mir saß der alte Portugiese, und plötzlich fragte er mich ganz leise: „Woher wußten Sie neulich, daß ich einen Brief für Sie hatte? Sie ließen mir doch ausrichten, ich solle ihn verbrennen."

„Das werde ich Ihnen sagen, wenn wir frei sind", flüsterte ich zurück. Rings um uns herum waren Soldaten, und so leise konnte man gar nicht sprechen, daß sie nichts hörten.

Nun erzählte Marie-José, wie der 1. August in der Schweiz als Nationalfeiertag festlich begangen wird und wie dann auch überall solche Lagerfeuer errichtet werden. Schließlich war die Reihe an mir. Ich sang ein argentinisches Lied, und dann klatschten alle und sagten, wie gut es ihnen gefallen habe. Es wurde wirklich ein schöner Abend; wir waren so froh, vor allem, wenn wir an unsere bevorstehende Freilassung dachten.

Am nächsten Tag notierte ich: „Es ist einfach nicht zu fassen, wir fühlen uns wie neugeboren. Heute Interview mit den angekündigten Journalisten."

Eine ganze Menge Reporter war gekommen und begrüßte uns. Die Leute waren besonders daran interessiert, Marie-José und mich zu befragen und zu filmen, weil sie zeigen wollten, wie die gefangenen Mädchen behandelt wurden. So filmten sie unsere Hütte von innen und von außen, und dann mußten wir uns zu dem Topf mit Bohnen stellen, den wir schon einige Zeit vorher für unser Mittagessen auf das Feuer gestellt hatten. Als die Kameras gerade zu surren anfingen, fiel der Topf um und ein Teil der Bohnen lief in den Sand –

man hätte meinen können, das sei extra für die Aufnahmen gestellt worden. Ich holte rasch ein Tuch, mit dem ich den heißen Topf aufheben konnte, und das filmten sie alles.

Dann begannen sie damit, Marie-José Fragen zu stellen, und machten Aufnahmen von ihr. Immer mehr Leute von der UNITA kamen dazu und wollten mithören, damit wir ja nichts Nachteiliges über sie sagen konnten. Es dauerte sehr lange, und jeder vernünftige Mensch merkte, daß der Topf auf dem Feuer bald anbrennen würde, doch niemand traute sich hinzugehen und ihn wegzunehmen. Bald starrten alle nur noch auf den Topf, während Marie-José geduldig Auskunft gab. Schließlich hielt es Dr. Valentin nicht mehr aus; er lief zu der Feuerstelle, nahm den Topf weg und ging schnell wieder aus der Sicht der Kamera.

Lange wurden wir noch von den Journalisten ausgefragt, bis sie sich endlich verabschiedeten. Dr. Valentin und Dr. Jakajamba luden wir zum Essen ein, weil wir spürten, daß sie sich der Schweiz sehr verbunden fühlten. Wir hatten zwar nur angebrannte Bohnen zu bieten, aber sie freuten sich trotzdem und brachten noch zwei Dosen Früchte zum Dessert mit. –

Am Abend kam der Major zu mir und wollte wissen, ob ich nicht dableiben wollte, um den Kubaner zu heiraten.

„Erzählen Sie mir, was Sie von ihm wissen“, bat ich ihn.

„Ja“, meinte er, „der Mann hat sie am Fluß gesehen und sich in Sie verliebt. Er will Sie unbedingt heiraten. So schnell geht das.“

„Man muß das wohl auch verstehen. Er hat ja sonst keine Möglichkeit, ein Mädchen kennenzulernen. Dabei wußte er, daß ich jeden Tag freigelassen werden konnte; da hat er sich eben in seine Gefühle hineingesteigert.“

„Wir werden einfach ein paar Cubanitas (Kubanermädchen) gefangennehmen, dann können die beiden heiraten“, schlug der Major vor.

Ich lachte und sagte: „Man muß eben Verständnis für sie haben. Sie sind zwar keine Gefangenen, aber doch sehr einsam. Da kommen ihnen dann solche Sachen in den Sinn. Aber sie haben mir beide nie etwas Böses getan.“ Natürlich erwähnte ich mit keinem Wort die Briefe und den nächtlichen Besuch.

„Also gut“, meinte der Major. „Morgen werde ich mit ihm sprechen und ihm Ihre Einstellung mitteilen.“ –

Am nächsten Tag hatten wir großes Reisefieber. Wir mußten noch einige Interviews und Reden über uns ergehen lassen. Schließlich brachte man jedem von uns ein Formular mit einer vorgedruckten Erklärung. Eidesstattlich mußten wir durch unsere Unterschrift versichern, nicht mehr nach Angola zu kommen, solange das Land im Kriegszustand ist.

Man hatte uns gesagt, wir sollten uns ab Mittag mit unserem Gepäck zur Abfahrt bereithalten. Dann hörten wir plötzlich lauten Chorgesang. Es hieß, daß Mädchen vom Hauptquartier hierhergebracht worden waren, die mit uns nach Namibia fahren und dort bei den Feierlichkeiten zu unserer Freilassung singen sollten.

Wir warteten den ganzen Nachmittag, ohne daß etwas geschah, und als es Abend wurde, waren wir verwirrt und niedergeschlagen. Wie viele Enttäuschungen würden wir noch erleben?

Plötzlich sah ich von der anderen Seite des Lagers her den Major kommen. Offensichtlich war er bei den Kubanern gewesen. Schnell lief ich zu ihm, um zu hören, wie das Gespräch verlaufen war.

„Ja, ich habe mit Miguel gesprochen“, erzählte er. „Der Mann machte einen recht traurigen Eindruck auf mich, und irgendwie schien er auch Angst zu haben. Ich beruhigte ihn aber und versicherte ihm, daß ich schon Verständnis für ihn hätte. Doch Sie sind eine Gefangene, die wir bald freilassen werden – das muß er auch einsehen. Wir können uns hier nichts leisten, was unserem Ansehen schadet. Er wirkte vernünftig und recht erleichtert auf mich, als ich mich wieder verabschiedete, und ich denke, Sie brauchen sich seinetwegen keine Sorgen mehr zu machen.“

Natürlich wußte der Major nicht, warum Miguel solche Angst hatte – sicherlich dachte der, ich hätte von den Briefen und dem nächtlichen Besuch erzählt und man würde ihn schwer bestrafen.

Nun war auch ich beruhigt, und da es inzwischen schon dunkel geworden war, legten Marie-José und ich uns ins Bett. Ganz gegen unsere sonstige Gewohnheit schliefen wir beide tief und fest, bis uns lautes Rufen weckte. Der Major stand vor unserer Tür: „Mädchen, aufstehen, es ist schon zwanzig Uhr! Ich habe euch bereits dreimal gerufen, aber ihr hört heute nichts.“

„Das kann doch nicht wahr sein, das gibt es doch nicht“, wunderten wir uns.

„Nun aber schnell, schnell, gleich wollen wir abfahren!“ sagte er.

Als er wieder draußen war, sagte ich zu Marie-José: „Laß uns erst noch kurz zusammen beten.“

So bat ich Gott um seinen Schutz und seine Führung auch weiterhin, und dann machten wir uns reisefertig. Wir mußten bis zum Wald gehen, wo drei Lastwagen auf uns warteten und daneben unwahrscheinlich viele Leute, die alle mitfahren sollten. In den ersten Wagen, der hauptsächlich mit Soldaten und den Journalisten besetzt wurde, ließen sie Sabatés steigen, damit Conchita mit dem Baby in der Fahrerkabine sitzen konnte. In den zweiten Wagen kamen wir anderen Gefangenen alle zusammen mit dem Major und einer Gruppe Soldaten. Der Mädchenchor der UNITA stieg in den letzten Wagen. Gegen 22 Uhr fuhren wir los.

Unser Lkw war so lustig anzusehen, daß wir erst einmal lachen mußten. Er hatte keine Fahrerkabine und wirkte deshalb wie eine große Schachtel, in der vorne der Fahrer und der Major saßen, während wir hinten bei den Soldaten standen. Die drei Wagen fuhren dicht hintereinander, und schon nach zwei Stunden mußten wir anhalten, weil der Lkw hinter uns nicht mehr funktionierte. Unser Fahrer half, ihn wieder zu reparieren, und dann fuhren wir ein Stück weiter. So ging das noch einige Male.

Oliveiras und ich waren bald reisekrank und erbrachen in einem fort. Ich ging an den Wagenrand, damit meinetwegen nicht angehalten werden mußte.

Plötzlich merkten wir, daß wir wieder zurückfuhren. „Was ist los? Wohin geht es denn jetzt?“ fragten wir ganz aufgeregt.

„Wir müssen einen Automechaniker holen“, hieß es. „Der Wagen hinter uns ist kaputt.“

Bis zu einem Lager, das nur eine halbe Stunde von unserem ehemaligen entfernt lag, mußten wir jetzt zurückfahren, und wir schimpften ärgerlich, weil wir gern so lange ausgestiegen wären, um bei dem dritten Wagen zu bleiben, aber niemand hatte uns etwas gesagt. Als wir endlich zurückkamen, war es bereits vier Uhr am Morgen, und wir waren nur etwa zwei Stunden von unserem Lager entfernt!

Wir waren todmüde, fühlten uns hundeelend und froren jetzt auch noch erbärmlich. Während der Wagen repariert wurde, versuchten wir es uns neben dem Feuer bequem zu machen. Wir waren voller Öl und Sand, so daß wir uns getrost auf den Boden legen konnten –

schmutziger wurden wir davon auch nicht mehr. Zum Schlafen war es allerdings zu kalt, und so hielten wir uns gegenseitig wach, um keine Unterkühlung zu bekommen.

Jemand brachte einen Krug mit heißem Kaffee, von dem wir etwas in einen Aluminiumbecher gossen. Jeder nahm einen großen Schluck daraus, und dann stiegen wir alle wieder in den Wagen ein. Die Fahrt ging weiter, und bald wurde es hell. Die Soldaten neben uns erzählten, daß es jetzt gefährlich werden könnte, weil in dieser Gegend oft feindliche Flugzeuge kreisten, so daß wir entdeckt werden könnten.

Mit einem bangen Gefühl fuhren wir den ganzen Vormittag, und allmählich wurde es heiß und heißer. Sie hatten keinen Tropfen Wasser mitgenommen, weil wir ja eigentlich schon frühmorgens an der Grenze ankommen sollten. Der Durst wurde quälend, die Hitze unerträglich, und weit und breit war kein Lager in Sicht. Die sengende Sonne machte uns taub und stumm. André weinte verzweifelt. Ich gab Rosmarie eine Bluse aus meinem Gepäck, die sie ihm auf den Kopf legte. Zum Glück hatte ich noch ein ganz klein wenig Wasser dabei, das er gierig trank. Doch bald schon hatte er wieder großen Durst und weinte in einem fort.

Gegen neun Uhr wurde Rast gemacht. Jeder bekam eine Tafel Militärschokolade und ein paar Biskuits, dann ging es weiter.

Die Gegend wurde immer trockener, alles war verdorrt und versengt, als ob es gebrannt hätte. Besonders schlimm war es, wenn wir durch Landstriche mit weißem Sand kamen. Man hatte das Gefühl, der Kopf würde einem gleich vor Hitze explodieren. Wir wußten, daß sie nur das Kühlwasser für den Lkw dabei hatten, das rostig und voller Schmutz war. Das wollten wir lieber doch nicht haben. Gegen Mittag konnten wir aber an nichts anderes mehr denken, als nur einen Tropfen Wasser zu trinken. Als jemand mir eine Schüssel mit diesem schmutzigen Kühlwasser reichte, trank ich gierig davon, und Marie-José ebenso. Oliveiras lehnten angeekelt ab, aber nach einer Weile hielten auch sie es nicht mehr aus und ließen sich von dem Wasser geben. Wenn wir bis jetzt überlebt haben, wird uns das heute auch nicht mehr umbringen, dachten wir. Nur André konnten wir nicht davon trinken lassen, und es war schlimm zu sehen, wie er fast verrückt wurde vor Durst.

Auch seine Mutter weinte jetzt. Sie hatte starkes Nasenbluten.

Wir machten ein kleines Tuch mit dem Kühlwasser naß und legten es ihr auf den Kopf, um sie vor einem Sonnenstich zu schützen. Als wir einen grünen Baum sahen, nahmen wir rasch ein paar Zweige, mit denen wir uns nun auch etwas Schatten verschaffen konnten.

Nach einer unendlich lang erscheinenden Fahrt kamen wir schließlich in dem Lager an der Grenze an, wo wir schon erwartet wurden. Die Leute dort waren schon sehr in Sorge um uns, weil sie wußten, daß wir kein Trinkwasser dabei hatten und viel zu lange ausblieben.

Unterwegs war durch die Hitze ein richtiger Ölregen – von schwarzem Autoöl – auf uns niedergegangen. Gesicht, Haare, Kleider – alles war jetzt schwarz und total verdreckt. Journalisten filmten unsere Ankunft, und wir müssen wirklich ein recht „fotogener" Anblick gewesen sein.

Wir dachten jetzt nur an Trinken und Schlafen. Ein paar Leute vom Lager brachten uns zu unserem Quartier; wir waren in Baracken mit Mehrbettzimmern untergebracht. Unser Blick fiel als erstes auf die Krüge mit frischem Wasser, die dort standen. Marie-José ging, um Becher zu holen, doch ich konnte keine Sekunde länger warten. Schnell kniete ich mich auf den Boden und trank aus dem Krug wie ein Hund.

Später, als wir gewaschen und erfrischt waren, kamen die Journalisten, um uns zu interviewen.

Wir waren sehr müde und gingen bald danach zu Bett. Obwohl ich die Nacht zuvor praktisch kein Auge zugetan hatte, wachte ich jetzt schon wieder gegen Mitternacht auf und konnte nicht mehr einschlafen. Die Spannung war einfach zu groß. War es nicht fast unglaublich, daß wir demnächst frei sein würden? Ich mußte daran denken, wie Gott uns in diesen drei Monaten gnädig beschützt hatte. Wie vieles hätte noch weitaus schlimmer sein können! Gefährliche und traurige Augenblicke hatten wir erlebt. Sehr schlimm für mich war die erste Zeit im Lager gewesen, bevor Marie-José zu mir zog. Damals war mir Psalm 16 in besonderer Weise zu einem Trostwort geworden, wo David in akuter Lebensgefahr sagte: „Das Los ist mir gefallen auf liebliches Land; mir ist ein schönes Erbteil geworden."

Die gleiche Erfahrung hatte auch ich gemacht. Gott ließ mich wirklich nicht im Stich, und auch als Gefangene habe ich schöne Stunden erlebt. Besonders wertvoll waren mir die Gespräche mit Botelho und Marie-José geworden. In den letzten Tagen unserer Lagerzeit hatte Marie-José oft in meiner Bibel gelesen – und das zum ersten Mal in ihrem Leben, wie sie mir anvertraute. Ich spürte, daß unsere Gespräche über den Glauben ihre Wirkung nicht verfehlten. Wir hatten sogar schon Lieblingstexte, die wir besonders gern uns ins Gedächtnis riefen, wenn wir niedergeschlagen waren oder Angst bekamen, weil beispielsweise in der Nacht wilde Tiere zu hören waren. Gottes Verheißungen schenkten uns in solchen Lagen immer wieder neue Zuversicht. Ich erfuhr, daß meine Beziehung zu Gott in diesen Tagen der Gefangenschaft so eng wurde wie nie zuvor.

An all dies mußte ich jetzt denken, während es draußen allmählich hell wurde. Gegen sechs Uhr hörte ich plötzlich ganz in der Ferne einen Hubschrauber, von der Flußseite her. Obwohl wir den Major immer wieder mit Fragen bestürmt hatten, wollte er uns nie verraten, wie wir in Namibia weiterkommen würden. Wir hatten schon Angst gehabt, daß vielleicht ein neuer Fußmarsch auf uns wartete, doch als ich das jetzt hörte ...

„Marie-José, Marie-José, hör doch nur!" schrie ich außer mir vor Freude.

Sie setzte sich in ihrem Bett auf, und uns beiden liefen die Tränen herunter.

Nach einer Weile, als sie sich wieder etwas beruhigt hatte, sagte Marie-José etwas, das mich besonders glücklich machte: „Vicki, möchtest du nicht ein Gebet sprechen zu deinem Gott? Bitte ihn um seine Hilfe, damit auch weiterhin alles gut geht für uns." So beteten wir zusammen und lasen das letzte Mal gemeinsam unsere Andacht.

Eilig machten wir uns reisefertig. Ich beschloß, meine Bettdecke und die alten Jeans, die ich während des Gewaltmarsches so gut hatte gebrauchen können, Tiago zu geben; Ferrán schenkte ihm noch seine Windjacke. Kaum hatten wir unsere Siebensachen gepackt, als auch schon der Major erschien. Wir frühstückten noch zusammen, und dann brachte uns ein Lastwagen zu einem großen Versammlungsplatz.

Alle Einwohner der Umgebung standen schön sauber angezogen da, der Chor sang, und wir Gefangenen durften in einem Zelt Platz nehmen. Jede Menge Journalisten war da, die uns von allen Seiten fotografierten. Die Einheimischen tanzten und sangen revolutionäre Lieder.

Plötzlich stand Dr. Valentin vor uns und bat uns, mit ihm zu kommen. Er führte uns zu einem Feld, wo eine große Herde Rinder graste, die wir uns ansehen sollten. So konnten wir uns mit eigenen Augen überzeugen, daß die UNITA auch Rinder hat und nicht nur Feinde. Nachdem wir die Tiere ausgiebig bewundert hatten, kehrten wir wieder zurück. Voller Spannung warteten wir, daß jetzt endlich etwas geschehen würde.

Wir sahen, wie ein Lastwagen mit der Hälfte der Mädchen, die gesungen hatten, wegfuhr und ungefähr eine halbe Stunde später mit vielen Journalisten – man konnte sie gleich als solche erkennen – wiederkam.

Als der Lkw hielt und alle ausstiegen, entdeckten wir darunter noch zwei Männer, die anscheinend in anderer Funktion gekommen waren. Sie begrüßten den Oberst Bacca, der uns in der Nacht zuvor vorgestellt worden war, und dann wurde uns gesagt: „Dies ist der Präsident des Roten Kreuzes von Südafrika, der gekommen ist, um die Gefangenen zu übernehmen."

Nun wurden lange politische Reden gehalten, wie die UNITA für Freiheit und Gerechtigkeit kämpfe und daß sie heute ihre Gefangenen hier freiließe. Zum Schluß sprach der Mann vom Roten Kreuz. Anschließend wurden ihm die Namen der Gefangenen vorgelesen und ihm symbolisch das Papier mit unseren Namen übergeben, weil wir nun frei sein würden. Er bedankte sich und übergab dem Oberst ein Schreiben für Savimbi. Der Chor sang begeistert: „Dankeschön, dankeschön!", und alle klatschten und sangen: „Viva Presidente Savimbi!"

Da kam plötzlich der andere Mann, den wir noch nicht kennengelernt hatten, auf mich zu, streckte mir die Hand entgegen und sagte: „I'm the Seventh-day-Adventist minister."

Ich konnte es gar nicht glauben und muß ihn wohl recht fassungslos angesehen haben, denn er sagte noch einmal: „The Adventist minister."

Da sprang ich auf, umarmte ihn ganz fest, und dann kamen auch die anderen und begrüßten ihn überglücklich. Wir merkten nicht mehr, was um uns herum geschah, so sehr freuten wir uns. Der Prediger fing wieder an zu sprechen, und Marie-José, die gut Englisch kann, übersetzte für uns. Er sagte: „Jetzt könnt ihr ganz beruhigt sein, denn jetzt seid ihr frei. Alle Gemeindeglieder von ganz Süd-

Ein großes Transparent mit UNITA-Präsident Savimbi und seinen Soldaten wurde für die Übergabezeremonie am 18. September aufgespannt. ● Oberst Bacca hält eine lange politische Rede. ● Die Frauen tanzen anläßlich unserer Befreiung.

NAO HA ARMA NENHUMA NO MUNDO
CAPAZ DE CALAR PARA SEMPRE
VONTADE DE UM POVO!...

afrika haben für euch gebetet seit dem Tag, da wir von eurer Entführung erfahren haben."

Als ich das hörte, liefen mir die Tränen herunter. Es war wunderbar zu erfahren, daß unsere Glaubensfreunde für uns gebetet hatten – nicht nur in Südafrika, wie uns der Prediger noch versicherte, sondern auf der ganzen Welt.

„Ihr werdet jetzt nach Südafrika geflogen werden und unsere Gäste sein. Meine Frau hat schon alles vorbereitet, damit ihr bei uns wohnen könnt."

Er holte zwei schöne rote Äpfel aus seiner Tasche – die ersten Äpfel, die wir in Angola zu sehen bekamen – und gab jedem Kind einen. André biß gleich hinein, und seine Mutter meinte: „Schaut nur, ich glaube, André ist verrückt geworden von diesem Apfel."

Wir erfuhren nun, daß in Südafrika auf alle Gefangenen die Botschafter ihres jeweiligen Landes warteten, um sie in Empfang zu nehmen. Für uns Missionare wollte allerdings die Adventgemeinschaft ganz allein die Verantwortung übernehmen.

Ich weiß nicht, ob wir so schmutzig aussahen – jedenfalls gab der Prediger jedem von uns ein Erfrischungstuch. Dann machte er eine große Tüte mit Studentenfutter auf und ließ sie reihum gehen. Ich war so tief gerührt über seine Fürsorge, daß mir der Hals wie zugeschnürt war und ich kaum etwas essen konnte.

Später wurden wir für „Radio Gallo Negro" interviewt. Marie-José hatte einen Brief vom Roten Kreuz in Genf erhalten, in dem es hieß, daß sie sehr vorsichtig sein solle bei dem, was sie den Journalisten erzähle. So hatte sie jetzt große Angst, aber wir konnten sie beruhigen, und es ging auch alles gut.

Die einheimischen Frauen tanzten immer noch mit ihren Kindern. Conchita gefiel das so sehr, daß sie hinüberging, einer der Frauen den kleinen Ferrán auf den Arm gab und dafür deren Kind nahm. Die schwarze Frau tanzte und wirbelte mit Sabatés Baby herum, Conchita hielt solange das Farbigenkind, und Ferrán, der Vater, stand da und wunderte sich, was dort geschah.

Schließlich durften wir wieder auf den Lastwagen steigen und wurden bis zum Okavango transportiert, dem Grenzfluß zwischen Angola und Namibia. Der Mädchenchor stand schon bereit und sang. Die UNITA-Leute verabschiedeten sich von uns, indem sie uns umarmten und beglückwünschten. Ein kleines Motorboot der südafri-

Rosmarie und eine UNITA-Krankenschwester mit André auf dem Arm, die die Zeremonie beobachten. ● „Ungeheuer" tanzen für uns. ● Die Ankunft des Lkw mit den Journalisten, Pastor E. Annandale und dem Präsidenten des südafrikanischen Roten Kreuzes.

kanischen Armee brachte uns in kleinen Gruppen auf die andere Seite – Marie-José und ich waren die letzten –, und dann war uns plötzlich bewußt: WIR SIND FREI, WIR SIND FREI!!! Vor Freude sprangen wir umher, jeder umarmte jeden, und immer wieder schrien wir: „Wir sind frei! Wir sind frei!"

Marie-José entdeckte ein großes Zelt, in das viele Leute hineingingen, und sie sagte: „Komm, laß uns sehen, was es da Gutes gibt."

Ein langer Tisch mit verschiedenen Getränken und allen möglichen Speisen war dort aufgestellt – ein richtiges kaltes Büffet. Wir wußten gar nicht, wo wir anfangen sollten, so appetitlich sah alles aus.

Ein Journalist, der wußte, daß wir schon um 17 Uhr in Pretoria erwartet wurden, meinte: „Nun macht mal schnell, sonst kommen wir noch zu spät."

Da fiel uns wieder ein, daß wir ja bald in Südafrika sein würden, und weil uns dort der Abschied von den Portugiesen erwartete, holten wir rasch noch einmal alle zusammen und erzählten uns gegenseitig, was wir vorher nicht hatten sagen dürfen.

Botelho berichtete, wie man ihn damals ins Hauptquartier gebracht und ihm alles gezeigt hatte, was es dort Schönes gab. Sie hatten ihn mit allen Mitteln dazu überreden wollen, freiwillig zu bleiben und für sie zu arbeiten. Als er aber mit dem Hinweis auf seinen schlechten Gesundheitszustand ablehnte, schlugen sie ihm vor, er solle in Portugal als Vertreter der UNITA tätig werden. Botelho hatte das Gefühl, daß er wohl oder übel einwilligen mußte, wenn er freikommen wollte. So erklärte er sich einverstanden. Nun konnte er nur noch staunen, wie er mit einem Mal verwöhnt wurde. Er sollte wohl die ganzen schlechten Zeiten, die hinter ihm lagen, und all das Elend, das er gesehen hatte, vergessen, um aus voller Überzeugung die Sache der UNITA zu unterstützen. –

Nachdem wir noch von einem jungen Arzt aus Südafrika untersucht worden waren, wurden wir zu dem Hubschrauber gebracht, der uns an die Südgrenze von Namibia flog.

Dort angekommen, mußte ich unbedingt einmal auf die Toilette gehen. Der adventistische Prediger erkundigte sich für mich, wo es hier eine gäbe, denn die Einheimischen sprechen dort außer ihrer Stammessprache höchstens noch Englisch, so daß ich mich nicht verständigen konnte. Ein Soldat machte mir durch Zeichen verständ-

Endlich in Freiheit! Marie-José und Victoria winken denen zu, die vor ihnen den Okavango überqueren. Neben Victoria Dr. Jakajamba, hinter ihnen der Präsident des Roten Kreuzes in Südafrika.

lich, daß er mich dorthin bringen würde, und ließ mich in einen Jeep einsteigen. Als wir gerade losfuhren, sah mich Botelho und rief ganz entgeistert: „Wo fährst du denn hin?“

Ich drehte mich um und rief: „Zur Toilette.“

Er machte ein reichlich verdutztes Gesicht.

Der Soldat führte mich zu einem kleinen Häuschen, in dem ich eine nagelneue Toilette vorfand. Alles war so sauber und gepflegt, daß ich es kaum zu benutzen wagte. Nur die Wasserspülung funktionierte nicht. Als ich das dem Soldaten sagte, meinte er: „Ja, das ist deswegen, damit Sie nicht vergessen, daß Sie noch in Afrika sind.“ –

Kurz darauf flogen wir weiter nach Pretoria. Als wir dort ausstiegen, warteten schon wieder viele Journalisten auf uns. Dr. Sabaté hielt eine kleine Rede, in der er sich bei der südafrikanischen Armee dafür bedankte, daß sie unseren Transport übernommen hatte. Auch den Journalisten dankte er, weil durch sie erst unsere Lage bekanntgeworden war, und schließlich noch dem Roten Kreuz, dessen Vertreter uns dort in Empfang nahmen.

Vom Präsidenten des Roten Kreuzes in Südafrika wurde jedem von uns eine kleine Medaille als Erinnerung an den Tag unserer Freilassung überreicht.

Außer dem argentinischen waren die Botschafter unserer Heimatländer da. Wir waren früher als erwartet angekommen, und er hat telefonisch nicht mehr erreicht werden können. Wir beschlossen nun, nicht länger auf ihn zu warten, verabschiedeten uns von den Portugiesen, die mit ihrem Botschafter wegfuhren, und stiegen so schmutzig, wie wir waren, in die Autos von Pastor Annandale und seiner Frau.

Das erste, was ich sah, als wir bei ihnen zu Hause ankamen, war ein wunderschöner Strauß Rosen. Es war für uns fast wie ein Schock, wieder einmal so herrliche Blumen zu sehen.

Dann taten wir etwas, das ganz typisch ist für entlassene Gefangene, wie wir später erfuhren: Wir gingen in das Haus hinein und setzten uns auf das schöne Sofa, das dort stand. Es war irgendwie ein erlösendes Gefühl, wieder einmal so bequem sitzen zu dürfen. Pastor Annandale kam mit dem Strauß Rosen auf mich zu und sagte: „Die sind für Sie, Victoria!“

Ich war ganz überrascht. An dem Bukett hing ein Zettel mit einem mir unbekannten Namen.

Dann wurden wir zu unseren Zimmern gebracht. Annandales hatten ihr ganzes Haus umgeräumt, damit Platz für uns war. Sogar Kinderbetten hatten sie aufgestellt, und für jeden lag eine Toilettentasche bereit, gefüllt mit allem, was wir so lange entbehrt hatten. Auch Wäsche und Pyjamas hatten sie für uns eingekauft.

Ich stellte den herrlichen Rosenstrauß auf das Nachttischchen neben meinem Bett, als es an der Tür läutete. Gleich darauf standen der Botschafter Argentiniens, Alfredo Oliva Day, und der Konsul vor mir. Sie stellten sich vor, und da merkte ich, daß es der Botschafter war, der die Blumen geschickt hatte.

„Victoria, wie sind Sie nach Angola gekommen?“ wollte er jetzt von mir wissen, wobei er auf typisch argentinische Weise mit den Händen gestikulierte. „Und auf welche Weise sind Sie in die Hände der Guerilleros geraten?“

Ich erklärte ihm alles, und wir unterhielten uns lange. Beim Abschied lud er uns alle für den kommenden Freitag zum Mittagessen ein.

Unterdessen hatte Mrs. Annandale liebevoll ein reichhaltiges Abendessen vorbereitet. An einem geschmackvoll gedeckten Tisch zu sitzen und mit Besteck und gutem Appetit essen zu können – das schien uns nach so langer Zeit fast zu schön, um wahr zu sein. Später versuchte jeder von uns, mit seiner Familie zu telefonieren. Als Ronaldo die Stimme seiner Mutter in Brasilien hörte, brachte er kein Wort hervor und weinte lange wie ein Kind. Seiner Frau Rosmarie ging es nicht anders.

Ich rief meine Schwester in der Schweiz an. Sie schrie laut auf vor Freude darüber, daß ich noch am Leben war. Doch dann erzählte sie mir etwas so Trauriges, daß mir fast das Herz brach. Ihr vierjähriger Sohn Christian hatte sich im Juli mit einem Stock ins Gesicht gestochen und dadurch auf der linken Seite das Augenlicht verloren. Mein kleiner Neffe mit seinen großen schwarzen Augen war immer ein besonders fröhliches Kind gewesen – und jetzt hatte ihn das Schicksal so hart geschlagen!

Ich war immer noch tief betroffen, als ich den Hörer wieder auf die Gabel legte. Voller Anteilnahme versuchten Oliveiras und Sabatés mich zu trösten, und ich spürte, wie in den vergangenen drei Monaten ein starkes Gefühl der Verbundenheit zwischen uns entstanden war.

Nun zeigte Mrs. Annandale uns die Badezimmer, wo wir nach langer Zeit endlich wieder einmal ein Vollbad nehmen konnten.

Natürlich vergaßen wir nicht, uns gegenseitig gutgemeinte Warnungen mitzugeben: „Paß auf, daß du nicht ertrinkst! Sei ja vorsichtig!“ Unbeschreiblich das Gefühl, wieder einmal in einem weichen, sauberen Bett liegen zu dürfen! Meine Schlaflosigkeit war wie weggeblasen, als ich den Kopf auf das Kissen legte. Zum ersten Mal seit hundert Nächten schlief ich die ganze Nacht hindurch tief und fest.

Wie dankbar sind wir Familie Annandale für alles, was sie uns an Liebe und Fürsorge erwiesen haben! Sie sorgten dafür, daß wir uns neu einkleiden konnten und alles erhielten, was wir brauchten.

Am Abend versammelten wir uns mit ihnen zur Andacht.

„Hat jemand einen bestimmten Wunsch, was wir lesen sollten?“ fragte der Pastor.

„Ja, ich wünsche mir, daß wir Psalm 126 lesen“, sagte ich.

Während er den Text aufschlug und las, gingen meine Gedanken zurück in die Zeit unserer Gefangenschaft. Wieviel Mut und Zuversicht hatten mir die Psalmen immer wieder gegeben! Manchmal war mir bei einigen gewesen, als seien sie direkt für uns geschrieben worden. Ich hatte mir alle Verheißungen unterstrichen und jeden Tag zum Herrn gebetet, er möge uns befreien, wie er das Volk Israel einst befreit hatte.

Am 16. September, dem Tag unserer Abreise aus dem Lager, schlug ich meine Bibel auf und las Psalm 126. Als ich fertig war, rannte ich zu Rosmarie und Ronaldo, die auf ihren Gepäckstücken saßen und fröhlich ein Lied sangen.

„Lest Psalm 126“, schrie ich fast. „Es ist unser Psalm!“ –

Und nun saßen wir hier gemütlich im Wohnzimmer beisammen, in Freiheit, und jedes Wort, das der Prediger las, berührte uns zutiefst:

> Als der Herr wandte Zions Geschick,
> da waren wir wie Träumende,
> da war unser Mund voll Lachens
> und unsre Zunge voll Jubels.
> Da sprach man unter den Heiden:
> „Der Herr hat Großes an ihnen getan!“
> Ja, der Herr hat Großes an uns getan;
> des waren wir fröhlich.

Wende, o Herr, unser Geschick,
wie du im Mittagsland
versiegte Bäche wiederbringst.
Die mit Tränen säen,
werden mit Jubel ernten.
Man schreitet dahin unter Tränen
und streut den Samen,
mit Jubel kehrt man heim,
trägt hoch seine Garben.

(Psalm 126, Zürcher Bibel)

18

Das Leben geht weiter

In Pretoria verabschiedeten wir uns von Marie-José und den Portugiesen, die nach zwei Tagen Aufenthalt in ihre Heimatländer zurückkehrten. Jetzt war Samstag, der 25. September, gekommen. Wir hatten eine ausgefüllte Woche bei Familie Annandale verbracht. Die Adventisten in Pretoria hatten Geld gespendet, damit wir uns neu einkleiden konnten. Im Gottesdienst stellte Pastor Annandale uns seiner Gemeinde vor, und Ferrán hielt eine kurze Ansprache. Die herzliche Begrüßung durch unsere Glaubensfreunde ließ uns wieder einmal bewußt werden, wie sehr wir uns alle durch Christus verbunden fühlen.

Am Abend fuhren wir nach Johannisburg zum Flughafen. Nun galt es Abschied zu nehmen. Ein letztes Mal beteten wir zusammen. Ferrán dankte für Gottes Schutz und stellte unsere Zukunft unter seine Führung. Später, als ich schon durch den Zoll ging, hörte ich Ferrán hinter mir herrufen: „Victoria, wir lieben dich sehr!“ Diese Worte klangen mir noch in den Ohren, als das Flugzeug abhob. Ich wußte, daß sie ehrlich gemeint waren. Sechzehn Monate lang hatten wir drei ein ungewöhnliches Team in Bongo gebildet. Ferrán war zurückhaltend und besaß einen außerordentlichen Sinn für Organisation. Conchita hatte ich als ausgeglichen, fröhlich und hilfsbereit erlebt; ich bewunderte ihr Können als Hebamme. Und schließlich ich mit meiner temperamentvollen Art, die nicht selten dem ruhigen

Ferrán auf die Nerven ging. Wie viele Sorgen und Ängste hatten wir zusammen geteilt! Wie viele fröhliche Stunden auch miteinander erlebt! „Wenn ich darüber nachdenke, wie alles gekommen ist, kann ich es kaum glauben“, hörte ich in Gedanken Conchita sagen. „Warum mußte so etwas geschehen, haben wir vielleicht etwas falsch gemacht?“ Ich sah ihr fragendes Gesicht vor mir, in dem sich unser aller Ratlosigkeit widerspiegelte. Nun hatte sich unser Team aufgelöst, vielleicht für immer. Nur Gott wußte, wie alles weitergehen würde.

Neben mir saß ein junges Paar und unterhielt sich auf deutsch. Das erinnerte mich daran, daß ich in die Schweiz flog – und eigentlich wieder frei war.

Freiheit! Ich nahm mein zerlesenes, schmutziges, geliebtes Andachtsbuch und schrieb hinein:

„Freiheit, wie ich dich liebe! Früher habe ich nie an dich gedacht. Ich genoß dich einfach. Ich lebte in dir und brauchte dich, aber ich machte mir keine Gedanken um dich. Ich wußte nicht einmal, wie du warst. In einer Nacht aber hat man mich plötzlich aus dir herausgerissen. Da erkannte ich dich und schrie verzweifelt nach dir. Aber du konntest mich nicht mehr hören. Du fehltest mir so sehr. Ich wollte dich so gern wiederhaben. Aber es war unmöglich. Heute habe ich dich wiedergefunden. Ich möchte dich nie wieder verlieren. Freiheit, wie ich dich liebe!“

Ich schloß das Buch und versuchte zu schlafen. Meine Gedanken waren wieder in Angola. Während ich mich jetzt über meine Freiheit freute, gab es dort unten Menschen, die sie vielleicht gerade verloren hatten. Deutlich sah ich das Krankenhaus vor mir. In jedem Zimmer halbverhungerte Kinder, weinende Mütter, Kriegsverletzte, denen wir jetzt nicht mehr helfen konnten.

Ich merkte, daß die Frage nach dem Warum für mich noch lange nicht erledigt war. Wieviel leichter hätten wir doch all die Strapazen der vergangenen Monate ertragen, wenn wir gewußt hätten: Wir dürfen danach wieder nach Bongo zurück!

Die Stewardessen verteilten das Essen. Ich lehnte ab. Da unten, weit weg von hier, lebte ein Volk im Elend. Ich sah die abgemagerten, von Hungerödemen aufgeschwemmten Gesichter vor mir und hatte keinen Hunger mehr.

Um sechs Uhr morgens landeten wir auf dem Züricher Flughafen. Ganz in meine traurigen Gedanken versunken, hatte ich überhaupt nicht an das Wiedersehen gedacht, das mich erwartete. Mit meinem kleinen Koffer in der Hand stand ich da, als ich plötzlich meine Schwester und meinen Schwager entdeckte, die mir fröhlich zuwinkten. Hinter ihnen wartete eine große Menge von Freunden und Bekannten. Die halbe Adventgemeinde von Schaffhausen war erschienen! Wie im Traum umarmte ich alle. So viele Male hatte ich an jeden einzelnen gedacht, ohne zu wissen, ob ich sie je wiedersehen würde!

Die Sonne schien prächtig an diesem Sonntagmorgen. Im Auto meiner Schwester und meines Schwagers sitzend, flog die Landschaft an mir vorbei. „Wie grün sind jetzt die Wiesen und Wälder!" sagte ich ein ums andere Mal. „Wie immer", erwiderte meine Schwester, erstaunt über diese Feststellung.

Nach unserem langen Aufenthalt in der angolanischen Wüste schien mir jede kräftige Farbe geradezu unwirklich. Mit viel Liebe hatten meine Schwester und einige Freunde ein herrliches Fest für mich organisiert. Ein Teil des adventistischen Blasmusikorchesters aus der Ostschweiz gestaltete die musikalische Umrahmung. Eine übergroße Dankbarkeit erfüllte mich, und ich dachte an die letzten Worte in Psalm 23.

Ein neues Leben hatte für mich angefangen. Ich fühlte mich in der folgenden Zeit unwahrscheinlich müde. Bis spät in den Morgen hinein schlief ich und stand nur auf, um mich kurz darauf wieder hinzulegen. Innerlich war ich froh, jetzt nicht nach Argentinien gehen zu müssen. Ich fühlte mich nicht in der Lage, den Reportern Rede und Antwort zu stehen. Außerdem hatte mein Land einen verlorenen Krieg hinter sich, und ich befürchtete, daß einige Freunde von mir gefallen sein könnten. Der Trauer und den Schwierigkeiten in Argentinien wäre ich noch nicht gewachsen gewesen.

Wie ein außerirdisches Wesen kam ich mir vor, als ich zum ersten Mal wieder in die Stadt ging, um mir etwas zu kaufen. Der Autolärm und Benzingestank waren fast unerträglich. Die Menschenmenge schien mir zu gleichgültig und zu tief in sich selbst zurückgezogen. Ich fühlte mich stark irritiert und wurde fast wütend, als ich sah, wie jemand etwas Eßbares wegwarf. Mir war, als könnte ich mich nie wieder an die westliche Mentalität gewöhnen. In jenen Tagen sprach ich einmal am Telefon mit Conchita. Sie vertraute mir an, daß sie die gleichen Schwierigkeiten hatte. „Dort war es schlimm", meinte sie,

„doch hier in der Stadt kann ich nicht leben. Es gibt zu viel Krach. Alles ist so fremd."

Im Laufe der nächsten Zeit luden mich meine Freunde von früher ein, und ich besuchte sie nacheinander. Obwohl es schön war, sie zu sehen, hatte ich im Inneren eine tiefe Sehnsucht nach etwas, das sie mir nicht geben konnten. Eine Frage war mir unbeantwortet geblieben.

Ich hatte keine Lust, in der Bibel zu lesen. Meine Gebete wurden reine Formsache. Als ich darüber nachdachte, wie Gott uns beschützt hatte während jener schlimmen Monate, bekam ich Schuldgefühle. Ein Brief von der Euro-Afrika-Division traf ein. Man lud mich ein, nach meinem Urlaub die Arbeit in der Klinik „La Ligniere" am Genfer See aufzunehmen. Davon war ich überhaupt nicht begeistert. Viel lieber wollte ich irgendwohin gehen, wo Menschen in großer Not waren.

Die Spannung in mir wuchs von Tag zu Tag. Nach einem Monat war ich einer tiefen Depression verfallen. Schließlich fuhr ich in die Berge der Ostschweiz, um zehn Tage Ferien zu machen. Allein in einem kleinen Häuschen am Waldrand versuchte ich wieder zu mir selbst zu finden. Mein Heimweh nach Angola war immer größer geworden. Ich vermißte die fröhlichen schwarzen Gesichter, die einfache, unkomplizierte Lebensweise. Meine Patienten fehlten mir. Die ganzen sechzehn Monate hindurch hatte sich mein Leben vollständig nach ihnen gerichtet. Plötzlich, ohne sie, wußte ich nicht mehr wohin. Zweifel und Enttäuschung machten sich in mir breit. Waren wir nach Angola gekommen, hatten Not und Elend dort kennengelernt, um dann wieder zu gehen und sie zu verlassen? Was sollte jetzt aus diesen Menschen werden? Warum mußte alles so enden? Hatte Gott das nicht verhindern können? Wie sollte ich seine Liebe zu ihnen verstehen? Ich wußte, daß Gott uns beschützt und geholfen hatte während unserer Zeit als Geiseln. Aber warum hatte all dies überhaupt sein müssen?

Und jetzt sollte ich resigniert meinen Platz an einer Schweizer Klinik einnehmen und alle meine Ideale, die ich von Kindheit an verfolgt hatte, aufgeben?

Es zog mich auf die Knie, obgleich ich keine Lust dazu hatte. Manchmal waren es normale Gebete, wo ich demütig Gott um Hilfe und Verständnis bat. Aber wie oft stellte ich dem Herrn weinend die

Sabatés wurden am Flughafen in Barcelona von rund vierhundert Angehörigen der Adventgemeinde willkommen geheißen. Vom ersten Tag an ließen ihnen die Journalisten keine Ruhe, so daß sie nach einer Woche seelisch am Ende waren und sich an einen stillen Ferienort zurückziehen mußten.

Fast sieben Monate später erhielt ich einen Brief von Conchita. Sie schrieb, daß sie wieder gut erholt seien und einen Ruf aus Tansania erhalten hätten, den sie annehmen wollten. Sie seien schon dabei, alle nötigen Vorbereitungen für ihre Abreise zu treffen.

Von Oliveiras hörte ich lange Zeit überhaupt nichts. Ich wußte, wie stark die Entführung sie mitgenommen hatte, und machte mir etwas Sorgen um sie. Schließlich bekam ich einen Brief: „18. April 1983. Liebe Victoria! Heute vor sieben Monaten war der Tag unserer Befreiung. Salve a Libertade (Es lebe die Freiheit)! . . . Die ersten Nächte hatten wir noch mit der Angst zu kämpfen und litten unter Alpträumen. Aber jetzt geht es uns wieder besser. Seit Februar dieses Jahres bin ich Prediger im Bezirk Jacarei. Ich habe sechs Gemeinden zu betreuen – eine große von 200 Gliedern und fünf kleine samt einer Grundschule. Die Arbeit macht uns große Freude . . . Doch seitdem wir die Not in Afrika mit eigenen Augen gesehen haben, ist unser Wunsch, Missionare zu sein, noch größer geworden.“

Mit Marie-José traf ich mich in den ersten Monaten nach unserer Freilassung mehrere Male. Das Internationale Rote Kreuz war gerade dabei, ein neues Informationsprogramm für Mitarbeiter zu erstellen, die in Länder gehen sollten, in denen Krieg herrscht. Marie-José war für dieses Programm verantwortlich. Sie wollte aber unbedingt wieder in ein Land der dritten Welt gehen. Am 9. Mai traf ganz unerwartet eine Karte von ihr ein: „Morgen fliege ich nach Indonesien, um dort die gleiche Arbeit wie in Angola zu machen. Anbei meine Adresse. Marie-José.“

Der portugiesische Priester ist jetzt Leiter eines Priesterseminars in Lissabon. In seinen Briefen an mich drückte er schon zweimal seine Gefühle in dem portugiesischen Sprichwort aus: „Ich fühle mich wie ein Fisch, den man aus dem Wasser genommen hat, und träume davon, wieder einmal in der Mission arbeiten zu dürfen.“

Die ersten Briefe von Botelho waren bedrückend. Er hatte noch immer sehr stark mit seinen Erinnerungen zu kämpfen und große Schwierigkeiten, sich an die europäische Mentalität anzupassen. Deshalb war ich schon etwas erleichtert, als ich in seinem letzten Brief las: „Leider habe immer noch keine Arbeit, und an der Universität konnte ich mich auch nicht einschreiben. Aber ich habe die Absicht, Ende dieses Jahres meine neue Freundin Cão zu heiraten.“

In der ersten Woche nach meiner Rückkehr schrieb ich nach Angola. Bald erhielt ich Antwort von unserem einheimischen Verwalter: „Am Tag nach Eurer Entführung saßen alle Bewohner der Mission auf dem Boden und weinten wie die Kinder. Bis auf die Schwerkranken sind in jener Nacht sämtliche Patienten geflohen und haben sich im Wald versteckt. Einige von ihnen sind nie zurückgekehrt. Als uns klar wurde, daß wir auf uns selbst gestellt waren, versuchten wir, uns zu organisieren und das Beste aus der Situation zu machen. Im Seminar wurde der Unterricht wieder aufgenommen, und wir teilten uns für die Arbeit im Krankenhaus ein. Seit ein paar Wochen haben wir wieder etwa 80 Patienten pro Tag zur ambulanten Behandlung, und die gleiche Zahl wird stationär betreut. Wir haben viel für Euch gebetet und freuen uns, daß Ihr wieder frei seid. Euer Bruder in Christus, Estebão Carlos.“

Mission und die Hunderte von Menschen, die dort Hilfe suchten, vor Augen. Dann fragte ich Gott jedesmal: „Warum hast du das zugelassen?“ Die Tage vergingen schnell, und ich bekam keine Antwort. Doch allmählich nahmen innerer Friede und Zuversicht die Stelle des Zweifels ein. Am Ende der Ferien fühlte ich mich gestärkt und getröstet. Heimweh und Zweifel wollten mich immer wieder überfallen, aber ich fühlte, wie eine unsichtbare Hand mir half und mich vor weiteren Depressionen bewahrte.

In jenen Tagen läutete das Telefon ein paarmal bei mir. Ein Freund von früher bat mich, für seine Schüler Vorträge zu halten. Eine Lehrerin fragte, ob ich bereit sei, ihren Haushaltskursschülerinnen meine Geschichte zu erzählen.

„Aber ich kann nicht gut Deutsch“, protestierte ich.

„Doch, das kannst du“, versicherten sie mir. Ich kenne die deutsche Grammatik gut genug, um zu wissen, wie weit es mit meiner deutschen Sprache her ist. Doch als alle Proteste nichts halfen, wandte ich mich an Gott: „Herr, du weißt, daß ich nicht gut Deutsch kann, aber wenn du willst, daß ich diese Vorträge halte, übernimm du bitte die Verantwortung.“ Ein stechender Schmerz im Magen war eine Warnung davor, was diese Vorträge mich an Nervenkraft kosten würden.

Bald lag eine ganze Reihe von Einladungen zu Vorträgen vor: aus Biel, Hamburg, Bern, Gland usw. Bei jedem Vortrag war ich sehr aufgeregt. Die Erinnerungen an meine lieben Freunde in der Mission und den traurigen Abschied waren noch allzu frisch. Am liebsten wäre ich nach jedem Vortrag hinter die Bühne gerannt und hätte geweint, aber die Leute warteten draußen auf mich, um mich zu begrüßen und mir Fragen zu stellen. Jedesmal lag ich nachher lange noch wach und wurde im Schlaf von Alpträumen verfolgt.

Bald erkannte ich den Einfluß, den meine Vorträge auf die Zuhörer hatten.

„Lange wollte ich schon Missionar werden“, sagte mir ein junger Mann, „doch heute habe ich mich dafür entschieden!“

„Meine Tochter ist Schwesternschülerin“, erzählte eine Frau. „Seit sie Ihren Vortrag gehört hat, möchte sie Missionarin werden.“

Eine große Freude erfüllte mich, aber gleichzeitig kam auch ein Gefühl der Angst auf. Wer war ich, daß andere Leute sich so von mir beeinflussen ließen? Wenn ich mich selbst anschaute, dann sah ich nur einen temperamentvollen Menschen, der Mühe mit seinem eigenen Charakter hatte. Ich fühlte mich unwürdig, Zeugnis für Gott abzulegen und andere Menschen zu beeinflussen. Die Verantwortung schien mir zu groß zu sein. Einige Male dachte ich an Mose, der sich gegen Gottes Auftrag gesträubt hatte: „Ich kann doch nicht gut reden." Mir ging es genauso. Bei jeder neuen Einladung wehrte ich mich erst einmal, bis ich dann schließlich doch überredet wurde.

Meine unerwartete „Berühmtheit" hatte auch bei meinen Freunden und Angehörigen ihre Wirkung. Ich mußte ständig auf Reisen sein, und überall wo ich hinkam, stand ich ungewollt im Mittelpunkt, während sie ausgeschlossen waren. Mir blieb kaum Zeit, meine Bindungen zu pflegen. Manche hatten wohl auch Angst, ich könnte durch all dies hochmütig werden. Das wurde für mich zu einer zusätzlichen Belastung.

Instinktiv vermied ich alle Kontakte mit Journalisten. Und wenn doch einmal ein Reporter vor mir stand, dann nahm ich mich zusammen, um ihre unzähligen Fragen höflich zu beantworten.

Anfang Dezember flog ich mit meiner Schwester und ihren beiden Kindern nach Argentinien. Die Freude ist nicht zu beschreiben, die ich fühlte, als ich meine alten Freunde, meine Mutter und meine Geschwister wiedersah. Schon gleich am Tag meiner Ankunft mußte ich auf einer Ärztetagung der Adventmission einen Vortrag halten. Meine Freunde, die alles sehr stark miterlebt hatten, hörten nicht auf, mir Fragen zu stellen. Ich konnte spüren, wie sie mit mir gelitten hatten. Sie kannten mich von klein auf. Wir waren einander vertraut gewesen und dann, mit einem Mal, war ich inmitten des angolanischen Urwaldes verlorengegangen. Beim Wiedersehen liefen ihnen Tränen die Wangen hinunter, und sie wollten mich nicht wieder loslassen. Meine Mutter und meine Geschwister zeigten mir ihre Liebe auf ganz andere Weise. Sie saßen einfach ruhig da und stellten überhaupt keine Fragen. Für sie zählte nur, daß ich wieder da war. Wie dankbar war ich ihnen dafür, denn es war für mich sehr hart, den ganzen Tag sprechen und alle Fragen beantworten zu müssen. Jedesmal hatte ich großes Lampenfieber, und jeder Vortrag nahm mich stark mit.

Allmählich erfuhren auch die Presse und das Fernsehen von meiner Anwesenheit, und es kam zu mehreren Interviews. Ich gab sie, weil ich der Meinung war, daß sie für die Jugend meines Landes hilfreich sein könnten. Angst und Unzufriedenheit lagen nach dem Krieg in der Luft, und ich wollte gern eine Botschaft der Hoffnung und Zuversicht weitergeben und zeigen, wie Gott seine Kinder schützen kann in schwerer Zeit.

Trotzdem war ich froh, als ich wieder nach Europa zurückkehren konnte, denn in einem Monat meines Aufenthaltes hatte ich acht Vorträge halten und daneben unzählige Fragen beantworten müssen. Eine ganze Woche sollte ich davon noch heiser sein.

Nun schickte mich die Euro-Afrika-Division auf das adventistische Seminar Collonges in Frankreich, damit ich einen Sprachkurs besuchen konnte. Die spanischsprechenden Schüler des Seminars schlossen mich vom ersten Tag an in ihren Kreis mit ein. Von ihnen erfuhr ich viel Hilfe und Ermutigung. Sobald sie wußten, wer ich war und welche inneren Konflikte ich zu bestehen hatte, beteten sie für mich, wenn ich auf eine Vortragsreise ging, und nahmen mich bei meiner Rückkehr freudig wieder auf. Sie interessierten sich für alle Einzelheiten, aber unter ihnen war ich nur eine Kollegin und Mitstudentin. Ich fühlte mich frei und glücklich in ihrer Mitte. Noch immer bin ich ihnen für ihren seelischen Beistand dankbar, als ich eine wichtige Einladung nach Washington bekam und mich damit völlig überfordert fühlte. Ohne viel zu sagen, nahmen sie teil an meinen Sorgen und Plänen. Oft sagte ich zu ihnen: „Ich fühle mich wie eine Hirtin, die es gewohnt ist, mit ihren Schafen allein zu sein inmitten der Natur und die plötzlich vor ein Publikum gebracht wird, um dort ihre Erfahrungen zu erzählen." Ihr Verständnis und ihre Ermutigung waren sehr hilfreich für mich. Gott allein weiß, wie schwer diese Zeit der Umstellung für mich war und wie viele Gebete vor und nach jedem Vortrag zu ihm emporstiegen! Langsam lernte ich, was es eigentlich bedeutete, alle meine Sorgen auf Gott zu werfen. Ich erkannte, daß mein fehlerhaftes Deutsch und mein unvollkommener Charakter nur – um mit Paulus zu sprechen – der Pfahl im Fleisch waren, damit ich mich nicht überheben konnte. Ich verstand, daß ich nur ein Werkzeug in Gottes Hand bin; die Verantwortung für das Ergebnis trägt er gern für mich.

„Wie wird man Missionar?" wurde ich während meiner Zeit in Bongo einmal in einem Brief gefragt. Die kurze Erfahrung, die ich damals schon hinter mir hatte, war bereichernd, aber auch hart gewesen. Wieviel Angst hatte ich schon erlebt, wie viele Male am Krankenbett geweint vor Hilflosigkeit angesichts all des Elends! Wie oft auch hatte ich mich geärgert, weil die Einsatzfreude meiner afrikanischen Mitarbeiter nicht immer meinen Vorstellungen entsprach!

„Werde Missionar, wenn du mit Gott darüber ernsthaft gesprochen hast und dem Wunsch wirklich nicht widerstehen kannst", antwortete ich schließlich.

Was bedeutet es eigentlich, Missionar zu sein? In der Bibel können wir wiederholt lesen, wie Gott Menschen in den Missionsdienst rief. Zu Mose sagte er: „So geh nun hin, ich will dich zum Pharao senden, damit du mein Volk, die Kinder Israel, aus Ägypten führst." (2. Mose 3, 10.)

Im Neuen Testament beauftragte Jesus seine Jünger: „Gehet hin und machet zu Jüngern alle Völker: taufet sie auf den Namen des Vaters und des Sohnes und des heiligen Geistes." (Matthäus 28, 19.)

„Missionar" bedeutet nach biblischem Verständnis: von Gott gesandt. Der da gesandt wird, ist nicht der Meister, sondern ein Diener, der einen Auftrag zu erfüllen hat. Wer heute in die Mission gehen will, muß neben der Gewißheit seiner Berufung die innere Bereitschaft mitbringen, die Menschen, denen er dienen möchte, so anzunehmen, wie sie sind und sie als gleichwertige Partner zu betrachten.

In den letzten zwanzig Jahren sind die meisten Länder Afrikas unabhängig geworden; dadurch haben sich gewaltige Veränderungen auf fast allen Gebieten ergeben. Die Mehrzahl der Weißen verließ fluchtartig den Kontinent, Missionsstationen mußten geschlossen werden. Schulen und Krankenhäuser wurden aufgelöst und in Militärkasernen umgewandelt. Die Fabriken arbeiteten nur noch teilweise, weil sie keine Rohstoffe mehr hatten oder weil Unordnung und mangelnde Disziplin unter den neuen Arbeitern herrschte. Die großen Plantagen waren verlassen und von Unkraut überwuchert. Die Touristen blieben aus.

In den meisten Ländern kam es zum Bürgerkrieg. Die durch jahrhundertelange Kolonialherrschaft fast vergessenen Stammesfehden erwachten wieder. Man rief das Ausland um Hilfe an. Die christlichen Kirchen hatten nur darauf gewartet und sandten sofort neues Personal und neue Missionare.

So war die Lage, als wir in Angola ankamen. Hunger und Angst prägten den Alltag. Wir fanden ein Volk vor, das sich zwar frei fühlte und das auch ganz deutlich zeigte, aber nicht wußte, was es mit seiner

Unabhängigkeit anfangen sollte. Gewohnt, Befehlsempfänger zu sein, fiel es diesen Menschen schwer, etwas aus eigenem Antrieb zu tun. Andererseits wollten sie sich aber auf keinen Fall jemandem unterordnen. Ein Missionar heute in Afrika muß das wissen, um sich richtig zu verhalten. Mit dieser Einstellung kann er einen sehr positiven Einfluß ausüben.

Wir gaben uns beispielsweise große Mühe, den Pflegern und Schülern einen Sinn für Hygiene zu vermitteln. Es war sehr schwer, sie von deren Notwendigkeit zu überzeugen. Die Patienten wurden nur gewaschen, wenn ich da war und alles überwachte. Wir besorgten einen Ausguß, in dem sie das schmutzige Material desinfizieren konnten, und ich teilte das Personal für diese Arbeit ein. Es war zwecklos. In der Regel warteten sie damit, bis sie kein sauberes Verbandszeug mehr hatten. Sie putzten, aber nur nach meinem strengen Befehl. Ich versuchte, sie auf mancherlei Weise zu motivieren, und ärgerte mich doch immer wieder über sie. Bei einer Personalversammlung sagte ich einmal zu ihnen: „Ihr seid nicht umsonst stolz auf eure Unabhängigkeit. Aber das ist nicht nur ein Wort, man muß auch entsprechend leben. Solange ihr auf meinen Befehl wartet, um eure Arbeit zu machen, seid ihr nur theoretisch unabhängig. Wirklich frei zu sein heißt auch, allein eine Verantwortung übernehmen zu können." So versuchte ich, diesmal mit gutem Erfolg, auf diplomatische Weise sie zu mehr Eigenverantwortlichkeit zu bewegen.

Wer Missionar werden will, muß anpassungsfähig sein. Er braucht nicht die Denkweise der Afrikaner zu übernehmen, aber er muß ihre Sitten und Bräuche kennen, um seine Botschaft an sie richten zu können. Sie sollen keine Europäer werden, sondern gute Afrikaner.

Ein Beispiel mag veranschaulichen, wie manchmal unsere Praxis aussah: Sobald jemand in einem nahe gelegenen Kral starb, fehlten oft mehrere unserer Mitarbeiter einige Tage, ja, manchmal eine ganze Woche lang. Gingen wir der Sache auf den Grund, dann stellte sich nicht selten heraus, daß der Verstorbene nur ein ganz weitläufig Verwandter unserer „Urlauber" war. Angesichts des fast immer überfüllten Krankenhauses und der hohen Sterblichkeitsrate im Lande war das ein großes Problem für uns. Als einmal gleich vier Mitarbeiter fehlten, war meine Geduld zu Ende. Wir steckten bis über die Ohren in Arbeit, und sie hatten so wenig Verantwortungsbewußtsein! Auf mein Drängen hin wurde im Krankenhausausschuß eine Übereinkunft getroffen, daß Mitarbeiter bis zu drei Tagen Urlaub haben konnten, wenn ihr Mann, ihre Frau oder eines ihrer Kinder gestorben war. Kurz danach erfuhr ich, daß nach Landessitte der ganze Stamm an dem Trauerfest teilnehmen sollte. Dabei klagen und tanzen die Angehörigen Tag und Nacht, um den nahen Verwandten ihre Anteilnahme zu zeigen. Die Trauergäste werden von ihnen mit einem geschlachteten Rind bewirtet. Nicht daran teilzunehmen betrachtet man als Beleidigung.

Wie sollten wir nun unsere neue Regel aufrechterhalten, ohne mit ihren Sitten in Konflikt zu kommen?

Wir wurden flexibel. Unsere Mitarbeiter durften fehlen, so lange es nötig war, aber sie sollten selber einen Kollegen finden, der sie in diesen Tagen vertreten konnte. Es war erstaunlich, wie sie einander halfen, und so gab es diesbezüglich keine Probleme mehr.

In Europa und Amerika kann man heutzutage oft die Meinung hören, Missionare hätten nichts in Afrika zu suchen. Schließlich habe das meiste, was sie von den Weißen gelernt hätten, ihre Lage nur verschlimmert. Wir sollten sie in Ruhe lassen, sie seien viel glücklicher bei ihrem einfachen Lebensstil. Im Schwarzen Erdteil selbst wird immer wieder Wert auf die Feststellung gelegt, daß die Afrikaner ihren eigenen Lebensstil haben. Sie versuchen, alles über Bord zu werfen, was sie noch an die Kolonialzeit erinnern könnte.

Dabei muß allerdings auch die Kehrseite der Medaille gesehen werden. Durch das Mißtrauen, das den Weißen gegenüber gesät wurde, haben Wahrsager und Medizinmänner wieder Aufwind bekommen. Wie oft wurden uns Kinder und Erwachsene erst in letzter Minute gebracht, die klare Anzeichen von Vergiftung aufwiesen! Wir konnten nur ahnen, daß sie lange in den Händen eines Zauberdoktors gewesen waren. Ging es dem Patienten nicht sofort bei uns besser, dann holten ihn seine Angehörigen heimlich während der Besuchszeit wieder ab und brachten ihn zurück zu ihrem Zaubermann. Das war in den meisten Fällen das Todesurteil für den Kranken.

Im Laufe der Zeit entwickelten wir ein einfaches Erziehungsprogramm, mit dem einheimische Pfleger von Dorf zu Dorf gehen konnten, um die Bevölkerung über Hygienemaßnahmen und Gesundheitserziehung zu unterrichten. Mit Bildern und einfachen Geschichten in ihrer Sprache lernten sie einen besseren Lebensstil. Wir wußten, daß es lange dauern würde, bis man das Vertrauen dieser Men-

Bongo, 12. 2. 1983

Liebe Schwester Victoria,

durch Ihren lieben Brief wissen wir nun, wie es Ihnen zwischenzeitlich ergangen ist. Als ich ihn las, wurden die Erinnerungen doch zu stark, und ich mußte weinen. Die Umstände, unter denen wir zur Zeit leben müssen, sind fast unerträglich, aber was kann man dagegen machen? Wir müssen uns damit abfinden.

Unbeschreiblich, wie es kurz nach Ihrer Entführung im Krankenhaus aussah. Die Leute alle in Panik, es herrschte ein völliges Chaos. Wir fühlten uns sehr verloren und weinten bitterlich. Die Nachricht von Ihrer Befreiung war unsere größte Freude.

Wann werden wir uns wohl einmal wiedersehen? Auf dieser Erde erscheint es uns fast unmöglich; so hoffen wir auf die Ewigkeit . . .

Während ich schreibe, sehe ich Sie vor mir im Krankenhaus, wie Sie die Patienten betreuen. Wir können Ihnen und den anderen Missionaren nicht genug danken dafür, was Sie alles für uns getan haben. Unser himmlischer Vater wird Sie alle gewiß reicher dafür belohnen, als wir das je könnten.

Am 10. Juni kam mein Freund wegen eines Autounfalls ins Gefängnis. Erst zwei Monate später wurde er wieder freigelassen, nachdem seine Unschuld bewiesen war. Am 31. Oktober haben wir geheiratet.

Hier in Bongo spricht man noch oft von Ihnen. Wir sind immer noch traurig über das, was geschehen ist. Inzwischen haben wir wieder viele Patienten, und es gibt eine Menge zu tun. Jetzt sind wir besonders froh, daß Sie und Sabatés uns so gut ausgebildet haben, denn nun kommt es uns zugute. Ich bin sehr stolz, daß Sie sich noch an mich erinnern und mir geschrieben haben. Gott segne Sie reichlich.

Ihre Isaura

(Isaura ist Schülerin der Schwesternschule in Bongo.)

[redacted]

16. 12. 1982

Liebe und unvergessene Schwester Victoria,

wir wünschen Ihnen von hier aus Gesundheit und Wohlergehen. Bis heute hat uns der Herr geholfen, und im Augenblick haben wir weniger Schwierigkeiten, als man hier erwarten könnte ...

Daß Sie so unerwartet von uns gehen mußten, war ein solcher Schlag für mich, daß ich es zuerst gar nicht fassen konnte. Ich hoffte, es sei nur ein Alptraum, aus dem man plötzlich wieder erwacht und sich an der besseren Wirklichkeit freuen kann. Eine Woche lang wagte ich nicht in meinem Haus zu schlafen, und meinen Nachbarn ging es ebenso.

Als ich schließlich doch wieder heimging, war mir zumute, als müßte ich Ihre Stimme hören, aber leider war das nicht mehr möglich. Wie viele schreckliche Dinge müssen wir in dieser sündigen Welt wohl noch erleben!

In meiner Verzweiflung versuchte ich, auf alle mögliche Weise Auskunft über Euer Schicksal zu bekommen, aber es war zwecklos. Ich mußte erkennen, wie wenig wir als Menschen oft vermögen.

Als ich am ersten Samstag nach Eurer Entführung im Gottesdienst vor den Kindern stand, die wir gemeinsam unterrichtet hatten, mußte ich an alle unsere Pläne denken, und die Tränen liefen mir über die Wangen.

Tausendmal habe ich mir schon überlegt, warum Gott das zugelassen hat. Wahrscheinlich werden wir wohl erst in der Ewigkeit eine Antwort darauf bekommen.

Im September habe ich geheiratet. Ob meine Frau und ich Sie wohl einmal wiedersehen werden? Wenigstens in der Ewigkeit – darauf hoffen wir.

Wir beide ebenso wie alle Freunde aus Bongo senden Ihnen ganz herzliche Grüße!

Daniel Adolfo

(Junger einheimischer Seminarlehrer, von dem auf Seite 50 die Rede ist. Er wohnte nur 20 Meter von meinem Haus entfernt.)

Bongo, 8. 3. 1983

Liebe Schwester Victoria,

heute ein Gruß an Sie aus dem fernen Angola! Ich hoffe, daß es Ihnen gut geht und Sie gesund sind.

Nie hätte ich gedacht, daß die schöne Zeit, die wir mit Ihnen erlebt haben, einmal zu Ende sein könnte. Irgendwie bildete ich mir ein, daß es immer so bleiben würde, aber das war leider ein Irrtum.

Ich weiß noch, wie ich Ihnen feierlich versicherte, daß Sie keine Angst vor einem Überfall zu haben brauchten; daß Sie bei drohender Gefahr nur schreien sollten, und sämtliche Schüler des Seminars würden herbeieilen, um Sie zu retten ... Doch als dann der Augenblick kam, um mein Versprechen einzulösen, habe ich es nicht geschafft. Ich hörte zwar Ihre Klopfzeichen und versuchte zu antworten, aber ich hatte den Eindruck, daß Sie mich nicht hörten, leider. Etwas später ging ich hinaus, um Sie zu holen und bei uns zu verstecken, doch da standen die UNITA-Leute schon vor der Tür.

Wie dankbar sind wir für Ihre Hilfe in jenen Tagen unseres Versteckseins, als wir selbst die Sonne nicht sehen durften! Wie schmerzlich war es, Ihre Stimme im Haus nicht mehr zu hören! Unter Tränen sagte ich zu einem Studienkollegen: „Die Stille im Haus kann nur bedeuten, daß Victoria tot ist oder fort für immer."

Oft habe ich mich gefragt, warum all dies wohl geschehen durfte. Aber inzwischen denke ich, daß nur der Ewige das Ende vom Anfang her kennt und deshalb als einziger eine Antwort darauf weiß ...

Immer Ihr Nachbar
Simâo

(Junger Student des Seminars, der unerwartet zu mir gekommen war [Seite 1]).

schen gewinnen konnte, aber dieses Programm verfehlte seine Wirkung nicht.

Ein anderes Problem ist das große Bildungsgefälle innerhalb der Bevölkerung Afrikas. Es gibt unzählige Dörfer, wo nur wenige lesen und schreiben können. Die jungen Leute, die ihre Sekundarschule vor dem Krieg abschließen konnten, gingen, wenn möglich, ins Ausland, um dort zu studieren. Kamen sie dann gut ausgebildet zurück, bot man ihnen begehrte Posten an. Und nun tauchten alte, längst überwunden geglaubte Verhaltensmuster wieder auf. Die ungebildeten Untergebenen schauten zu ihrem gelehrten Chef fast wie zu einem Helden auf. Sein Wort galt als endgültig, und keine Entscheidung war möglich ohne seine Zustimmung. So entsteht wieder eine völlige Abhängigkeit, nur daß jetzt einer der Ihren das Sagen hat, dem alle anderen gehorchen müssen.

Eines der Ziele der Missionare muß es sein, die Menschen in Afrika zu mehr Selbständigkeit hinzuführen und ihnen allmählich soviel wie möglich die Verantwortung zu übergeben. Sie müssen lernen, Entscheidungen zu treffen und Verantwortung zu tragen. Die Zeit muß kommen, wo in Afrika kein Missionar mehr nötig sein wird, wie es in fast ganz Südamerika bereits der Fall ist. Dazu werden aber einige Veränderungen nötig sein. In den afrikanischen Schulen müssen mehr praxisnahe Fächer in den Unterrichtsplan aufgenommen werden. Neben seinen theologischen Kenntnissen sollte ein Prediger wissen, wie man das Land fruchtbar macht und bebaut. Er muß vermitteln können, wie notwendig eine gesunde Ernährung ist, und wie man ein sauberes und gesundes Haus errichtet. Seine Frau sollte in der Lage sein, die Grundregeln der Hygiene im Haushalt und in der Kinderpflege anderen Frauen zu vermitteln.

Es gibt unzählige Orte in Angola, wo in Hunderten von Kilometern Entfernung kein einziger Arzt zur Verfügung steht. Wenn der Prediger einfache, natürliche Behandlungsmethoden kennt, die ihren Mitteln und ihrem Lebensstil entsprechen, dann kann er neben der Verkündigung des Evangeliums den Kranken helfen und zeigen, was sie selbst für sich tun können. Als vorbildlich und sehr gut in dieser Hinsicht habe ich die Initiative des Roten Kreuzes in Angola gefunden. Sie versammelten die Dorfältesten, die meistens überragende Kenntnisse in der Heilkräuterkunde haben und ordneten mit ihnen zusammen alles Wissen auf diesem Gebiet. Dann wurden sie dazu angehalten, mit den Einwohnern ihres Dorfes einen Kursus in Kräuterbehandlungsmethoden durchzuführen. Gleichzeitig lehrten die Krankenschwestern die Dorfältesten einige einfache Regeln, z. B. wie man eine Wunde desinfiziert und mit einem sauberen Tuch verbindet.

Die Missionen haben viele Jahre hindurch ein System für ihre Arbeit gehabt, das sehr gut funktionierte. Aber inzwischen hat sich Afrika stark verändert, und wir müssen uns überlegen, ob das System nicht ganz umgestellt werden sollte. Wir brauchen Laienprogramme für die Länder, in denen die Missionare schon fast keinen Platz mehr haben. Die einheimischen Christen müssen in die Lage versetzt werden, ein praktisches Evangelium kennenzulernen und weitergeben zu können.

Ich bin sehr dankbar für die sechzehn Monate, die ich in Angola arbeiten konnte, und ich bin auch dankbar für die Tage der Gefangenschaft. Wenn ich sonst auch keine Antwort auf die Frage nach dem Warum finden kann, so weiß ich doch wenigstens eine. Als Missionarin ging ich nach Angola mit dem Wunsch, mein Bestes für dieses Volk zu tun. Ich arbeitete mit viel Liebe und Bereitschaft. Aber ein Volk, das jahrhundertelang unterdrückt wurde und jetzt in einen schrecklichen Bürgerkrieg verwickelt ist, braucht nicht nur Hilfe, sondern auch Verständnis. In Bongo lebte ich in einem schönen, sauberen Haus, war gut angezogen und versorgt; und in meiner westlichen Denkweise unangefochten. Wie konnte ich da mit diesen Menschen fühlen und ihr Verhalten begreifen?

Ich erinnere mich, wie ich nur eine Woche vor unserer Entführung mit einem Schüler des Seminars sprach und dabei sagte: „Ich habe euch gern und bin bereit, mich euch anzupassen. Ich möchte verstehen können, warum und wie ihr reagiert. Verlangt aber bitte nicht von mir, eure Pirâo (ihre typische und einzige Mahlzeit) zu essen und eure Zizangua (ein Getränk aus Mais) zu trinken, denn das ist absolut nichts für mich."

Wenige Tage später nur streckte ich dankbar meine Hände aus, um einen Teller Pirâo zu bekommen. Und als mich der Durst stundenlang plagte, hätte ich alles für einen Schluck Zizangua gegeben. Durch diese Erfahrung habe ich ihr Elend und ihre Not nicht mehr von oben herab angeschaut, sondern mit ihnen und wie sie gelitten. Wie sie mußte ich vor Angst fliehen, ohne zu wissen wohin. Wie sie hatte ich alles, bis auf das, was ich auf dem Leib trug, in einer Stunde verloren. Plötzlich waren die Rollen vertauscht. Nun mußte ich mich ihnen unterordnen. Nun schlief ich auf dem Boden und wurde von Schmutz und Ungeziefer geplagt. Und als ich mich schlaflos auf der Strohmatte rollte oder aus einem schmutzigen Topf das Wasser trank, als es Nacht wurde und ich mich riesig freute, ein Strohdach über dem Kopf zu haben, lernte ich sie wirklich kennen und konnte sie besser verstehen. Ich wurde eine der ihren, jetzt trennte uns nichts mehr. Ich schätze und liebe die Menschen Angolas wie nie zuvor.

Die Worte aus Psalm 126: „Die mit Tränen säen, werden mit Jubel ernten. Man schreitet dahin unter Tränen und streut den Samen, mit Jubel kehrt man heim, trägt hoch seine Garben", waren für uns eine Prophezeiung, die sich schnell erfüllte, aber auf zwei verschiedene Arten. Wir haben mit Tränen in Angola gesät, aber der Herr hat doch durch diese Erfahrung Zuversicht und Vertrauen zu ihm gestreut und mehr Liebe und eine neue Einstellung den Afrikanern gegenüber gesät. Wir hoffen, auf der neuen Erde die Früchte unserer Arbeit mit Jubel ernten zu können. Der Herr aber wartet gewiß, daß wir in Zukunft einen besseren Dienst an unseren Mitmenschen auf dieser Erde vollbringen können.

Ich verstehe jetzt besser, was das Opfer Jesu bedeutet. Jesus hat sich einmal freiwillig von seinem Vater getrennt und kam auf diese Erde wie ein Mensch, um mit uns zu leben, und für die Menschheit starb er am Kreuz. Heute, wo er auferstanden ist, steht er vor dem Vater als vollkommener Mittler, denn da er zwischen und unter uns lebte, können wir vertrauensvoll zu ihm gehen. Er kennt uns mit all unseren Sorgen, und er liebt uns, weil er uns ins Leben rief, aber auch, weil er für uns litt und sein Leben dahingab.

Zeittafel

10. Juni	Entführung zwischen 1 Uhr und 2 Uhr. Bis
15. Juli	Fußmarsch, dann letztes Lager zu Fuß erreicht.
16. Juli	Weitertransport mit einem Militärlastwagen.
22. Juli	Ankunft im Lager, das für zwei Monate das Quartier der Geiseln sein wird.
25. Juli	Victoria lernt Marie-José Burnier kennen. Erstes Interview mit Journalisten.
13. August	Besuch von General Savimbi.
29. August	Besuch von Dr. Valentin und Dr. Jakajamba.
1. September	Brief von dem Kubaner Miguel.
5. September	Nächtlicher Besuch von Miguel.
14. September	Rückkehr des Majors und Botelhos sowie von Dr. Valentin und Dr. Jakajamba, die die Freilassung ankündigen.
15. September	Letztes Interview im Lager.
16. September	Abfahrt.
17. September	Letzte Strapazen in mörderischer Hitze und bei brennendem Durst.
18. September	„Freiheit, wie ich dich liebe!“

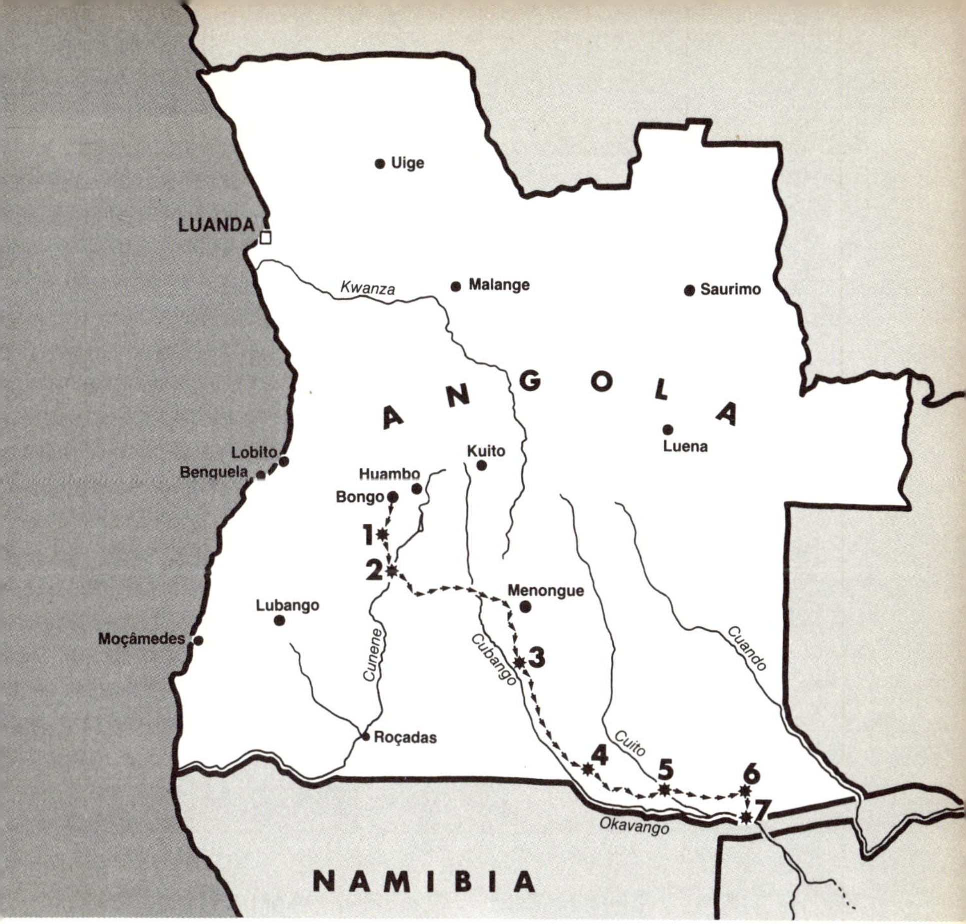

Diese Karte erstellte Victoria Duarte nach ihren Tagebuchaufzeichnungen. Da den Gefangenen nie der jeweilige Aufenthaltsort mitgeteilt wurde, ließ sich dieser nur annähernd ermitteln – bei Tag durch den Stand der Sonne, bei Nacht durch den Stand des „Kreuzes des Südens". Weitere Orientierungspunkte waren Flußüberquerungen und der Treffpunkt mit dem Lkw.

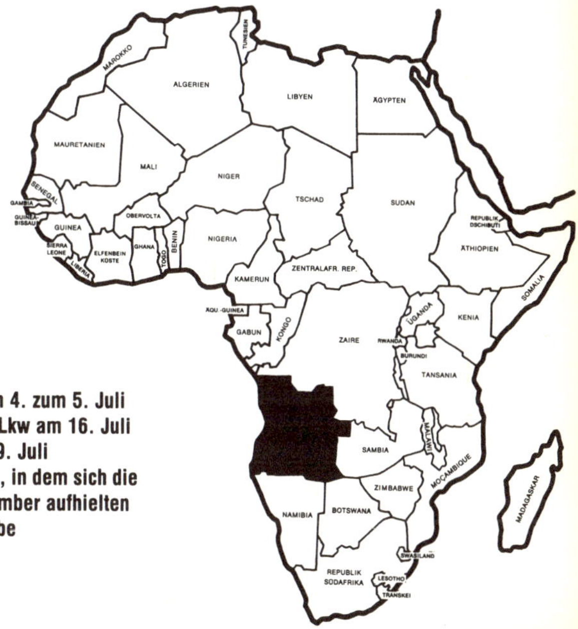

1 Straßenüberquerung am 13./14. Juni
2 Überquerung des Cunene-Flusses
3 Straßenüberquerung in der Nacht vom 4. zum 5. Juli
4 Möglicher Treffpunkt mit dem ersten Lkw am 16. Juli
5 Überquerung des Cuito-Flusses am 19. Juli
6 Mögliche Lage des Gefangenenlagers, in dem sich die Entführten vom 21. Juli bis 16. September aufhielten
7 Möglicher Ort der Gefangenenübergabe am 18. September